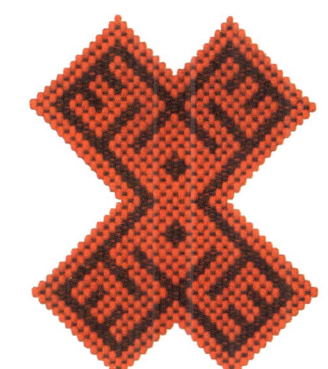

# 黎族研究大系丛书

主编：孙绍先

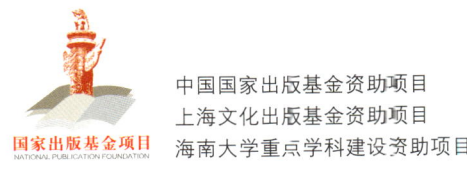

中国国家出版基金资助项目
上海文化出版基金资助项目
海南大学重点学科建设资助项目

# "查禁"与"除禁"
## 黎族"禁"习惯法研究

韩立收 著

上海大学出版社

## 黎族研究大系丛书编委会名单

**编委会主任**

胡新文

**编委会副主任**

姚铁军（满族）　孙绍先　黄嘉琪（黎族）

**编委会成员**
（按姓氏音序排列）

| | | | | |
|---|---|---|---|---|
| 安华涛 | 陈超核 | 房殿生 | 符美霞 | 高泽强（黎族） |
| 郭纯生 | 韩立收 | 黄嘉琪（黎族） | 胡新文 | 焦贵平 |
| 焦勇勍 | 刘复生 | 李勇群（黎族） | 孙海兰 | 孙绍先 |
| 唐玲玲 | 唐启翠 | 王公法 | 文丽敏 | 肖　霞　阳　尕 |
| 姚铁军（满族） | 张昌赋 | 张　杰 | 周伟民 | |

# 黎族研究：
# 一座有待开启的民族文化宝库

——《黎族研究大系》总序

约在3 000年前的商周之际，黎族先民就已定居海南岛，明清时，黎族已分布于海南全岛。目前，黎族人口125万多，在中国56个民族中黎族人口总量居第18位。在海南岛这方热土上，黎族人民生息繁衍，经历了长久的历史积淀和发展，逐步形成了自己璀璨而又独特的民族文化。

海南黎族在人类的历史上留下的这些文化遗产令人惊叹！它已经成为并将进一步成为考察海南民族史丰富而又重要的史料资源。

一直到清代，海南都是我们国家纺织工艺最先进的地区之一。其中黎族妇女织就的"广幅布"、"龙被"、"黎单"，曾长期是朝廷征调的贡品。流传甚广并收入小学课本的黄道婆向黎族人民学习纺织技术的故事，并非没有来历。今天，黎族织锦已经进入世界非物质文化遗产保护名录。

黎族妇女文身的复杂图案与喻义至今未得到充分的研究和解说，而海南还有2 000多位文身妇女健在，这足以令世界的人类学家震惊：他们只有在传教士的素描和极其稀少的早期影像中，才能依稀看到其他民族的文身图案。更引人瞩目的是，我们从文身习俗的历史记载、文身的原初意义以及文身的图案艺术等方面，发现了琼、台两地先住民族源的相似性。琼、台先住民的文身、文面，其实都起源于骆越民族。从琼、台先住民文身、文面特点比较中，可以看到中国台湾岛、海南岛两大岛屿先住民的族群是同源异流关系（此前语言学家也从语音、词汇的历史比较中认为海南黎族与台湾高山族同根同源）。2003年，在琼、台两岛少数民族的一个座谈会上，台湾泰雅族民意代表（台湾"立法委员"）林春德说："我寻遍大江南北，不意今天知道黎族文身有这么深刻而广泛的影响，我们泰雅族和黎族在文身这一点上表明我们是同一个祖宗！"此后促成了琼、台两岛少数民族多年的"三月三"大聚会。

黎族文化研究的现状与黎族在祖国大家庭中的历史地位很不相称。当藏学、蒙学、满学等已经成为世界级显学的时候，"黎学"还处在刚刚起步的阶段，有太多的文化谜团等待破解，有太多的历史缺失亟待还原。在她的身边到处都是有待开掘的文化宝藏。

从学术角度对黎族民族文化的考察，始于19世纪末20世纪初，并在20世纪初形成高潮。在这期间有些学者做过一些调研、出版过数种著作，如法国人萨维纳及德国人史图博等，中国学者如刘咸、岑家梧、李俊新等。标志性的研究成果是德国人类学家史图博1931年至1932年两次到海南黎区做田野调查，并于1937年出版了德文著作《海南岛民族志》。此外，还有日本占领海南期间，日本教授冈田谦和尾高邦雄调查并撰写的《黎族三峒调查》，助理教授小叶田淳编写的《海南岛史》等著作。其后，国际汉学界和人类学界对黎族文化的研究，因各种原因基本陷入停滞状态。

新中国成立后，国内的少数民族研究机构，特别是广东省的一些民族研究学者，对海南黎族曾进行过规模比较大的综合考察。在此类考察中，比较重要的有两次：一是中南民族学院调研组，在1954年7月至1955年1月间对海南22个黎族村点的调查，其调研论文结集为《海南黎族社会调查》（广西民族出版社1992年出版）；二是中国少数民族社会历史调查广东省课题组民族研究学者于1956年11月至1957年2月对海南黎族村落的调查，其成果结集为《黎族社会历史调查》（民族出版社1986年出版）。这两部著作对新中国的黎族研究起了奠基石的作用，是其后黎族研究绕不开的阶梯。但也应该看到，限于当时历史条件和学术视野，这些论著或调查报告存有一定的局限性。

海南建省办经济特区后，原广东省的一些黎族研究学者陆续转向对其他民族的研究。中央的一些民族研究机构（如社会科学院下属民族研究所、中央民族大学），虽然也有黎学研究人员和课题，但大都处于个别和个案的研究状态，科研成果稀少，难以对黎族文化进行大规模和深入系统的研究考察工作。进入21世纪，黎族研究进入第二个繁荣期，研究项目和成果在数量上有了较大的增长，大量有关海南的英、日文资料也开始进入学者的研究视野。但出版的成果仍然存在质量参差不齐的现象，相当多的著述还停留在概括和宣传介绍层面。在全国民族研究的大格局当中，黎族研究一直缺乏系统、权威和标志性成果。

随着现代化浪潮由城市推向乡村，黎族的生存方式正在发生深刻的变化，许多传统生活方式和传统习俗正在加速从现实生活中退出。从保存祖国少数民族文化多样性的角度说，对黎族传统文化的抢救与挖掘整理已经到了刻不容缓的时候。1956年至1957年，广东黎族考察组在毛道乡调查时发现："纺织和制陶是女子的事情，凡14岁以上的女子，都能纺织花纹比较简单的桶，有15个中年以上的妇女会制陶器。"在2003年对黎族地区的考察中，我们了解到只有10%左右的妇女还懂得一些传统的手工纺织工艺，真正精通纺织技术的人更少，而民族制陶工艺已基本失传。

现代化的浪潮正在迅速改变黎区的面貌。五指山深处的水满乡——海南省最偏远贫困的乡镇之一，也在1986年开始接入电视信号，1997年初开通了长途直拨电话，2000年初中国移动电话开通，这个昔日封闭的山乡正在迅速与外面的世界连在一起。黎族传承了上千年的民族文化以及生产、生活方式正面临着严峻考验。其中很多物质民俗和文化民俗的遗产，如不加以抢救性挖掘与整理，必将永久消亡。比如，大量未记录的原生态的歌谣和音乐，各种传统节庆与宗教礼仪，抗风防震的"船形屋"，色彩绚烂的黎锦等等，都面临着永远消失的危险。这对中国民族文化多样性传承是不可弥补的损失。现在还有文身的黎族妇女，大都在50岁以上，民间歌手、巫师、"鬼公"、织锦艺人等黎族传统文化的传承者也均处高龄，不断有人辞世。

60年前，黎族的典型建筑"船形屋"基本消失。

50年前，黎族妇女不再文身。

40年前，黎族的制陶工艺失传，黎族的传统生产工具消失。

30年前，黎锦的印染工艺失传，黎族服饰退出生活领域。

20年前，黎族传统的生活用具消失。

正在消失的还有：黎族古歌，特别是记录黎族口传史的"祖先歌"，黎族的踞腰织机，黎族的传统音乐和乐器，黎族的传统纹饰等等。

抢救保存黎族文化遗产，这不仅是在保留一个民族的历史记忆，更重要的是开掘一个民族的精神家园。这项艰巨而重大的工程早一天启动，就会多一分民族文化研究的成果。

黎族的主要聚居地是海南岛，中国的黎族研究在少数民族研究大背景中，也处在薄弱环节，对黎族的综合考察研究对中国乃至世界的文化人类学、民族识别学等方面具有极高的理论价值，在学术史上更是具有填补当代民族学研究空白的意义。中国学术研究缺失少数民族研究是不完整的，中国少数民族研究缺乏黎族研究是有缺陷的。黎族研究成为中国少数民族研究短板的状况再也不能继续下去了。

借助海南大学进行重点学科建设的契机，我们组织了一批专家学者，从各个角度对黎族传统文化进行了深入的研究，专家学者们为此专门深入黎区进行田野考察，此次编辑出版的《黎族研究大系》就是他们研究成果的一部分。我们希望这套丛书能够继续出版下去，大体形成系统的黎族传统文化研究框架。

民族文化可分为物态文化、制度文化、符号文化和观念文化四个层面，第一种属于物质文化，后三种基本属于精神文化的范畴。《黎族研究大系》出版的第一批书目有属于物质文化的范畴，也有属于精神文化的范畴，主要集中在前人较少涉猎的研究领域。

1.《绣面与雕身：黎族文身文化研究》 黎族的文身，作为一种传统文化，是黎族母系氏族社会的产物，是原始宗教自然崇拜、祖先崇拜、图腾崇拜的艺术结晶，是黎族历史上的凝聚力、号召力、生命力的标志。今天，黎族老年妇女身上还保留着文身的历史印痕。这些用血肉彩绘的斑斓图画，其文化价值、艺术价值无与伦比。本书作者前后三年深入黎族地区，走访拍摄了黎族五大方言区中仍有文身的润黎、美孚黎、哈黎及杞黎老人的照片及其文身纹素图案，并论证了不同方言文身纹素的代表纹理及所蕴含的特殊意义。

2.《符号与记忆：黎族织锦文化研究》 本书系统整理研究国内外黎锦纹样现有成果，并实地走访了海南省黎族五大方言23个村寨，在此基础上系统甄别挑选出最具代表性的黎族传统筒裙163条，绘制完成539种形态各异的纹样，完整涵盖了动物纹样、人物纹样、植物纹样、字符纹样、复合纹样、几何纹样等诸多种类，并运用民族学、历史学、考古学、艺术学及文化阐释和符号学理论，从黎锦蛙纹、人形纹等纹样入手，全面分析了黎锦纹样所内蕴的生殖崇拜、祖先崇拜等符号意义与社会文化内涵。

3.《"治黎"与"黎治"：黎族政治文化研究》 黎族、汉族关系是历代治理海南岛必然会面临的中心问题之一。本书从政治文化研究视角探讨从西汉至清朝历代王朝治理海南岛之政策与措施，以及这些政策与措施的成功与失误、经验与教训以及黎族人民对此的接纳与反抗，以期以史为鉴，为今人提供一种历史的眼光。

4.《"查禁"与"除禁"：黎族"禁"习惯法研究》 "禁"习惯法在黎族传统社会生活中占有不可或缺的重要地位。本书基于实证调查，从法人类学的角度研究了"禁"习惯法在黎族社会中产生、发展、兴盛以及衰落、消亡的全过程，书中运用了"娘母"、"道公"、"禁公"、"禁母"、"无意禁人"、"有意禁人"、"查禁"、"除禁"、"禁包"、"披席"、"洗身"等等众多具有鲜明民族文化特色的概念，为我们生动地描述了一幅绚丽多彩的黎族传统生活的画卷。另外本书还细致地分析了黎族传统社会生活表象背后内、外多种矛盾的冲突与妥协、白巫术与黑巫术、巫术与医学、神圣权力与世俗权力、习惯法与国家法，为我们提供了一把理解神秘的黎族传统文化的钥匙。

总之这套《黎族研究大系》丛书既充分利用文献资料，又切实扎实地进行田野调查，而田野调查是民族学研究最重要的特点，也是黎学研究的重要方法。希望这套丛书能在前辈学者考察研究的基础上，可以为中国"黎学"的兴旺助一臂之力。

感谢《黎族研究大系》丛书分别被列为国家出版基金资助项目和上海文化基金资助项目，感谢海南大学予以本丛书海南省重点学科建设资金支持，感谢各位专家学者艰辛而又富于创造性的研究工作。周伟民、唐玲玲教授是新时期海南黎族研究的开拓者，此次入选的"黎族文身"研究是这对夫妻教授多年黎族考察研究心血的结晶，也是该课题领域目前资料最翔实、考据最充分的著作。感谢上海大学出版社领导和编辑对本套书倾注的极大热情和支持，姚铁军先生、焦贵平女士认真专业、细致的工作，为本丛书编写和修改提出大量宝贵的意见。正是在他们的积极策划和认真参与下，本丛书历经数载，反复打磨、修改、终成正果。感谢全国出版工作者协会装帧艺术委员会委员，获得各种美术装帧大奖的袁银昌同志为本书承担装帧设计。看着凝聚着大家心血、大气又雅致的《黎族研究大系》丛书，不能不有空谷足音之感。欣喜之余，略表衷心感谢。

是为序。

孙绍先
2011年6月30日于海口新埠岛

# 目 录

自 序 ........................................................................ I

前 言 ........................................................................ 1
 一、黎族及黎族文化研究 .......................................... 5
 二、原始习惯法及民族习惯法 ...................................... 8
 三、本书的研究目的和方法 ...................................... 17

## 第一章 黎族传统习惯法 ............................................ 21
 一、黎族传统习惯法的基本特征 .................................. 24
  （一）风俗的统治 ............................................. 25
  （二）质朴的外在表现 ......................................... 27
  （三）原始宗教禁忌是其重要组成部分 ........................... 28
  （四）处理疑难纠纷往往采用"鬼判"的方式 ..................... 29
  （五）多样性 ................................................. 30
 二、黎族传统信仰及信仰习惯法 .................................. 32
  （一）自然崇拜 ............................................... 32
  （二）图腾崇拜 ............................................... 33
  （三）祖先崇拜 ............................................... 34
  （四）占卜 ................................................... 34
  （五）宗教人士 ............................................... 35
 三、黎族传统"禁"文化及"禁"习惯法 ........................... 36
  （一）"除禁"治病 ........................................... 36
  （二）"禁"的形象及特征 ..................................... 37
  （三）"人间怕禁公" ......................................... 39
  （四）有关"禁"的舞蹈和传说 ................................. 40
  （五）"禁"习惯法的范围 ..................................... 42
 四、黎族传统"禁"习惯法演进的分期问题 ......................... 44
  （一）"禁"习惯法研究面临的困难 ............................. 44
  （二）黎族文化演进分期的争鸣 ................................. 44
  （三）"禁"习惯法演进分期的尝试 ............................. 45

## 第二章 原始社会黎族"禁"习惯法的产生 ......... 49

### 一、黎族地区原始社会的基本状况 ......... 50
（一）刀耕火种的物质生活条件 ......... 51
（二）原始民主制的社会管理方式 ......... 52
（三）万物有灵论的精神生活 ......... 55
（四）广泛采用巫术的风俗 ......... 57
（五）受汉族的影响很小 ......... 59

### 二、当时的"禁"习惯法状况 ......... 62
（一）理念方面 ......... 62
（二）"查禁"方面 ......... 65
（三）"除禁"方面 ......... 66

### 三、"禁"习惯法产生的原因探讨 ......... 69
（一）人们的自我认识能力比较弱 ......... 70
（二）女性社会地位高 ......... 72
（三）巫术发达 ......... 74
（四）"禁"习惯法产生外因论的探讨 ......... 76

## 第三章 在向阶级社会转化过程中黎族"禁"习惯法的发展 ......... 79

### 一、当时的社会生活状况 ......... 80
（一）汉族大量迁入海南岛，黎汉交流明显加深 ......... 80
（二）国家统治进一步完善 ......... 82
（三）"生黎"与"熟黎" ......... 82
（四）黎族地区开始进入封建社会 ......... 84
（五）汉族封建文化对海南岛黎族的影响 ......... 84

### 二、"禁"习惯法的进一步发展 ......... 86
（一）理念方面的变化 ......... 86
（二）"查禁"及"除禁"主体的变化 ......... 87
（三）"查禁"方式的变化 ......... 89
（四）"除禁"方式的变化 ......... 91
（五）"查禁"及"除禁"方式具有一定的世俗色彩 ......... 93

### 三、"禁"习惯法发展的原因分析 ......... 94
（一）人们自我意识的增强 ......... 94
（二）男性社会地位的提高 ......... 96

（三）世俗权力与神权的初步结合 ........................ 97

# 第四章　封建社会黎族"禁"习惯法的兴盛 ........................ 101

## 一、封建社会黎族地区的社会基本状况 ........................ 102
　　（一）朝廷统治增强，汉人大批涌入 ........................ 102
　　（二）道教的传入及传播 ........................ 104
　　（三）有关"禁"习惯法的历史记载 ........................ 106

## 二、"禁"习惯法的兴盛 ........................ 107
　　（一）保亭毛盖乡的调查资料 ........................ 107
　　（二）"查禁"及"除禁"的主体变化 ........................ 108
　　（三）施禁主体的变化 ........................ 110
　　（四）"禁包"类型的变化 ........................ 112
　　（五）"除禁"方式的变化 ........................ 112

## 三、"禁"习惯法兴盛的原因 ........................ 117
　　（一）善恶二鬼分离，二者斗争激烈 ........................ 117
　　（二）贫富分化，社会矛盾激化 ........................ 118
　　（三）世俗权力与神权密切配合 ........................ 120
　　（四）官方强有力的支持 ........................ 121

## 四、"禁"习惯法逐渐走向衰落的预兆 ........................ 123
　　（一）黎族宗教阶层内部矛盾的出现 ........................ 123
　　（二）黎族社会内部世俗权力与神圣权力的矛盾出现 ........................ 124
　　（三）封建社会国家法与黎族"禁"习惯法的内在冲突产生 ........................ 125

# 第五章　建国初期黎族"禁"习惯法的急剧衰落 ........................ 129

## 一、建国初期黎族地区的社会基本状况 ........................ 131
　　（一）物质生活条件的改善 ........................ 131
　　（二）科学医疗知识的宣传和普及 ........................ 131

## 二、建国初期黎族"禁"习惯法的状况 ........................ 134
　　（一）"禁"信仰在人们心目中的地位有所动摇 ........................ 134
　　（二）社会主义新文化与"禁"习惯法在理念上的对立 ........................ 136

## 三、国家法与"禁"习惯法的激烈对抗 ........................ 137
　　（一）国家法全面压制"禁"习惯法 ........................ 137
　　（二）国家对道公、娘母进行强制的教育改造 ........................ 138

（三）国家对严重危害社会的迷信活动给以刑事打击 ......... 143
　　（四）国家严惩伤害所谓禁公、禁母的犯罪行为 ............. 145
**四、国家法与"禁"习惯法的妥协** ............................. 149
　　（一）因势利导，证明巫术无效或禁鬼已经全部消除 ......... 151
　　（二）教育为主，迷信案件从轻处理 ....................... 152
　　（三）对于与"禁"有关的祭祀活动一般不予制止 ............. 155

## 第六章　当代黎族传统"禁"习惯法的消亡及其残留 ............. 157

**一、当代社会物质及精神生活的巨大变化** ....................... 158
　　（一）物质生活条件大为改观 ............................. 158
　　（二）黎族传统风俗活动部分恢复 ......................... 159
**二、当代"禁"习惯法的残留及其影响** ......................... 161
　　（一）"禁"观念仍普遍存在 ............................... 161
　　（二）各种"禁"文化的现象仍俯拾即是 ..................... 164
**三、当代"禁"习惯法消亡的原因** ............................. 166
　　（一）科学战胜了迷信 ................................... 166
　　（二）国家法全面战胜了"禁"习惯法 ....................... 167

## 第七章　黎族传统"禁"习惯法的功能、作用及价值 ............. 171

**一、"禁"习惯法的规范功能** ................................. 174
　　（一）行为及思想的指引功能 ............................. 174
　　（二）社会强制性的处罚 ................................. 176
**二、"禁"习惯法的社会作用** ................................. 177
　　（一）解决社会纠纷 ..................................... 177
　　（二）凝聚社会群体 ..................................... 180
　　（三）社会心理抚慰 ..................................... 182
**三、"禁"习惯法的价值** ..................................... 188
　　（一）维护传统秩序 ..................................... 189
　　（二）促进社会公正 ..................................... 195
**四、"禁"习惯法的消极方面** ................................. 198
　　（一）耽误病情 ......................................... 198
　　（二）冤枉好人 ......................................... 199
　　（三）浪费钱财 ......................................... 201

　　　　（四）宣扬迷信 ............................................. 201

## 第八章　黎族传统"禁"习惯法与巫蛊文化 ............................. 205

一、"禁"习惯法与汉族地区的巫蛊文化 ............................. 207
　　（一）巫蛊之祸 ............................................. 208
　　（二）我国历史上的巫蛊国家法 ............................. 209
　　（三）异同比较 ............................................. 210
二、"禁"习惯法与其他少数民族地区的巫蛊文化 ................. 210
　　（一）苗族"放蛊"习惯法 ................................. 211
　　（二）苗族"酿鬼"习惯法 ................................. 212
　　（三）傣族和瑶族的巫蛊习惯法 ............................. 213
　　（四）异同比较 ............................................. 214
三、"禁"习惯法与外国巫蛊文化 ................................. 215
　　（一）外国历史上的巫蛊国家法 ............................. 215
　　（二）外国当代巫蛊文化 ................................. 216
　　（三）异同比较 ............................................. 217

结　语 ............................................................. 222

## 附　录 ........................................................... 231

附录一　黎族"禁"习惯法 ......................................... 231
附录二　奉道宪严禁 ............................................. 236
附录三　发动群众　自觉革命　破除迷信
　　　　——福利大队报龙生产队破除迷信的做法 ................. 237
附录四　乐东县人民法院刑事判决书（63）乐刑字第45号 ........... 241
附录五　乐东县人民法院刑事判决书（59）乐刑字第196号 .......... 242
附录六　广东省保亭县人民法院刑事判决书（59）保刑字第18号 ..... 243
附录七　中国人民解放军保亭县公安机关军事管制小组
　　　　刑事判决书（71）保公军刑字第17号 ..................... 244
附录八　乐东县人民法院刑事判决书（57）乐改字第6号 ............ 246

主要参考书目 ..................................................... 249
跋 ............................................................... 251

黎族研究大系丛书

# 自　序

俗谚有云："三天学个大兽医，三年学个糊涂虫。"诚哉斯言！进入法理学领域十多年以来，我一直固执地在探究法律的本质，然而收获却极其有限，或者说收获得最多的是困惑。

法律到底是什么？这也许是一个永恒的斯芬克斯之谜，套用老子的说法似乎也可以这样说："法可法，非常法！"邓正来教授强调搞学术研究要有问题意识，也许我这里的"困惑"可以归入他所讲的"问题意识"之列吧！

本书的目的在于探讨原初时代的法律，以力求把握当代法律所由来的社会规范的幼稚状态。具体来讲，是通过对黎族传统"禁"习惯法的演进分析，来透视人类社会早期的社会行为模式向现代社会行为模式的转变中具有规律性的东西。

我确信自己已经发现了不少有法学研究价值的文化现象，如在黎族社会中私力救济向公力救济的过渡、巫术迷信向现代医学的过渡、技术规范向社会规范的过渡、公有制向私有制的过渡、原始民主向阶级专制的过渡、自由婚姻向买卖婚姻的过渡，等等，但要真正坦把它们一一地解释清楚却远非自己当前学术能力所能企及。

本书并不是一本理论性很强、晦涩难懂的著作，它的特点在于：通俗易懂地提供给读者一些生动有趣的新鲜的知识，以及提出一些有价值的问题与读者共同思考。尽管如此，笔者并不想表明自己是绝对中立和客观的，而是想阐述自己的一孔之见，以求与读者进行富有启发意义的交流。

埃立希教授曾经用一句话来概括他的大作《法社会学原理》，那已经成了一句名言，在众多的法科学子的口中吟诵。笔者在这里也尝试用一句话来概括本书，或更准确地说是表明自己通过写作本书得出的一个观点（或许称为"信念"更合适），以便于读者更好地理解本书：

世界上没有纯粹的法律，纯粹的法律只存在于人们头脑的虚幻之中。

世界上也没有荒谬可笑的法律，荒谬可笑的法律只存在于荒谬可笑的思维之中。

是为序！

韩立收

海南岛黎族方言分布示意图

# 前 言

在中国大陆的最南端烟波浩渺的南海碧波之上，镶嵌着一颗璀璨的明珠，她就是中国第二大宝岛——山清水秀、风光绮丽的海南岛。这里纬度较低，光热充足，雨量充沛，是我国热带资源最丰富的地区。高大的椰子树、温暖的阳光、洁白的沙滩、醉人的海风，海南岛的美景令人流连忘返。在这个美丽的海岛上世代居住着一个神秘的民族——黎族，他们有自己独特的民族风情……

# 一、黎族及黎族文化研究

黎族是我国岭南民族之一，自古就繁衍生息在海南岛上，是岛上的先住民。黎族在海南岛的历史，可以追溯到原始社会的新石器时代或更早一些，在年代上相当于中原地区的殷周之际，距今已有3000年以上的历史。

一谈到黎族，人们头脑中自然就会出现这样的画面：一群穿着鲜艳的黎族服饰的少男少女在高大的椰子树下，一起欢快地跳着黎族特有的竹竿舞。黎族社会对于人们来说有一定的神秘感，人们也充满着好奇：黎族传统社会到底是怎样的？黎族文化有什么特点，以及为什么会是这样？这些谜团长期以来引起了众多国内外学者的关注。

## （一）黎族

据考证，距今约7000—3000年前，我国南方的"骆越人"（百越的一支）陆续迁入海南岛，成为黎族的祖先。黎族历来都是以土著自居，称自己为"赛"，称岛上其他民族（主要是汉族）为"美"（客人的意思）。在我国历代汉文古籍中，对海南岛上汉族以外的先住民有许多不同称呼，如西汉时称为"里"、"蛮"。隋、唐时代则称"俚"、"僚"交称。但这些名称大都是当时对我国南方一些少数民族的泛称，并不是专指黎族。唐后期昭宗年间（889—904年）广州司马刘恂著《岭表录异》，最早使用"夷黎"之名称呼海南岛的黎族。宋代以后，"黎"正式成为海南黎族的族称。

现在黎族主要聚居在海南省中南部的广大地区，包括琼中县、白沙县、昌江县、

东方市、乐东县、陵水县、保亭县、五指山市、三亚市等六县三市之内,其余散居在海南省的万宁、屯昌、琼海、澄迈、儋州、定安等县市。由于分布地区不同和方言、服饰等的差异,人们一般把黎族分为"哈"、"杞"、"赛"、"美孚"、"润"等五个黎族方言分支。上述这五个词主要是根据他们相互之间的称谓的汉语音译而确定的。①

黎族是我国五十六个民族大家庭中一名重要成员,他们的人数超百万,在我国少数民族中人数排第十八位,是海南省第一大少数民族。②在长期的历史发展过程中,勤劳勇敢的黎族人民创造了具有自己独特风格、绚丽多彩的传统文化。钻木取火、树皮布、船形屋、山栏酒、竹筒饭、黎锦、文身③等黎族文化已经成为中华民族乃至世界人民的宝贵遗产。

## (二)黎族文化研究

长期以来,由于各种主客观方面的原因,黎族传统文化的研究比较薄弱。由于黎族有语言没有文字,历史上没有任何黎族的文字记载,而汉族学者对黎族的接触

---

① "哈方言黎族"以前又称为"侾黎"(侾,这里是黎语音译念 hā,而汉语本念 xiāo)或"夏黎"、"霞黎"、"遐黎";"杞方言黎族"以前又称为"岐黎";"赛方言黎族"以前又称为"加茂黎"或"德透黎";"润方言黎族"以前又称为"本地黎"。因为各地的黎民属于同一个民族,同时也为了命名的科学性、规范性起见,所以解放后各方言黎族的别称在正式场合不再使用。

② 根据 2000 年第五次全国人口普查统计,海南岛黎族人口数为 1247814,约占海南省人口总数的 16%,远远多于海南岛第二大少数民族苗族的 6 万人。

③ 文身,黎语叫"打登"或"模欧",汉语海南方言叫"绣面"或"书面"。它是黎族特有的习俗,是世界民族中一种罕见的原创性文化现象,被中国著名民族学家、中南民族学院教授吴泽霖誉为"刻在人体上的敦煌壁画"。目前在黎族地区健在的文过身的老婆婆已经很少了,这一民族风俗正在快速消失。

经历了一个由不多到逐渐增多的过程。在历史早期汉文献对黎族文化的记载也很少，主要限于简单的描述，少有学术的细致研究，且由于了解不多、不够深入，往往是从自己的角度来看待和分析黎族文化现象，因此对黎族多有误解和歧视。解放前，对黎族文化的研究比较有名的是法国人萨维纳及德国人史图博。萨维纳1925年开始来海南进行调查研究，到1929年出版了《海南岛志》一书，这本书对海南岛上包括黎族在内的语言状况及风土人情多有分析和描述。史图博于1931年和1932年两次深入黎族地区进行人类学考察，1937年根据自己的考察资料整理出版了《海南岛民族志》一书。该书详细记载和初步分析了当时黎族社会的几乎各个方面，是一本难得的了解黎族文化的经典著作。此外，还有日本人在占领海南岛期间，召集日本教授冈田谦和尾高邦雄调查并撰写的《黎族三峒调查》，日本助教授小叶田淳编写的《海南岛史》等著作。

解放后，我国高度重视对包括黎族在内的全国各少数民族文化的调查和研究。上个世纪50年代，黎族地区的调查主要由广东省中南民族学院等机构的人员组成，在对黎族地区多次调查的基础上后来整理和撰写了《海南黎族社会调查》以及《黎族社会历史调查》等著作。后来海南还创办了《海南黎族苗族自治州民族研究》等杂志。改革开放以来，尤其是海南建立经济特区以来，在各级领导的亲切关怀下，黎族文化研究出现了火热的局面。《中国黎族》、《海南黎族》、《黎族史》、《祭祀与辟邪——黎族民间信仰文化探讨》等重量级著作相继出版。此外，人们还发现了不少民国时期关于黎族的宝贵资料，如《五指山问黎记》等。也有些学者翻译了不少有关黎族文化的英文以及日文的文献。

海南省于1990年成立了海南民族研究会，1991年更名为海南省民族学会，为黎族研究搭建了一个很好的舞台。前海南省副省长王学萍同志大力鼓励和支持黎族文化研究，倡导建立"黎学"，引起了很大的反响。2007年4月黎族苗族传统节日三月三期间，在琼中隆重举办了首届黎族文化论坛。这是一次以黎族文化为研究内容的学术会议，众多领导和专家参加论坛并提交学术论文。本次论坛还重点讨论了黎学学科建设，论坛促进了我国黎学学科建设。经过努力争取和认真筹备，经省民政厅批准，2008年初成立了省民族学会二级机构——黎学专业委员会。这是我国第一个经政府部门批准的黎学专业机构，是黎学学科建设的一件大事。黎学专业委员会成立后，在该委员会指导下，黎学研究步入了一个崭新的阶段。

上述资料和著述以及专业机构的设立对研究黎族文化起到了重要的积极作用，有些填补了黎学研究的空白，还有些甚至起到了拯救黎族传统文化的作用。但同时我们也不得不指出，目前我们的研究还基本局限于大致的、粗疏的概况式的研究，不少研究属于介绍式的、知识宣传性的，真正深入地研究黎族文化的著作，尤其是黎族文化某一方面的专业性的研究不是很多,目前主要是关于黎锦的研究比较深入。①

## 二、原始习惯法及民族习惯法

长期以来,在法学研究中我国坚持国家法是唯一的法律的观点,一直否认原始社会存在法律。不仅如此,我国还一直反对国家法之外,还存在民间法或习惯法的观点。随着改革开放政策的实施,人们的思想观念也逐渐发生了变化,不少学者突破思维的禁锢,提出"原始社会也有法律,国家法之外也存在习惯法"的观点,尽管这在目前的中国还很有争议。这里涉及到国家法的历史来源问题,还有国家法与其他社会规范的关系问题。

### （一）习惯法

在中国最早提出并使用"习惯法"这一概念是在1950年代的民族大调查时期。而现在,学者们对于习惯法的定义则仍是仁者见仁,智者见智。这大致包括以下三种观点:一种观点认为,习惯法属于国家认可的习惯,具有法律效力。这实际上还是认为习惯法是国家法的一部分,范围相当狭窄。这种主张反对国家之外有法的观点,认为这会使人混淆法的概念和法的范围,不利于人们遵守法律以及尊重法律的权威。孙国华教授就持这种观点。② 田成友教授可谓是这一观点的代表人物,他的《习惯法是法吗?——国家法立场上的审视》一文影响较大。③ 第二种观点认为,习惯法就是风俗习惯。这使得习惯法的范围大大扩展,使人很难分清法律与风俗的区别,"习惯是国王"可谓这一观点的集中体现。我国不少法律学者虽然很少直接表明,但其基本观点属于这一种,因为他们的论文几乎把一切社会习惯,如一般的丧葬习俗、婚嫁习俗等等都作为习惯

---

① 据笔者所知,海南大学的周伟民、唐玲玲两位近八十岁的退休教授夫妇关于黎族文化的研究是专业的和多方位的,在已有多部黎族学术著作出版的基础上,很快又将有多部重量级的黎族文化研究成果面世,很使人期待。
② 孙国华. 法学基础理论 [M]. 北京:中国人民大学出版社,1987.
③ 田成友. 习惯法是法吗?——国家法立场上的审视 [J]. 云南大学学报,2000（3）.

法来探讨。① 第三种观点认为，习惯法是在长期的日常生活中形成的，具有习惯性的社会规范，它以社会强制力来保障实施。著名学者如梁治平、高其才等就持这种观点。②这一类观点比较折中、谨慎和稳重。本书基本赞成第三种观点，同时又有自己的看法。

我们认为习惯法是客观存在的，不仅国家之外有习惯法，国家之前也有习惯法。③世界上从来没有毫无纷争的和谐社会，也没有绝对无法无天、人们完全靠丛林法则生活的野蛮社会。古罗马有云："有社会就有法律。"原始社会也都要有社会行为规范来控制偏差行为，有时甚至靠强制手段来实施这种控制。这种社会规范对维持社会生存非常重要，同时又是国家法的萌芽，起到类似国家法在阶级社会中所起到的重要作用。尽管它与国家法这种专门的组织制定的正式制度不同，而是自然形成的，属于非正式制度的范畴。国家之外及之前无法的观点是国家中心主义的体现，这种观点无意中贬低了其他社会规范的作用，同时也看不到社会规范的整体结构以及社会规范发展演化的过程，不利于我们深刻理解社会控制，进而妨碍我们深化对社会的理解和分析。

原始社会阶段也存在习惯法。这里确实没有权利、义务这样的词汇，但并不表明人

---

① 朱苏力.法治及其本土资源[M].北京：中国政法大学出版社，1996.对我国习惯法的研究起到了引路的作用，但他很少使用"习惯法"这一概念。笔者认为其习惯法的含义应大致等同于习惯。

② 梁治平将习惯法定义为："习惯法乃是这样一套地方性规范，它是在乡民长期的生活与劳作过程中逐渐形成，它被用来分配乡民之间的权利、义务，调整和解决他们之间的利益冲突，并且主要在一套关系网络中被予以实施。"参见：梁治平.清代习惯法：社会与国家[M].北京：中国政法大学出版社，1996：1.
高其才教授认为："习惯法是独立于国家制定法之外，依据某种社会权威和社会组织，具有一定的强制性的行为规范的总和。"参见：高其才.论中国少数民族习惯法文化[J].中国法学，1996（1）

③ 一般认为习惯法与民间法类似，但有所不同。习惯法与成文法是相对的概念，强调法律的产生及表现方式不同，而民间法是与国家法相对的概念，强调法律的来源不同。民间法包括习惯法（严格来讲是国家法时代的习惯法，因为国家产生之前是无所谓民间法的），也包括成文的民间规范。由于大家一般习惯于把习惯法和国家法对应，本书也就不再对有关概念严格区分。

们的观念中就没有权利、义务的理念,正如"没有寒暑表,并不意味着没有温度变化"、"没有米尺,并不意味着没有长度区别"、"在人们还没有画圆圈之前,并非一切半径都是长短不齐的"一样。那种认为原始社会没有法律的观点只是把法律限为国家法,尤其是成文法,如果开阔视野,则就会看到原始社会也具有类似国家法的社会规范,发挥着类似国家法的作用。我们称其为习惯法,更准确地说是原始习惯法。

## (二)原始习惯法

原始习惯法具有习惯性。它属于习惯的范畴,是在历史长河中人们在社会活动中逐渐形成的稳定的行为模式,是集体(古人和当前时代人们共同组成的集体)智慧和经验的结晶,不是某个人或某个组织的主观意志的产物。梁治平先生认为:"习惯法就像是风景,从南到北,自东至西,习惯随风景变换。当然,习惯法毕竟是一种人文景观,因此,如19世纪历史学派法学家那样把它比作语言应该更加确切。……所谓习惯法出于自然,这种说法包含两重含义,其一,习惯法并非出于立法者(不论是国家的,还是家族或其他立法组织的)的意志或理性,而是由民间日常生活中自动显现。其二,习惯法由'自然'塑造而成,此所谓自然,既指实际的生活秩序,也包括山川风物,民俗人情。"①

原始习惯法是一种特殊的原始习惯。习惯法只占民间习惯的很小一部分,主要指比较重要的社会习惯。正如霍贝尔所讲:原始法并非部落习惯的总体,陶器制造术、钻木取火术、训练小孩子大小便的方法等都不是原始法。同时原始法也不是纯个人的规则,而应该是社会的规则。进一步,原始法的范围比社会规则还要小。在对当时已有的重要的关于原始法的观点进行批判后,最后霍贝尔得出了自己的观点:法律的三个要素是特殊的强力、官吏的权力和规律性。"这样的社会规范就是法律规范,即如果对它置之不理或违反时,照例就会受到拥有社会承认的、可以这样行为的特权人物或集团,以运用物质力量相威胁或事实上加以运用。"② 我们认为,原始习惯法的特征应从外部和内部两个方面来进行阐述。

### 1. 原始习惯法的三个外部基本特征

一是具有普适性和社会性。习惯包括针对社会的习惯和针对自然的习惯。这也体现了自然法则与社会法则的区别,庞德所重视的自然控制方法与社会控制方法的区别,

---

① 梁治平. 清代习惯法:社会与国家[M]. 北京:中国政法大学出版社,1996:52-53.
② [美]霍贝尔. 原始人的法:法律的动态比较研究[M]. 严存生等译. 北京:法律出版社,2006:27.

而原始习惯法则仅仅属于针对社会的法则。纯粹的技术方法不是原始习惯法。黎族经常去打猎，猎物在他们的饮食中占有重要的地位。通常他们在集体狩猎时，要选"俄巴"，①同时还要占卜去什么地方打猎会有好的收获。这些都基本属于狩猎的技术方法，也就是为了处理人与自然的关系，或主要是为了处理人与自然的关系（俄巴具有指挥狩猎的权力，但仅限于本次狩猎，同时俄巴的作用即带头狩猎，主要考虑的是其狩猎技术，而不是组织及领导技术）。我们认为，"选俄巴的方法及选择狩猎地点的方法"不是习惯法，而是一般习惯，因为它们主要不是为了处理人与人之间的关系，正如当代制造轮船的技术不属于法律一样。这里的社会性还指的是，不是纯粹从个人利益出发做出的规定，而是从社会利益出发，对社会整体具有积极意义的规范。

这里的普适性指的是普遍适用的特点。一事一议的具体方法不是习惯法，仅仅针对少数人的规则，或仅仅针对某一短时间内事务的规则也不是习惯法。它应该是在一定的历史时期长期存在的、稳定的社会行为模式。当然，由于当时人类理性能力的局限，还没有很多抽象的概念产生，这时的习惯法还存在相当的灵活性和变动性，弹性很大，远非如现在的成文法律那样明确、统一和具有刚性。

二是具有社会强制力。没有强制力，就没有原始习惯法。这里的强制力指如果违反，将遭到社会组织或社会认可的个人的严厉的处罚，往往体现为类似于国家法的刑事处罚，尤其强调针对人身的物理强制。黎族传统社会的"刻木为契"就是这类习惯，因为这与当代的契约法类似，具有强制执行的效力。同时"赔命价"也是，因为这类似于当代的"以罚代刑"，是典型的具有强制性的社会规范。黎族传统思想中把堕胎、虐杀婴儿以及兄妹结婚等行为视为"茂赖"，②即天地不容许的行为，对此有强制性的制裁措施，这也属于习惯法的范畴。

而有些社会规范则不属于习惯法。黎族认为，生男育女是先祖的安排，因此婚外生育的孩子同样受到保护。然而，因为对于歧视私生子的行为并没有强制纠正的措施，通常人们只是议论纷纷，或对行为人疏远，也即没有集体的公认的处罚措施，所以"不要歧视私生子"也只是黎族的习惯，或者可称为道德伦理，而不是习惯法。还有，黎族地区人们养成了互助的习惯，有这样的谚语"人不助人不是人"，这里看不到乞讨人员，因为每个老弱病残、鳏寡孤独的人员都有人照顾，有饭吃，有衣穿。然而对于不助人的行为并没有什么惩罚措施，所以"人应助人"也只是属于道德的范畴，仅具有一般社会约束力。

---

① 参加围猎的全村男子，通过特定的宗教仪式选出一个首领，黎语称"俄巴"。"俄"为"首"之意，"巴"即"狗"，全意为"带猎犬的人"或称"猎首"。
② "茂赖"为黎语的汉语音译，"茂"为"天地"的意思，"赖"为"看到"的意思，合起来就是"天地（不容许）看到"的行为。

我们认为,约束力与强制力的区别在于人身制约的程度,简单地讲一般性的批评及谴责等行为制约属于社会约束力的体现,主要属于道德的领域,而逮捕及处刑等行为制裁则属于社会强制力的范畴,归于习惯法的领域,尽管二者没有截然的界限。[①]

社会强制力的存在意味着社会组织及社会权力的存在(而不仅仅是暴力的存在)。没有社会权力也就没有习惯法。一般习惯并不需要社会权力的存在,只需要类似自然权利的存在。

三是具有私力救济向公力救济过渡的特点。法律属于公力救济的范畴,这对于搞法律的人来说是一个常识,而在原始习惯法中则有所不同。在原始社会中"公的"与"私的"的观念远未清晰地展现在人们的头脑中,权利和义务的观念更是闻所未闻,当时也没有明确的官与民之分,更没有官方与民方的分野,私力救济和公力救济的区别是非常模糊的,有些私力救济措施因为获得大众的认可,也可以属于习惯法的范畴。如有人捉住小偷,不通过首领而直接要求其给与双倍的赔偿,就属于这种情况,因为大众认可,且具有强制性。原始习惯法中自然不可缺少社会权力,但当时的社会权力是相对比较分散的,并不完全集中在首领的手里,而是也分散在乡间长老、宗教人士以及一般民众的手中。

此外,原始习惯法还具有与原始宗教、原始道德混在一起,不可截然分割的特点,形式上以义务规范为主,等等。因为这些大家一般都比较熟悉,此处不再赘述。

---

① 有学者给习惯法下了这样的一个定义:"所谓习惯法是历史上形成的通行于某一特定地区的以习惯为基础发展起来的具有约束力的民间规则。"(刘艺工. 中国少数民族习惯法的特点[J]. 兰州大学学报,2004(1).)我们认为他这里的"约束力"不能反映法律与道德的区别,还是换为"强制力"为妥,因为任何社会规范都具有社会约束力。

### 2．原始习惯法的两个内在实质特征

以上是从外在形式来看原始习惯法的特点，我们认为更重要的是原始习惯法的以下两个实质特点。首先，我们认为习惯法处理的都是大事，而处理小事的习惯则不是习惯法。西谚有云："小事不用麻烦法官。"这里可以讲是"小事不用麻烦习惯法"。尽管何谓大事何谓小事完全由该地区自己说了算。日常小事属于"民间细故"，不应纳入习惯法的领域来进行研究（尽管民俗研究专家对此往往非常关注）。这里所谓"大事"主要是指关乎氏族社会生活如氏族生存和发展的重大事件，其特点：一是为了社会而不是某个个人或小家庭；二是关乎社会生活秩序的重大变化。黎族地区有不少的禁忌、习惯做法和日常社会要求，如男孩不要进入姐妹的隆闺，哥哥不要坐弟媳的床，如果难产要请道公进行祭祀，等等。这些都应该属于道德伦理、日常礼节或一般原始宗教信仰的范畴，也不属于习惯法。

美国《布莱克法律词典》中"习惯法"一词的解释为："作为某一行为的法律要求和义务规则而被接受的习惯所构成的法律就是习惯法。当社会和经济制度中的某些重要和实质性的做法或信念被作为法律对待时就是习惯法。"① 这一关于习惯法的定义也强调了与笔者类似的理念，即习惯法处理"重要的和实质性的"问题。

正因为习惯法处理的都是大事（也许当代人认为其中不少并非大事），所以才需要具有社会强制力，迫使试图违反的人们遵守以及一旦违反，则强制恢复违反前的状态。在原始社会，强制是一种极其稀缺的资源，因为当时社会控制力很弱，公共财产很少，公共权力很小，只有首领而没有官员，自然"好钢要用在刀刃上"。

前文所述，习惯法的强制属性要受其实质特点的制约，也即打一个小折扣。因为虽然强制是习惯法作为整体所不可缺少的，但并非在一切习惯法领域都需要强制（或严格来讲外部强制）。有些领域如原始社会一个群体的行政组织内部组成等问题，事关重大，显然属于习惯法的范畴，但几乎没有或很少有外部强制力问题，因为大家绝大多数情况下都自觉维护。可以认为，这时习惯法的强制力处于备用状态。在父系氏族社会父亲是家长，这很少有异议或对此提出挑战。（如在黎族社会合亩制地区，就从来没有听说过为了争夺"亩头"的位置而大打出手的实例。）这一点作者与霍贝尔有所不同。当然，在这里社会约束力还是存在的，但这种社会约束力不同于社会强制力。同时说明，习惯法的某些方面不具有强制力，并不影响习惯法在整体上具有强制力的特征。

其次，习惯法尽管仍属于习惯，但往往具有较多的主观意志（尽管不是某个个人的主观意志，而是群体的主观意志）在内，也即理性的、精神创造性的因素在内，而

---

① CustomaryLaw[A].Blaek，5LawDietionary[M].wstpublishingCo.1999：391.

不单单是"习惯成自然"。习惯法相比习惯至少要涂上一层人为的色彩,也即要"被作为法律对待"。这里指的是习惯法必须得到社会明确的、自觉的承认,通常要经过社会组织(可能是松散的、权力很小的组织)的公开的宣示这样的外部仪式。① 单纯的习惯做法是人类的一种无意识的结果,如"靠山吃山,靠海吃海",不需要讲出特别理由来的,不是习惯法。一般本能的反应,尤其是直接的、类似条件反射式的习惯不属于习惯法。如一般的被殴打后的还击及辱骂等习惯都不是习惯法。不仅如此,这些所有人类都具有的简单、粗糙的行为模式实际上有些还恰恰与习惯法是背道而驰的。如霍贝尔所言:"当然,世仇意味着无法律,因为反对杀人是亲属集团的特权不能承认的,所谓的血亲复仇法是社会学规律,而不是法律的一种。"② 从某种意义上来讲,习惯法的出现正是为了控制及消除这种简单反射式的私力救济行为,以稳定社会秩序的。也正因为如此,黑格尔在《法哲学原理》里面明确区分了私人的复仇和作为刑罚形式的复仇两个概念,前者属于私力救济,后者才属于公力救济,也即法的范畴。"在未开化民族,复仇永不止息,例如在阿拉伯人中间,只有采用更强大的暴力或者实行复仇已不可能,才能把复仇压制下去。"③

习惯法与习惯相比,更少本能,更多有目的、有意识的、有组织的、创造性的因素在内,是后天"学而时习之"获得的行为模式,它具有克制、自律的基本内涵。进一步来讲,习惯往往反映的是客观状况,属于"实然"的范畴,而习惯法则包含了"实然"和"应然"两种因素。习惯上"是"如此行为,并不意味着"应该"如此行为。这一点想必大家都明白,因为休谟在《人性论》中早就论述过:仅仅由"实然"是推导不出"应然"来的!盲目的习惯与动物本能类似,懵懵懂懂、浑浑噩噩地依此而行,那不是习惯法。④ 习惯法是人类在自觉的基础上明确认可的社会规范,可谓人类由自发形成的规范向自觉制定的规范过渡的中间环节。马林诺夫斯基对法律与本能的区别看得很清楚,他有这样的论述:"法律的基本功能是约束人类的某些自然嗜好,压抑和控制人类的本能,强制养成非本能的义务性的行为方式——换句话说,法律旨在保证人类为了一个共同目的,在彼此让步和牺牲基础上互助合作。为此,必须有一种完全不同于自然本能习性的力量来担当此一重任。"⑤

习惯法是一种粗糙、实用的地方性知识,而不是一种精致、抽象和富有学理性的

---

① 这样的宣示是多次进行的,并没有一个确切的时间标志,同时一般通过作为群众代表的首领及宗教人士讲话(言语)的方式,而不仅仅限于行为宣示,但首领及宗教人士在这里决不是立法者。
② [美]霍贝尔.原始人的法:法律的动态比较研究[M].严存生等译.北京:法律出版社,2006:24.
③ [德]黑格尔.法哲学原理[M].范杨,张企泰译.北京:商务印书馆,1996:107.
④ 单纯的习惯不是习惯法,正如单纯的原生态的物质不属于文明,人为的器物才属于文明一样。
⑤ [英]马林诺夫斯基.原始社会的犯罪和习俗[M].原江译.北京:法律出版社,2007:43.

知识系统,但它有自己的灵魂。"这种地方性不仅指地方、时间、阶级与各种问题而言,并且指情调而言——事情发生经过自有地方特性并与当地人对事物之想象能力相联系。"① 吉尔兹这一观点的核心是"本地想象"以及由此而建构起来的"文化意义世界"。② 习惯法并不仅仅是一个静态的状态,而是一个动态的包含价值判断的想象和行动结合的整个过程。原始习惯法明确地表明了一个氏族的理想和愿望,体现了人们对美好生活的向往和追求,同时也体现了现实中不能完全实现的缺憾以及人们为此的抗争。习惯法绝不是人们都自觉遵守的,而是往往有人违反。也正是由于存在违反现象,习惯法才以强制力的方式显现出来,表明其存在,发挥其作用。同时,因为习惯法具有较多的人为的主观因素在内,自然也相比一般习惯具有更多的具有民族特色的东西,是民族文化传统、民族心理特征以及判断是非善恶的基本价值观的集中体现。习惯法是人们对历史生活的观察、思考和总结,是对自我调控、自我约束的规范制度的有意识的创造。习惯法的存在意味着人类认识能力的提高和对社会控制能力的增强,意味着社会的发展已经达到了一定的程度,进一步意味着人类从蒙昧向着文明的进步。

### (三)民族习惯法

依据不同的标准,习惯法可以分为不同的类别。在我国一般人们把习惯法分为汉族习惯法和民族习惯法两种,而对民族习惯法除了分为不同民族的习惯法外,则没有

---

① [美]吉尔兹.地方性知识:阐释人类学论文集[M].王海龙,张家瑄,译.北京:中央编译出版社,2000:273.
② 有学者对此有深刻的理解。参见 邓正来.中国法学向何处去:建构"中国法律理想图景"时代的论纲[M].北京:商务印书馆,2006:241.

进一步的分类。本文认为其中比较重要的分类之一应是无文字时代的民族习惯法和有文字时代的民族习惯法两类（当然汉族也应有自己的原始习惯法问题，尽管"汉族"一词可能是进入文明社会后的产物）。因为文字对人类的影响特别重大，对法律的影响也非同小可，所以以此为标准来给习惯法分类是合适的。因为无文字时代基本上属于原始社会，[①]所以又可以把无文字时代的民族习惯法称为原始社会民族习惯法，相应的有文字时代的民族习惯法称为文明社会民族习惯法。[②]

这两种民族习惯法的区别主要包括：1. 前者存在于原始社会，后者存在于文明社会；2. 前者往往以图画、歌曲、舞蹈以及其他行为等直观的方式表现出来，如霍贝尔所说是"经验主义的和行为主义的"，不以文字形式表现，后者中的一部分可能以文字的形式表现出来；3. 前者所处社会无国家法，后者与国家法同时并存，相互影响。4. 前者内在的发展动力较小，发展缓慢，后者内在的发展动力较大，发展较快。可以做这样一个比喻：如果国家法是人类的话，那么原始民族习惯法就是古猿，文明时代的民族习惯法就是大猩猩。谁觉得我们应该把古猿和大猩猩分为一类呢！

目前我国原始习惯法的研究往往限于少数民族地区，所以原始习惯法往往被人们归于民族习惯法研究的范畴，但这里必须强调指出的是：民族习惯法研究的范围很广，内部差别很大，应该把其中的原始习惯法单独研究，而不应该混在一起（当然，原始习惯法传承到文明社会的部分可以与其他习惯法一并研究）。遗憾的是，有些学者在研究少数民族习惯法时把不同历史时期，上至原始社会下至当代所形成的，根本没有同时出现在一个历史时期的习惯法统统熔为一炉，搞成一笔糊涂账，实在令人扼腕！

对原始习惯法的研究是非常重要的。"不知古，焉知今"，不知法的过去，也就很难理解其现在和将来。这方面的研究属于法人类学研究的范畴，处于法学与社会学交叉的领域。目前我国学者研究习惯法的很多，专门研究原始习惯法的不多，主要是在研究少数民族习惯法的过程中一起进行研究。这方面的著作包括高其才教授的《中国习惯法论》、《中国少数民族习惯法研究》以及《瑶族习惯法》，陈金全教授主编的《凉山彝族习惯法田野调查报告》、曾代伟主编的《巴楚民族文化圈研究——以法律文化的视角》、王学辉的《从禁忌习惯到法起源运动》、张冠梓的《论法的成长——来自中国南方山地法律民族志的诠释》、徐晓光的《日本与我国南方少数民族审判法比较》等。外文翻译著作主要包括霍贝尔的《原始人的法——法律的动态比较研究》、马林诺夫斯基的《原始社会的犯罪与习俗》、穗积陈重的《法律进化论》等。

---

① 迄今为止，有文字的原始社会尚未发现，无文字的文明社会如奴隶社会也未发现。

② 文字与法律均为重要的社会文化现象，都与人的思维能力的演进密切相关，二者之间的内在联系还有待于人们进一步从认识论的角度进行探讨。

　　我国的原始习惯法研究近些年来发展比较快，1991年我国成立了民族法学研究会，2003年谢晖、陈金钊两位教授主持创办了《民间法》年刊等，但因为基础薄弱，研究水平不够高。原始习惯法研究主要存在以下问题：资料堆积、简单描述及综述整合较多，深入分析不多，大多点到为止，有些类似于民风民俗研究，几乎没有法理学层面的分析和理论建构，更没有建立自己的具有中国特色的理论，研究主要是"六经注我，我注六经"；不仅如此，对国外的了解也不够，尚未能达到与国际习惯法研究接轨的程度。这是问题，也是机遇，它激励着我们后来者知耻而言勇，勇于在这方面做出自己应有的学术贡献。

## 三、本书的研究目的和方法

　　黎族人现在很多已经不会说黎语了，只会说汉语，黎族人很多已经完全同化为汉人了，据统计，黎族地区大概只有80-90岁左右的人可能不会海南话，大约占黎族总人口的1%不到，而小孩子几乎除了日常的几句外都不会说黎语了。① 黎族文化也随着黎语的消失而面临消亡的危险，研究黎族文化还有什么价值？

---

① 在乐东县田野调查中一位90多岁的老阿婆讲："现在和自己的孙子没法交流了，因为语言不通"。她说到动情处，不禁流下了热泪，令笔者印象深刻。

本文尝试对黎族传统法文化中一种特殊的现象——"禁"现象从法社会学的角度进行探讨，以向各位方家请教。首先，较全面、系统地研究少有人问津的黎族"禁"文化，尤其是从原始习惯法的视角来研究"禁"，一定程度上填补历史空白。其次，对"禁"产生的机理以及发展、变化的规律，运用现代法学及宗教学、社会学的理论进行深入的探讨，提出具有黎族特色的习惯法理论。第三，对"禁"习惯法与黎族原始宗教、国家法的关系及对黎族社会可能进一步造成的影响进行探讨，并提出可行的意见和建议。

研究传统习惯法一方面是搜集资料，另一方面就是把这些通常都是分散的一个个的珠子，用针线穿起来，也即用自己的思考来把这些翔实的具体资料构建成一个容易理解的逻辑整体。不构建，就不叫学术，仅仅使人获得一些零散的知识而已；随意构建，不合逻辑则让别人无法理解。这两个方面针对黎族习惯法研究来说都有一定的困难。黎族传统社会并非哈特所讲的简单社会，也非卢梭社会契约建立之前的社会，更不是罗尔斯所谓处于"无知之幕"之后的社会。一个基本的事实是黎族没有自己的文字，历史记载很少，资料不容易收集。现在研究黎族"禁"习惯法是向前追溯，是顺藤摸瓜进行探索，带着现在的思想和观念，也就是带着现在的偏见。这就好比我们研究胎儿，从一个成年人的状况出发来逆推，青年如何，少年如何，幼儿如何，婴儿如何，新生儿如何，最后胎儿会如何，等等。这其中必然包含着成年人的思维和逻辑，不可能完全是从一个胎儿的视角来看，尽管我们努力地想做到这一点。搞黎族研究还有一个困难，这绝不是不重要的，就是黎族的语言与汉语差别很大，一般研究者不懂黎语，难以深入到黎族民众的心灵中去进行高层次的学术研究。

此外，对于黎族"禁"习惯法的研究还有两个特有的问题，给我们的研究造成困难。一是"禁"习惯法与原始宗教密切相关，而一般中国学者并不信教，更不会信仰黎族原始宗教（除非是在黎族聚居区生活的黎族学者）。二是黎族人比较忌讳探讨"禁"的问题（至于为什么黎族人有此忌讳，后面我们详细阐述），似乎是一个禁区，非与其建立比较亲密的信任关系，难以展开深入的调查。

对于原始习惯法的研究方法，霍贝尔曾提到三种研究方法：理想调查表法、观察描述法、案例法。[①] 他比较赞同案例法，认为只有案例法才有利于比较真切、全面而深刻地研究原始社会的习惯法。限于黎族研究的特殊情况，本书采用了黎族田野调查和历史文献调查相结合的方法，同时也重视对案例的研究。

本书从法社会学的角度来研究黎族文化，同时也是从黎族原始宗教的角度来切入，其中包含着大量的关于黎族宗教信仰的内容。也许有人会质疑：这还是法理学著作吗？对此，我们认为法律存在于社会之中，是一种社会现象，法律与社会不可分割。世界上没有纯粹的法律问题，也没有纯粹的法学研究范围！[②] 在黎族传统社会中法律与原始宗教、道德以及民族习惯是不可分地纠缠在一起的，并没有相互独立出来。要研究黎族的传统习惯法就必须把握当时黎族人的整个文化生活。在此，也许我们引用瞿同祖先生的一段话是合适的："法律是社会的产物，是社会制度之一，是社会规范之一。它与风俗习惯有密切的关系，它维护现存的制度和道德、伦理等价值观念，它反映某一时期、某一社会的社会结构，法律与社会的关系极为密切。因此，我们不能像分析学派那样将法律看成一种孤立的存在，而忽略其与社会的关系。任何社会的法律都是为了维护并巩固其社会制度和社会秩序而制定的，只有充分了解产生某一种法律的社会背景，才能了解这些法律的意义和作用。"[③]

---

① [美]霍贝尔.原始人的法：法律的动态比较研究[M].严存生等译.北京：法律出版社，2006：28-43.
② 有一本书从蚂蚁开始研究法律，可谓一绝！参见：[美]约翰·麦·赞恩.法律的故事[M].刘昕，胡凝译.南京：江苏人民出版社，1998：1-16.
③ 瞿同祖.中国法律与中国社会[M].北京：中国政法大学出版社，1998：4.

# 第一章

## 黎族传统习惯法

黎族传统民居——船形屋

峒西头，一间矮小的葵叶盖成的船形屋里，透出一丝微弱的黄光。那是斜插在一根黑乎乎的柱子上的一盏哈朗籽灯，在微风中摇晃不定，浓黑的烟雾布满屋中，屋子里显得十分昏暗。

　　一个挺着大肚子的年轻女人，在简陋的木架床上坐卧不安，发出一阵阵呻吟声。

　　屋中央，坐着几个上了年纪的老妇人，一个个像种在地上的木桩，一声不吭，她们嘴里嚼着大块的槟榔，两唇黑红，不时小心地啐出红色的唾沫。

　　一个老妇人坐在孕妇身边，喃喃地安慰着……

　　更乌偎息　犁头星斜。

　　孕妇捂着滚圆的大肚子，在木床上翻来覆去："哎哟！疼……疼啊……"

　　老妇人轻轻地抚摸着孕妇的脚踝，低声地说："忍着点，忍住呵！我们女人生来就是这样的，忍着、忍着……"

　　"哎哟！"一声高叫着，孕妇哭出声来："疼死我了，我不要活了，我要死了，哎哟……"孕妇的呻吟声渐渐高了。

　　老妇人都围了过来，小声地安慰道：

　　"媳妇啊！生头一个都会这样哩！莫怕，莫怕！"

　　"莫哭、莫叫，当心中禁鬼或口邪，就糟啦！"

　　经老人这么一说，孕妇的叫声渐渐低了下来，可嘴里却喃喃地说："夐呀更，疼死我了……"她一个劲地呼叫着男人的名字。

　　　　　　　　　　　　　　　　　　——黎族作家龙敏《黎山魂》①

　　从前，五指山有个美丽的姑娘，名叫奥桃堆。她从小失去了父母，跟着哥嫂生活。嫂嫂待她很不好，经常打骂她。……

　　自此以后，奥桃堆的嫂嫂逢人就说奥桃堆会弄巫术，是个禁母，会给寨子带来瘟疫。于是，头人请来了道公，准备抓禁。她嫂嫂预先串通了道公，在举行抓禁仪式那天，她嫂嫂嘴里含着一个鸡蛋，走到道公面前，说奥桃堆把她的脸咒肿了，并使用巫术把牛屎变成筒裙放在箱里。道公披上了道袍，挂着满身符咒圈，叮叮当当手舞足蹈，喃喃呢呢念着咒语。突然，道公在奥桃堆面前停住了，对大家说："她就是禁母！"又转向她嫂嫂说："要治好你

---

① 龙敏.黎山魂[M].海口：南海出版公司，2002：1-2.该著作为历史上第一部黎族长篇小说，50万字。它以其恢宏的艺术构架和深沉的内容呈现，全景式展现了黎族生活状态和历史变迁，具有史诗性，是一部不可多得的力作。

的脸，就要把妖牛堆闷杀掉，把奥桃堆赶出家门。"……

她嫂嫂和道公追上了山，捉住了堆闷和奥桃堆。他们杀了堆闷，吃了它的肉，把它的骨头扔在山沟里。奥桃堆被道公赶到河里，举行驱邪洗礼，然后，被她嫂嫂赶出了家门。……

——黎族民间故事《奥桃堆》①

黎族世居海南岛，孤悬海外，黎族传统社会长期以来一直发展落后，经济文化很不发达，如甚至在解放前夕五指山腹地的黎族地区还处于原始社会末期。②黎族从来没有建立自己独立统一的政权，成立一个民族国家，颁布自己的法律，同时由于很长的一段历史时期内远离文化发达的地区，几乎不受大陆朝廷国家法的影响。黎族虽然有自己独特的语言——黎语，属于汉藏语系壮侗语族黎语支，但没有自己的文字，所以黎族地区社会规范很不发达，没有成文法，长期处于"习俗的统治"之下，只有历史形成的民族习惯法。这种习惯法只能靠口耳相传、身体力行来维持。但也正因为如此，黎族习惯法别具一格，具有重要的研究意义。

# 一、黎族传统习惯法的基本特征

黎族有自己内容丰富的习惯法，如有关组织与首领的行政习惯法，有关婚姻家庭继承、所有权、债权、契约等的民事习惯法，刑事习惯法，社会生活习惯法，调处习惯法，宗教习惯法等多个方面。具体如财产所有方面的"插标"占有③、交易活动中的"刻竹

---

① 这个故事又名《盘哇鸟》，是迄今发现的篇幅最长的黎族民间故事，它用黎语说唱，长达几个小时，在五指山腹地的"合亩制"地区广为流传。本文转引自：符桂花.黎族民间故事大集[M].海口：海南出版社，2010：301-302.

② 对于建国前黎族落后地区的社会类型，一些日本学者曾提出质疑。他们认为："黎族已从事永久性的水田耕作，而且犁耕的方法已构成其农耕技术的最主要部分。为此，若按一般的分类方法以采集阶段（狩猎及渔捞）为'原始文化'、以薅耕阶段为'中级文化'、以犁耕阶段为'高级文化'，则甚至可以说黎族已经达到了'高级文化'阶段。更确切地讲是从'中级文化'向'高级文化'的过渡阶段，或者可以说是处于在'中级文化'的内容上，逐渐披上'高度文化'外衣的阶段。"此外，他们还否定了黎族"不落夫家"等习俗是母系氏族社会痕迹的观念。见：[日]冈田谦、尾高邦雄.黎族三峒调查[M].金山等译.北京：民族出版社，2009：240，22.

③ 黄友贤.黎族"插星"习俗：兼谈太平村之"插星"[C]∥海南民族研究所.五指山脚下的耕耘.昆明：云南民族出版社，2004：165-166.

为凭"①、婚姻家庭方面的"不落夫家"②、行政管理领域的"峒"③、刑事处罚领域的"赔命价"④、氏族之间纠纷中的血族复仇⑤，等等。

黎族传统习惯法与黎族特殊的生活环境相适应，是黎族在历史进程中形成的，是黎族智慧和经验的总结。其基本特点如下：

## （一）风俗的统治

传统黎族社会处于相对封闭的状态，长期过着钻木取火、刀耕火种、牛踩田、手捻稻的原始社会生活，没有发达的私有制，没有显著的贫富分化进而阶级分化，也就是没有形成如奴隶社会的奴隶主阶级和奴隶阶级，以及封建社会的地主阶级和农民阶级等两大对立的阶级，没有真正意义上的阶级对立和阶级矛盾。黎族传统社会没有一般意义上作为阶级统治工具的法。⑥因为黎族没有产生书写的文字，所以也没有产生成文法。⑦但"没有乐谱，并不意味着没有音乐"，黎族地区有内容丰富的习惯法。黎族习惯法是人们在长期的社会生活中逐渐自然形成的，源于人们的社会需要，是人们适应自然环境、维持生存的文化模式，主要通过口头、行为、心理进行传播和继承，具有高度的内在性和自发性。正是这些习惯法在很大的程度上制约和控制着黎族社会的秩序状况。

与汉族村庄一般由多个不同姓氏的家庭组成（尽管可能是以一个或两个大姓为主）不同，黎族一般同姓聚集，相互都是血缘密切的亲戚，相处很融洽，往往一家的事就是大家的事，大家都参与，如修房盖屋、婚丧嫁娶，甚至迎接外来的客人等。⑧这是

---

① 广东省编辑组.黎族社会历史调查[M].北京：民族出版社，1986：155-156.
② 孙绍先、欧阳洁.黎族女性文化专题研究[M].海口：南方出版社，海南出版社，2008：133-138.
③ 参见：《黎族简史》编写组.黎族简史[M].广州：广东人民出版社，1982：178-182.
④ "所亲为人所杀后，见仇家人及其洞中种类，皆擒取，以荔枝木械之，要牛酒银瓶乃释，谓之赎命"。参见：[宋]范成大.桂海虞衡志[M].
⑤ 吴永章.黎族史[M].广州：广东人民出版社，1997：292-294.
⑥ 必须说明，由于黎族地区汉代后就受到了大陆朝廷的统治，自然也就在形式上存在国家法律对黎族的管理问题，但是由于国家管理薄弱，以及国家往往采取"以黎治黎"、"土官土舍制"、"抚黎"等政策，实际上国家法律几乎没有对黎族百姓的日常生活产生影响。
⑦ 当代所谓的黎文是指，根据1954年5月20日政务院第217次会议通过的"关于少数民族文字创建的原则"的指示精神，1956年国家为黎族创立的一种以哈方言为基础，用拉丁字母拼写的文字，但到1958年下半年黎文的推行就停了下来，并没有普及，一般黎族百姓甚至不知道有这回事。参见：高泽强，文珍.海南黎族研究[M].海口：海南出版社，南方出版社，2008：88-120.
⑧ 笔者在调查过程中发现，现在黎族人也往往比较随意地到别人家去吃饭，如果一家来客人了，大家就凑过来热情地和来人打招呼、聊天，然后坐下来大家伙一起边吃边喝，对此人们习以为常。

一个如费孝通先生所讲的典型的"熟人社会",甚至可以进一步说是一个"亲属社会"。在这样的社会环境中,尽管每个人属于不同的家庭,但由于属于同一个家族,所以私有观念比较淡薄,更没有明确的权利、义务的观念。实际上,直到解放前五指山区腹地的黎族还过着原始共产主义生活,土地和山林公有,大家共同劳动、平均分配,即使打猎的收获也是见者有份,大家共同享用。

黎族的社会规范的实施主要靠首领个人的道德力量和威信、传统的惯性以及对超自然力量的畏惧、个人的自觉和舆论的监督。这里没有"法律的统治",某种意义上可以说是"风俗的统治"。列宁曾说过:"在原始社会里……还看不见国家存在的标志,我们看到的是风俗的统治,是族长所享有的威信、尊重和权力,这种权力有时是属于妇女的……"[①]这一论述与黎族传统社会的情况相似。实际上即使是在现代社会某些黎族地区仍然大致保持着这样的生活方式,很少有人想到用法律解决纠纷。[②]这与汉族民众的"厌讼"的态度看似相同,实则相距甚远。因为汉族是由于充分认识到官府的黑暗,打官司劳民伤财,才"厌讼";而黎族则是因为传统上不存在诉讼这种纠纷解决方式,对诉讼制度缺乏足够的了解,认为诉讼是朝廷的东西,属于外来文化,与黎族生活不大相干才"厌讼"的。

黎族没有成文法,除了与生产力发展水平、社会制度有关以外,还与黎族的生活环境比较适宜生存,纠纷比较少有关。苏力教授有文《这里没有房地产》,说的是在青海省一些地区由于牧民过游牧生活,几乎没有房地产,所以也就相应地不需要规范房地产的法律。在黎族地区由于地理环境封闭、居住比较分散,生存条件优越,所以人们之间的纠纷也比较少。如宅基地资源很丰富,甚至可以说是无限的,宅基地纠纷

---

① 列宁.论国家[C]//列宁选集(第四卷).北京:人民出版社,1972:44-45.
② 笔者在2009年1月的乐东县调查中接触到这样一个例子:一个黎族村寨里有人用土枪杀了一个同村的村民,该村民的家人首先想到的是到邻村去找"帕柔"(在黎族社会比较有威望的老人,往往会巫术,又称"鬼公")。该帕柔考虑到国家的法律等因素,最后建议当事人或者自己忍下来,或者去告官。最后当事人权衡再三,忍了下来。

几乎没有。不仅如此，由于人们对水稻田的依赖不如北方汉族那样具有决定性的意义，还可以打猎等，生存的压力较小，对土地的纠纷也不多。黎族对于山林的纠纷更少，一般只要是一个人看中了一棵大树，在这棵树上用茅草打个结或用刀打个叉就可以了。这表明该树已经有主了，任何人不会去砍伐。

但值得人们注意的是，没有成文法似乎并没有导致黎族社会的混乱，明显妨碍黎族的社会发展。有一本苏力教授翻译过来的书，书名为《无需法律的秩序——邻人如何解决纠纷》。也许该书的观念用在这里也是合适的。黎族传统社会没有成文法，但秩序井然，甚至达到"路不拾遗，夜不闭户"令人羡慕的程度。也许恩格斯看到这一现象同样会感慨："这种十分单纯质朴的氏族制度是多么美妙的制度呵！"

## （二）质朴的外在表现

正如一般习惯法一样，黎族习惯法中没有法庭、监狱等设施，也没有警察、法官等职业，甚至连一般所谓的暴力机关也没有。在精神层面甚至没有法律这样的词汇，没有权利义务、权力职责这样的说法。黎族习惯法不系统，不完整，诸法合体，理念上无民事与刑事之分，同时与道德及原始宗教界限不清。它没有复杂的理论构建，也没有发达的教育系统来传授，往往通过言传身教等方式来传承，具有直观性和稳定性的外在特点。

黎族习惯法是没有文字的法，是处于"记忆法"（穗积陈重语）阶段的法，更具体地讲是"形象记忆法"或"身体记忆法"，因为它只有通过表演才能展示自己的存在和不容忽视的强大力量。正如梅特兰所言："只要法律是不成文的，它就必定被戏剧化和表演，正义必须呈现出生动的外表，否则人们就看不见它。"[1] 黎族的"打标"占有、埋牛角为氏族边界、门口挂树叶禁入[2]、刻竹为契、击鼓为号、断箭为誓、占卜

---

[1] [美]伯尔曼.法律与革命：西方法律传统的形成[M].贺卫方等译.北京：中国大百科全书出版社，1993：69.

[2] 在黎族地区这种做法也叫做"插星（或禁星）"。所谓的"插星"就是以特定的草来插在门前或某一物上，表示一种祈求的意愿或告示某物（或某处）已有主人。"插星"可分为两大类别：一是与宗教有关的"插星"，表示法事顺利、病人好转、家人平安，是黎族宗法观的一种体现，与汉族的"插青"（如重阳节的插茱萸以及客家人端午节的插艾蒿和菖蒲）类似。一是生产生活的"插星"，一般有以下几种含义：对某物或某地的占有（往往以打草结或在某物上用刀刻"X"标记为准）；保家宅平安、生产顺利（以带刺的草或树叶打结插在所需之处）；警告（以打草结为主）。"禁星"具有鲜明的黎族习惯法文化的特点，但与"禁"习惯法毫无关系。"禁星"之"禁"字来源于汉语，是禁止的意思，与来源于黎语发音的"禁鬼"之"禁"并不相干。参见：黄友贤.黎族"插星"习俗：兼谈太平村之"插星"[C]//海南民族研究所.五指山脚下的耕耘.昆明：云南民族出版社，2004：157，166.

裁判、妇女调解纠纷[1]等都是黎族习惯法的生动形象的体现。

生动形象的东西都是具体性的，因此黎族习惯法的普适性较差，不仅仅是适用的范围比较小，往往限于一个村寨或氏族，同时也是因为人们并不严格地遵守习惯法，因为没有文字的记载以及人的记忆的不可靠，再就是社会强制力的软弱，在处理纠纷等问题上一事一议的情况比较多。想要找出或归纳出一个典型或标准的习惯法系统几乎是不可能的。

此外，黎族习惯法中本能的行为与社会规范下的行为往往联系密切，难以完全区分。在黎族人的生活中血族复仇、同态复仇这样的例子举不胜举。习惯法中的私力救济和公力救济区分并不严格。在这里甚至道德规范、原始宗教规范也与习惯法规范边界不清。

一般认为，处于原始阶段的习惯法多以歌唱法以及图画法的形式存在，如日本穗积陈重教授所指出的那样，然而令人遗憾或令人惊奇的是，我们在黎族地区并没有发现这样的习惯法。这也许是由于我们搜集得不够，同时也可能是由于黎族地区这方面并不发达，以及习惯法与一般社会道德规范在形式上浑然不分的缘故。还有，渗透在黎族习惯法中的思维是原始思维，并不完全符合现代的逻辑，尤其是其原始宗教规范更是如此，而是具有经验直观的特点，经验主义和行为主义是这一时期思维方式的主流。

## （三）原始宗教禁忌是其重要组成部分

黎族传统习惯法与原始信仰往往纠缠在一起，从而使其具有鲜明的原始宗教属性。黎族的宗教禁忌有很多，如婚姻禁忌、丧葬禁忌、生产禁忌等等，其基本内容简单列举如下：

1. 忌日不事农。家中死人，其亲属三年内逢忌日（死者去世之日）均不得下田，若死者为组织、领导生产的首领，其群众须同守此忌（黎族以十二属相记日月，故每十二天便逢忌日）。五指山地区黎族逢鸡、牛、虫、马日忌生产；牛日男子不犁田；

---

[1] 黎族有一种和解的礼仪，黎语称为"蕊岔"，意为"给好眼色"。械斗双方，若想停战讲和，言归于好，就各派一名年事最高的寡妇出面充当调解员。双方同时也各出一位代表。寡妇先把若干个铜钱投入一盆清水中，双方代表先后从水中取出铜钱，互相指抹一下对方的眼睛，讲几句息仇解怨的话。然后，互相接过对方的钱往脑后抛掉。最后互相敬酒，以示和解。这种由妇女调解纠纷的习俗，文献上多有记载。如清代乾隆年间的《琼州府志》记载，黎族"一语不合，即引弓相向，其妻当中一过即解"。

鸡日妇女不插秧、拔秧；马日、虫日妇女不插秧、捻稻。

2．婚姻禁忌。同血缘禁婚，即使双方的汉族姓氏不同也不行。① 黎族祭奠祖先的仪式歌中就唱道："假如兄妹媾和，雷公轰谬种截！"订婚需送槟榔或箭，忌用白鸡，以为如是会使夫妻不和睦。婚嫁择吉日，避忌虎、猴、牛日。据《清稗类钞》云："虎猴牛，黎人以为恶兽，避之则吉。"婚后禁忌再有私情，若犯禁违忌则群黎立杀之。

3．产忌。生育孩子前，要在正月十五或每月十五祭祖的时候和祖先说，说迟了，好的孩子就被别人抢走了。孕妇忌吃狗肉，否则以为会难产或流产。不能用秧苗丢人，否则生的孩子会不好看。保亭、琼中等地黎族，产妇分娩时，以门前挂树叶为忌门标志，禁止外人入产室，以免将鬼神带入。分娩三天内，产妇不得外出，不得与外人说话，不得洗身。产后一个月或百日内，禁食鱼、蛋；认为鱼会"寒"身，蛋使子宫下垂。产后忌坐男人凳子，忌与丈夫同房。丈夫在妻子生产的一个月内不能剪发。

4．丧葬禁忌。葬礼结束后死者亲属不得正面穿衣，须反穿五个月至一年；不得洗头洗身；不得唱歌、奏乐、敲锣鼓、放鞭炮；禁忌耕作。丧宴忌吃米饭，可以肉下酒，可吃杂粮；有的甚至父母去世的一周内不吃饭，只吃南瓜，不放盐。众人不得在丧家吃猪肉粥、牛肉粥、鸡肉粥和米饭；忌中午出殡，认为午葬会招灾。

5．生活习俗禁忌。忌头朝门口睡觉，因尸体才头朝门口待抬出埋葬。若客人犯忌，主人亦不悦，认为可能有祸事临头。去世父母的名字任何人也不能提起，否则会招来"祖先鬼"，给儿女降下灾祸。有些黎族习俗：打猎打到熊，则不能直接进家门，要先在屋檐下住一个晚上。

## （四）处理疑难纠纷往往采用"鬼判"的方式

黎族传统上对于疑难案件都采取神明裁判的方式。② 传说从前在崖县城里有一个蛇洞，里面藏着一条大蛇。它脾性很奇怪，只咬坏人不咬好人，只咬说谎不老实的人，不咬忠直诚实的人。因此崖县城的衙门便用这条蛇来判别是非。凡是遇到争执双方相

---

① 这一禁忌一直影响到今天。有这样的例子：一对相恋男女因为双方十多代前是同一血缘，最后也无法结婚。有必要说明：黎族人最早只有黎姓，没有汉姓，如德拉海、德旺、德威、朴基、朴冲等。后来随着汉族影响的扩大才逐渐有了汉姓。但黎姓与其汉姓并不是一一对应的，如有的同为一个黎姓的人，在这一地区姓"黄"，在那一地区姓"王"。在有些比较偏僻的黎族地区，直到民国时期，为了入学和登记户口才通过抽签的方法（令人惊奇！），得到了属于自己的汉姓！参见：高泽强，文珍.海南黎族研究[M].海口：海南出版社，南方出版社，2008：85.

② 有学者认为："黎族宗教也没有与法理学结合，因为神判这一套东西仍未发生。"（中南民族学院本书编辑组.海南黎族社会调查（上卷）[M].南宁：广西民族出版社，1992：100.）我们认为，这是把神判的理解太狭隘了，广义的神判包括占卜以及赌咒及发誓等，当然我们也承认总体来看，黎族的神判尚处于低级阶段，没有发展到如苗族那样的端犁铧、捞汤等典型的发达的神判方式。

持不下，难以判决时，便叫双方的当事人跑进蛇洞去，谁给蛇咬死便是理亏的人。①这一传说中的"蛇判"类似于汉族的独角兽的裁判，平添了中国一段"南蛇北廌"的佳话，反映了黎族当时的思维方式，不过它毕竟是一个传说。

黎族没有"神"这一带有人为宗教色彩的概念，只有"鬼"的概念（或称神鬼不分）。鬼在黎语中有多种叫法，如"鼎 [tiŋ¹¹]"、"佛 [vot⁵⁵]"、"亨 [ha:wŋ⁵³]"等。所谓神明裁判，严格来讲这里应该说成"鬼判"。黎族信仰原始宗教和巫术，十分相信"鬼判"的效应。只要遇到难于判定的事情，他们便发毒誓，祈求神灵的效应以惩罚坏人。鬼判是一种巫术活动，是维护和执行习惯法的一种辅助而又具有强制性的手段。

鬼判经常用于对通奸、盗窃等行为的裁定。如果丈夫风闻妻子与人通奸，但又没有抓住把柄时，只好采取此手段：用火塘里燃烧的木炭和火灰撒在茅草屋门里，对妻子说："你光脚从这里踩着出去，如果你与别人通奸，眼睛会变瞎，不然是我的眼睛变瞎。"但妻子往往为了保全丈夫，宁愿承担罪名，而不走出去。不仅如此，在通奸案件中丈夫也可以要求奸夫嫌疑人发誓，以证明自己没有通奸行为。②如果敢于发誓，那么案件就结束了。不敢发誓则被认定有罪，要接受相应的处罚。

在财物盗窃案件中，如果没有现场抓住盗贼，只是怀疑某人。在此情况下，无论是被偷的一方，还是被怀疑的一方，都可以把口水吐到手心里，对对方说："如果你确实没有偷我的东西，你敢用你的手掌击我的掌心吗？"或者说："你确实认为我偷了你的东西，你敢击我的掌心吗？"如果是做贼心虚或者是不敢确定，一般不敢与对方击掌。击掌后由雷公来审判，雷公劈死谁，就证明是谁做了亏心事。

### （五）多样性

不同的黎族地区法文化有明显差异。黎族并不是由同一个人群为核心不断发展而成的血缘单一的民族。一般认为他们是古代骆越人的后裔，是在不同历史时期（时间可能相差上千年）分批从大陆渡海而来的多个部族的一个总称（其中也有不少的黎族，人数及比例很难统计，其实是南下的汉族黎化而来）。最早是大陆的汉族把他们统称为黎族，他们自己则往往民族意识比较淡薄，毕竟他们之间联系并不密切，文化上也有比较大的差别。③这与他们居住比较分散、交通不发达以及相互交流较少，各地文

---

① 参见：中南民族学院本书编辑组.海南黎族社会调查（下卷）[M].南宁：广西民族出版社，1992：105.
② 发誓的内容主要是，如果自己做了某件坏事，就要受到天谴，如遭雷劈等，从来不会涉及自己的亲人如父母、妻子和孩子的厄运。
③ 这有些类似印第安人的说法。一般我们把美洲的原住民统称为印第安人，实际上他们之间的血缘以及文化差异是相当大的。

化发展独立性较强有关。

解放后国家经调查确认，黎族包括五个分支：哈方言黎族、杞方言黎族、美孚方言黎族、润（本地）方言黎族和赛（加茂）方言黎族。① 不同的分支有不同的亚文化。各地黎族的方言、宗教信仰、社会习惯以及社会规范也不大相同，没有一个统一的习惯法体系。实际上，赛方言黎族甚至和其他方言黎族在语言交流上存在明显的困难。见下表

表1-1 黎族各方言词汇异同比较表②

| 项目 | 参加比较词汇总数 | 相同词汇数目 | 相同百分比 | 不同词数目 | 不同百分比 |
| --- | --- | --- | --- | --- | --- |
| 哈:杞 | 1627 | 1341 | 82.4% | 286 | 17.6% |
| 哈:润 | 1627 | 1115 | 68.5% | 512 | 31.5% |
| 哈:美孚 | 1627 | 1337 | 82.2% | 290 | 17.8% |
| 哈:赛 | 1627 | 671 | 41.2% | 956 | 58.5% |
| 杞:润 | 1627 | 1111 | 68.3% | 516 | 31.7% |
| 杞:美孚 | 1627 | 1190 | 73.1% | 437 | 26.9% |
| 杞:赛 | 1627 | 731 | 44.9% | 896 | 55.1% |
| 润:美孚 | 1626 | 1126 | 69.2% | 500 | 30.8% |
| 润:赛 | 1626 | 615 | 37.8% | 1011 | 62.2% |
| 美孚:赛 | 1626 | 637 | 39.2% | 989 | 60.8% |

在习惯法领域，有些黎族地区（如哈方言黎族地区）对危害社会秩序的行为处罚比较温和，且方法不系统。一般是经济赔偿，通常采取双倍赔偿的方法。如果是殴打致伤等则以双方（或通过村头）协商为主，通常是要求伤人者的家庭进行经济赔偿，如赔几头牛等，没有肉刑的说法。但在其他一些黎族地区（如杞方言黎族）则存在对偷牛的人予以处死，对偷猪、鸡的人予以割掉一只耳朵的处罚。③ 同时，即使是同一黎族分支，在习俗上也往往有明显的差异。如哈方言黎族内部的罗活（以前称为"四星黎"）、抱怀（"三星黎"）及哈应（又称"哈炎"）等三个亚方言黎族之间习惯法也有所不同。

---

① 现在人们又发现了两种黎族方言，分别为哥隆话、那斗话，它们的使用人口很少，集中在很小的地理范围内，且不太纯正，夹杂很多汉语词汇。实际上，由于海南岛特殊的地理环境造成的，岛上其他语言或方言也多种多样，因此有学者称海南岛为"语言岛"。参见：高泽强，文珍.海南黎族研究[M].海口：海南出版社，南方出版社，2008：90-91.

② 参见：高泽强，文珍.海南黎族研究[M].海口：海南出版社，南方出版社 2008：115.

③ 这是笔者2008年1月在乐东县抱伦农场三队杞方言黎村调查时，采访80多岁的吉阿龙老人所获资料，经翻译反复询问，确定无疑，实在令人心惊。在其他的黎族资料中尚未有类似记载。

# 二、黎族传统信仰及信仰习惯法

黎族有自己特有的精神生活，这突出地体现在他们有自己的原始信仰。黎族普遍信奉万物有灵论的观念，存在自然崇拜、祖先崇拜以及图腾崇拜。历史上有这样的记载："荒祠鼓坎坎，老巫舞翩跹。异域俗尚鬼，殊形耳垂肩。"① "琼州言，俗无医，民疾病但求巫祝。诏以方书本草给之。"②

黎族传统社会中仅有一些虚幻的、超自然的观念以及某些巫术和神话传说，因此尚不能说黎族有完整意义上的宗教，充其量只能称为原始宗教或准宗教。这种宗教具有质朴性，现实性强于幻想性可谓其基本特点之一。黎族普遍认为：自然万物都是鬼，世间万物及人的吉凶祸福都是由鬼魂决定的，对鬼魂充满了敬畏。灵魂是人的主宰，可以离开人的肉体而独自存在。人在人界，鬼在鬼界，巫师作为人与鬼的中介，可以前往鬼界探访，得到鬼的指点和教诲。鬼可以附着在巫师的身体上来表达其意志。

## （一）自然崇拜

黎族宗教

在黎族的原始宗教信仰中，凡是认为能作祟使人生病的精灵均称为"鬼"，属于恶鬼的性质，还没有从虚幻的实体中分离出能保护人和驾驭诸"恶鬼"的"神"的概念来。这些鬼包括天鬼（雷公鬼）、山鬼、水鬼、火鬼、地鬼、风鬼、灶鬼和天狗鬼等。自然界中的这些鬼都是邪恶的，都会使人生活不安宁。为此，人们要经常祭祀及请人驱鬼。被天鬼缠身，病人发抖、肤色发黄；被山鬼所害，病人尽说梦话、夜间惊醒啼哭；被水鬼看中，病者病变无常，忽冷忽热；碰上了风鬼，病者心烦意乱、神志不清。各黎族地区调查所得的各种鬼的特点大同小异，上个世纪50年代在乐东县第四区永益乡什益村调查所得的部分鬼的特点如下表：

---

① [宋]李光．元夕阴雨孤城愁坐适魏十二介然书来言琼台将然万矩因以寄之[G]∥庄简集（五言古诗·卷二）．
②《续资治通鉴长编》卷十六，"开宝八年（975年）十一月己巳"条．

表 1-2 不同鬼的特点 [1]

| 鬼的名称 | 藏匿地点 | 对人的危害 | 祭品 |
|---|---|---|---|
| "抱那昌"鬼 | 路上 | 肚痛、腹泻 | 猪或牛 |
| 难产鬼 | 村边 | 妇女难产 | 一猪一鸡 |
| 禁鬼 | 禁母家中或身上 | 全身疼痛，发冷发热 | 鸡、猪、羊、狗各一只 |
| 水鬼 | 河里 | 弄人溺水死 | 鸡蛋一个 |
| 跌伤鬼 | 树上 | 弄人从树上跌下受伤 | 鸡蛋一个 |
| 吊颈鬼 | 路上 | 喉痛 | 鸡蛋一个 |
| 白面鬼 | 路上 | 天花 | 黄牛一只，鸡一只 |
| 天鬼 | 天上 | 肚痛、腰痛、发冷发热 | 羊、牛各一 |
| 祖先鬼 | 坟墓里 | 肚痛、腰痛、发冷发热 | 猪、羊各一 |
| 死于非命鬼 | 路上 | 肚痛，口鼻流血 | 狗一只，鸡蛋一个 |

## （二）图腾崇拜

黎族的图腾崇拜在动物方面有蛇、鸟、水牛、青蛙、狗、鱼等；在植物方面有稻谷、木棉、芭蕉、番薯和葫芦瓜等。这些图腾反映在黎族人民生活的各个方面。例如美孚方言黎族和润方言黎族的妇女都以青蛙图案作为文身的图样；美孚方言黎族日常用的大水缸，其缸颈部位装饰四只蹲蛙。在黎族地区普遍作为财富标志的青蛙铜锣，在锣沿也铸有两只蹲蛙。保亭县毛道乡的黎族认为猫是自己的祖先，禁杀忌食，死后拿去埋葬，甚至表示哀卓。三亚市田独、马岭一带的黎族认为大鲨鱼是他们的祖先，鲨鱼死后，要将它埋葬。杞方言黎族不吃狗肉，也忌讳说"狗死了"之类的话。黎族民间还有"公主与狗结婚"等传说。[2]

此外，黎族信仰生物之灵，以动物命名作为本民族传统的历法，以十二天为一周期，每天都以一种动物的名称来命名，顺序是：鸡、狗、猪、鼠、牛、虫、兔、龙、蛇、马、羊、猴日，但日子的名称、次序也因不同地区而大同小异。

---

[1] 中南民族学院本书编辑组.海南黎族社会调查（下卷）[M].南宁：广西民族出版社，1992：140.

[2] 随着历史的发展以及受汉族文化的影响，现在黎族群众不再认为狗是自己民族的图腾。1994年五指山市曾经有一尊名为"布谷报春"的雕塑，因其解释文字涉及类似的内容而伤害了民族感情，遭到黎族群众的抗议，引起社会很大的反响，后来被迫拆除并销毁。

### （三）祖先崇拜

黎族人以祖先崇拜为主，① 这里的祖先指的是祖先鬼。祖先鬼是黎族心目中最大的鬼，"祖先鬼崇拜"已渗透到黎族日常生活的各个方面。"祖先鬼"会作祟使人生病。② 按祭品的种类不同，可分为"大祖先鬼"、"中祖先鬼"和"小祖先鬼"。杀牛作为祭品的称为"吃牛鬼"即"大祖先鬼"；杀猪作为祭品的称为"吃猪鬼"即"中祖先鬼"；杀狗或鸡作为祭品的，称为"吃狗鬼"或"吃鸡鬼"，即"小祖先鬼"。在日常生活中严禁提祖先的名字，人死后其名字即成为鬼名，只有在举行宗教仪式上才能念。③ 因为一旦念了祖先名字，就会把祖先鬼招引出来作祟害人。如果别人有意这样做，就被认为是故意陷害，甚至由此而引起仇恨或械斗。进一步黎族人甚至不喜欢连姓带名一起叫人，因为呼唤姓氏即呼唤祖先，会招来祖先鬼。与此密切相关的是，黎族给小孩起名字非常慎重，一定要找人好好商量一下，千万不要与祖先名相同。④

### （四）占卜

黎族的占卜有鸡卜、蛋卜、石卜、筊杯卜和米钱卜等。以鸡卜最为原始，流行最广。⑤ 鸡卜亦称"鸡骨卜"，是古越人的占卜法。《史记·孝武本纪》载：越巫"祠天神、上帝、百鬼，而以鸡卜"。据唐张守节注：鸡卜法用鸡一狗一，生祝愿，祝愿毕即杀鸡狗，煮熟又祭，独取两眼骨察看其上孔裂，似人形即吉，否则即凶。唐宋以来在黎族中即流行此法。

鸡卜应用的范围较为广泛，举凡战、渔猎、婚育、结拜义兄弟、借牛、寻觅牛只、跟"龙公"⑥与"龙仔"⑦分居等活动之前，都要举行鸡卜来定吉凶。方法是杀一小雄鸡，

---

① "在调查的21个点中目前仍以祖先崇拜为主的有8个,以信奉自然的天鬼（雷公鬼）为主的有4个,以英雄崇拜（峒主公）为主的有3个，其余便是因接受道教以后奉'神'的。据了解，在百年前或近百年以来，黎族绝大部分地区是以祖先崇拜为主。"广东省民族事务委员会.广东海南黎族苗族情况调查[R].1951:89.

② 有一次笔者去黎区调查住在黎民家中，当时主人家有人去世不久，家中香火缭绕。刚到达不久主人就要求我为死者上香，几天后我要走时主人也提出了同样的要求。想来是为了我的健康着想，因为祖先鬼会作祟于人。

③ 人死后,任何人都不能直呼其名或称谓。如要呼其称谓，也要在称谓前加一个"阴"字,如"帕（父）"和"拜（母）"，分别称为"阴帕"和"阴拜"，类似于汉族的"先父"（考）和"先母"（妣）。参见:王学萍.中国黎族[M].北京：民族出版社，2004:149.

④ 实际上不能叫祖先名几乎可以说是黎族最大的禁忌。在笔者第一次进黎区时，向导提醒我的第一件事就是这一点。

⑤ 黎族人养鸡主要就是来占卜及祭祀用的，并不是用来消费的，更不是用来进行商品交换的。

⑥ 黎语为"奥凡"或"沃凡"，直译为"做富人"、"做主人"之意。

⑦ 黎语"奥伐"或"沃伐"，直译为"做穷人"、也有"做奴"、"做长工"之意。

抽出两根股骨,分左右插在一根丫形的小树枝上,然后在股骨的营养孔里插入小竹签,看小竹签的位置指向来决定凶吉。这种占卜方法在近两千年前的古越人中很流行,有所谓"越巫鸡卜"的记载(《史记·孝武本纪》)。

## (五)宗教人士

黎族有自己的宗教人士如娘母、娘公、道公、鬼公等。他们不脱离劳动,从事祭祀等活动是兼职的,一般也不收取报酬或只收取少量的赠与的财物。这些人一般是因为神灵附体而从事这一行业的,也有的是通过学徒而从事这一行业。这些宗教人士从事的宗教活动主要包括招魂、驱鬼辟邪、查禁捉鬼、婚丧大事的祭祀活动等。他们一般通过占卜等巫术为人去恶除邪、禳病去灾、招魂、祈祷好收成等。

割鸡跳鬼

这些人一般比较聪明,受人尊敬,具有较高的社会地位,但与村落的首领无涉。[①]他们没有政治影响,也不具有对违反宗教禁忌的人的直接行使惩罚的权力。

总的来说,黎族的原始信仰主要由以巫术为主的迷信观念组成,很不发达,没有自己的书面宗教经典、专门宗教祭祀场所,也没有专职的祭祀人员,各种信仰远没有组成一个系统化的宗教体系。[②]黎族宗教人士之间没有等级地位的区别,相互没有管理与被管理的关系,也没有一个位于最高等级的大权在握的人物。他们的做法纯属个人行为,独立自由活动,根本不存在严密或者松散的宗教组织。不仅如此,黎族宗教活动是民间自发的行为,也没有与政治相结合,并不干预世俗事物,而是带有非常质朴的、原始的特点。其最大的目的是为人间解除一切苦难。此外,也从未发现这些宗教人士建立过公开或秘密的组织,网罗信徒从事反抗朝廷的活动。

在传统信仰方面有不少的社会规范,有些具有某种程度的强制性,自然也可以归

---

[①] 从历史资料上来看,也没有出现过首领与宗教人士合而为一的情况,我们只能从亩头和妻子一起代表亩众祭祀"稻公"及"稻母"中窥见二者可能曾经一体的一丝迹象。

[②] 实际上在我国官方的文件以及官员的口中,像黎族这样的传统信仰根本不是宗教,也不归宗教事务机关管理。他们所讲的宗教一般指佛教、伊斯兰教、基督教以及道教等发达的、影响巨大的宗教。为了研究的方便,本书仍采取"黎族原始宗教"这样的说法。

原住民图腾

入习惯法的范畴,称为黎族传统信仰习惯法或原始宗教习惯法。① 黎族原始宗教习惯法,广义上包括含有宗教因素的一切习惯法规范,如某些具有宗教因素的生产习惯法、组织习惯法等,但狭义的原始宗教信仰习惯法主要包括宗教行为习惯法以及神明裁判习惯法等。此外,原始宗教禁忌等也属于原始宗教习惯法的范畴。

## 三、黎族传统"禁"文化及"禁"习惯法

### (一)"除禁"治病

在黎族传统文化中精灵崇拜很盛,鬼有很多种,如雷公鬼、树鬼、天鬼、灶火鬼、凶杀鬼等,基本上都是自然现象以及动植物幻化而成。其中有一种恶鬼叫禁鬼(简称"禁",是黎语"ki:m¹¹"的音译)。② 这种凶恶的鬼魄附在中老年妇女身上使人变为"禁母",黎语为"拜禁"(拜为女性、女人、母亲的意思);附在中老年男人身上使人变为"禁公",黎语为"帕禁"(帕为男性、男人、父亲的意思)。禁母、禁公利用一种神秘而令人恐怖的巫术——禁术害人生病,甚至死亡。在黎族日常语言使用中,"禁"可以作为名词使用,指禁鬼、禁母、禁公或禁术,"禁"也可以作为动词使用,指施禁于人或物。

黎族地区一有人生病,如果病情较轻,人就会用草药医治;如果病情较重,人们就会想到可能是鬼在作祟,要请宗教人士来查鬼。③ 这方面的记载很多:《虞衡志》:"病则椎牛祀鬼。"《崖县现况》:"病无医,惟自采山药,与延巫杀牲祭鬼。"《海南岛志》:"有人疾病……不疗时,则延巫捉鬼系鸡蛋悬于竿头,两手承之,视其动法,知鬼乃为何鬼,

---

① 与一般法学家的观点相反,霍贝尔认为,宗教尽管在早期与法律混在一起,但它们是两回事,而不是法律由宗教转变而来。尽管如此,我们认为毕竟宗教是一种重要的社会调整方式,与法律联系密切,实际上有些法律规范的内容与宗教规范是基本一致的,同时法律也往往以宗教为自己的信仰支柱,所以本文仍然把黎族的部分宗教规范作为习惯法的重要组成部分。

② 尽管这里使用汉字"禁",但与汉语"禁"字的含义无关,二者的区别是明显的。有意思的是,这两者都与禁忌、禁止有关,以及隐含着引起人警觉、怵惕的含义。"禁"字的翻译可谓"音"与"义"俱佳的难得的妙译。

③ 马林诺夫斯基说过"人有多少种死法就有多少种鬼",根据黎族的情况,我们似乎可以这样说"有多少种病就有多少种鬼"。

道公查鬼

应用何物为祭。……祭毕,则邀亲属食之名曰食鬼。所杀牛猪之角或齿骨,必悬挂屋中,小病人颈下,永不取去。病人如无力祭鬼,或由亲属代之;或在病时无力祭鬼,可由巫约鬼俟收获后再祭人痊愈。故秋冬间收成后,最多祭鬼之举。"如果查出是一般的鬼,便杀鸡或杀猪等"做鬼"祭祀。如果查出是禁鬼作祟,也就是被人使禁,要请宗教人士进一步查出禁公禁母的身份,查出后通过一定的仪式"解禁"(解除禁术对病人的控制)和"除禁"(赶走禁公禁母身上的禁鬼),以求使病人转危为安。[1] 历史上记载的黎族"病不求医,惟事巫觋"[2]就是说的这个意思。

### (二)"禁"的形象及特征

关于"禁"有很多种说法,但都充满神秘和恐怖。黎族民众一般都说有禁鬼,但少有人说自己见到了禁鬼,而往往会是听别人说见到了禁鬼。在田野调查中,也确有

---

[1] 有些黎族地区甚至推而广之认为,凡是牛瘟死牛,禾生虫害,也是犯了"禁"。参见:中南民族学院本书编辑组.海南黎族社会调查(上卷)[M].南宁:广西民族出版社,1992:406.

[2] 道光《广东通志·舆地略十一·风俗二·廉州府》引《清一统志》:"土地硗确,无有田农。夷人多采珠,以亥日聚市。黎蜒壮稚,荷叶包饭而往,谓之趁圩。病不求医,惟事巫觋。"

个别人称，自己见过禁鬼，甚至与禁鬼进行了一番搏斗，①但现在看来往往荒诞不经，难以令人信服。

## 1."禁"善于变化

"禁"有点类似孙悟空，平时和人一样，有时会变成猴子，害自己家人或别人；有时变成中空、无头无尾的树干，如果有人把石头塞进树干中去，它便会堵塞而亡。禁鬼有时变成牛粪，摆在路中间，会跟着人，不限白天或晚上；有时变成女人，看不到头，低头，披头散发，会变各种形状；如果禁鬼被杀死，则打回原型，变成女人；有时白天看到大鸟，伸开翅膀，横开在路上，就是禁鬼；禁鬼无论变成什么，她的脚都是变不了的，永远是人脚。她的头发会冒火，但是用水浇却根本浇不灭，看见她冒火时要远远地躲开，事后要将冒火的地方用黑狗血圈起来，解除魔力。否则别人经过这个地方时会患病死掉。打雷下雨时她不出来，如果天下雨时也能出来的禁鬼，那就是很厉害的了。

禁母一般在晚上独自行路或站在路中间，其双发披肩，遮着脸，低着头，露出的小部分脸色发白。谁在路上碰到，谁就倒霉，会生病，甚至死亡。还有说，禁晚上常在路旁树上，拦路。人们一般会看见火苗，两手，四脚，头发很长，无尾巴。扎在土里面，头朝下，像猪、狗大小，身上像穿麻衣一样。②

禁鬼的身上有小兵一样的东西，每到晚上时会把这些东西发射出去，有时候人们看见在天上飞而且有十二种颜色的东西就是它了。这种东西很怕见光，用手电筒一照就会掉下来，但等人们看到它掉下来的地方去找时却又看不出一丝痕迹。它们一般都是分三个方向飞出，倘若这东西落到某人身上或是某人屋顶，就说明禁鬼要害这些人生病或是死亡。据说，冬天的时候禁鬼活动比较多。③禁鬼能把猫头鹰变成自己的兵，这些兵为它通风报信。④

---

① 在笔者调查中，一保亭杞方言黎族男子就宣称自己曾见过禁鬼。他曾经与村里十几个同伴去别村玩耍，回来时已是半夜。十几个人被禁母化身为的一头母猪跟随着几公里。人走猪也走，人停猪也停。极为奇怪。他们也意识到了异常，可能由于人多，禁母不敢轻易伤害人。回到村口后，他迅速跑回家拿出平时用的粉枪打在了那头猪的项处，突然间一声惨叫，便无影踪，只留下血迹。现在我们看来，那也许就纯粹是一头野猪而已！

② 一位道公称自己18岁（1957年）时曾在一个晚上与两个人一起去寮房，回来时见到过禁鬼。当时他刚学道公不久，还不会用法术。看到六个火光：两只眼睛、四只脚。当时把禁鬼砍断，砍碎，它自己又合在一起。要把它向东西南北四个方向扔掉，它回到家便死了。如果不动它，3天你就会生病，5-7天就会去世。这是2010年2月5日笔者与学生方中飞在南圣镇什兰村采访时道公王朝平所讲。

③ 张跃，周大鸣.黎族：海南五指山福关村调查[M].昆明：云南大学出版社，2004：537.

④ 中南民族学院本书编辑组.海南黎族社会调查（上卷）[M].南宁：广西民族出版社，1992：37.

### 2. 禁母作法的方式

禁母作法时，一般选取在晚8点至凌晨2点，将身子抬起，头朝下，两眼深入土壤，搜寻人的灵魂，后身向上喷出火焰。禁母作法时，遇上的人如果胸前有环形亮光，三日内必死无疑。遇上禁母的人，则须请道法十分高明的人来驱魔。[1] 也有这样的叙述："禁婆往往入山林中，自坐自卧，谓为发禁。故传当发禁时，如有黎人与他遭遇，必被他害死。所以黎人往往采樵或来往山林中，若遇一个妇女自坐自卧者，必即杀之，盖谓他为禁婆发禁，我不先杀他，他必害死我。"[2]

还有这样的说法：禁鬼常盘桓在路上，尤其是十字路口，凡遇到持食物路过之人，它就缠绕在其身上，该人回家吃了刚才携带的食物后就会患病卧床不起，乃至娘母替其查鬼，结果查出禁鬼来。

### 3. 禁鬼贪吃

禁鬼吃人的心脏，动物的心脏也吃。它往往是变成小虫，通过屁股眼钻进动物的体内去。人们有时会听到动物狂叫不止，等到过去一看动物死了，解剖开来就发现动物的肝脏、心脏等都没有了。有这样的一个例子：禁母与人结婚，小姑子发现嫂子总有心脏等吃，同时发现牛鸡猪狗等无缘无故地死亡，觉得奇怪。后来，告诉哥哥及他人，证实为禁母。有一天哥哥借故离家，村人进屋杀死了禁母。这有点类似西方的吸血鬼了，阴森可怕。

禁鬼应该是黎族信仰的各种鬼中较晚出现的一种新鬼，因为虽然它属于精灵崇拜的范畴，但不是自然崇拜下的鬼，也不是祖先崇拜下的鬼，这些鬼都大致有一个明确的形象，而禁鬼则是一种抽象的、不好琢磨的恶鬼。这表明黎族的抽象能力已经达到一定的程度。但是由于禁鬼没有明确的固定的人造形象，这表明黎族当时尚没有进入偶像崇拜的阶段。[3]

## （三）"人间怕禁公"

在有关黎族文化的书籍中，一般都把宗教信仰列为黎族精神生活的第一位的因素

---

[1] 董小俊.海南岛五指山太平村黎族 [C] // 海南省民族研究所.五指山下的耕耘.昆明：云南民族出版社，2004：62.

[2] 此处为"陈汉光对记者谈话"的内容，转引自：王兴瑞.琼崖黎人社会概观（附黎人杂谈）[G] // 詹慈.黎族研究参考资料选集（第一辑）.广州：广东省民族研究所，1983：181.

[3] 在汉族的影响下，黎族地区后来也产生了某种程度的偶像崇拜，如海瑞鬼、峒主公等，但基本是在黎汉杂居地区，总的来看影响不大。现在黎族地区村头入口处大树下的小土地庙中仍是供奉代表生殖崇拜的石头。

而其中"禁"的问题在宗教信仰部分中又占据最重要的位置。"禁"文化在黎族人的精神生活中具有极其重要的地位,人们在书中几乎都对于"禁"的问题给以高度的关注,花费大量的笔墨来阐述这方面的情况。①"禁"文化在黎族地区由来已久,具有广泛性和群众性,黎胞对"禁"深信不疑,相信它比相信其他宗教文化还要强烈。黎族民间广泛存在"天上怕雷公,人间怕禁公,地下怕祖公"的说法。②"禁"的问题是黎族地区百姓所面对的重大问题。

黎族百姓一般"谈禁色变",对禁母、禁公讳莫如深,既恐惧又憎恨,禁公、禁母可谓人见人怕,人见人恨。实际上因为禁公、禁母和普通人一样,平时也与村里人一样下地劳动,隐藏在人群里,对人们的威胁尤其大。据笔者的调查,在一般百姓的心目中禁鬼就是最可怕的鬼,尽管未必是最凶恶的鬼。③ 表1-3也大致说明了这一点。该表因为调查范围有限,样本偏小,数据可能无法反映黎族整体对鬼的看法,不过它确实说明了一点:不同的鬼的可怕程度是不同的,而禁鬼无疑属于最令人可怕的鬼之一。④

表1-3 五指山市福关村村民认为最可怕的鬼所占比例表

| 鬼名 | 禁鬼 | 山沟鬼 | 水鬼 | 祖先鬼 | 雷公鬼 | 其他鬼 | 没有鬼 |
|---|---|---|---|---|---|---|---|
| 比例(%) | 60 | 6.6 | 5.7 | 0 | 0 | 0 | 27.7 |

### (四)有关"禁"的舞蹈和传说

不仅如此,甚至可以说"禁"文化渗透到黎族人的血液中,如当代在黎族民间舞蹈中就有一种流传广泛的《捉鬼舞》。该舞又称《驱鬼舞》,是病家请"道公"(鬼公)

---

① 令人遗憾的是,几乎没有黎族文献把禁现象纳入习惯法的领域来进行研究。有的文献(如史图博的《海南岛民族志》和王学萍主编的《中国黎族》)专门分出章节来探讨黎族习惯法,却没有涉及到禁现象,显然是认为其仅仅属于宗教范畴了。

② 此外,黎族地区也有"天上怕雷公、人间怕舅公、地下怕祖公(宗)"以及"天上怕雷公、地下怕台风"的说法。"人间怕舅公",主要是由于黎族社会长期残存母系氏族社会的痕迹,母系血亲地位高;"人间怕台风",主要是因为黎族生活在多台风的海南岛,台风对于他们的收成影响很大,甚至决定他们的生存。

③ "最凶恶"这种说法不是黎族的传统说法,他们认为最大的鬼是祖先鬼,禁鬼是最烦人、最神秘、最防不胜防的恶鬼。因为鬼无等级,很难说哪种鬼最凶恶。

④ 在黎族的诅咒巫术中,道公从米碗中抓米,再伸开五指。拇指代表祖先鬼,食指代表禁鬼,中指代表葵叶(可用它来挡鬼近身),无名指及小指则代表正在向下游流动的溪水(意为一切邪气已脱身)。念完咒语,观看大米保留在哪一只手指上,以判明是哪一种鬼怪缠身及病情轻重程度。(参见:高泽强,潘先锷.祭祀与避邪:黎族民间信仰文化初探[M].昆明:云南民族出版社,2007:107.)这从一个侧面也可以大致说明禁鬼在各种鬼中的重要地位。

道公在跳驱鬼舞

驱鬼时所跳之舞。舞时,"道公"左手持一把铁箭,右手拿一把尖刀或红藤叶,在锣鼓声中,边念咒语边表演捉鬼、驱鬼、招魂、用铁箭从病人身上拔取"禁包"等等舞蹈动作。① 道公生动形象地向人们展示了查禁捉鬼的全过程,令人印象深刻。这应该是黎族宗教历史的身体记忆。此外,在黎区还有不少关于禁鬼的传说,如一则有关"禁鬼害人"的传说是这样的:②

村里有禁母的话,她就会时常观察着人们的活动。白天她看见有人到别村去喝酒晚上就会在路边蹲着,等那人回村时就害他。她把头顶在地面上,把屁股撅得高高的眼睛不断地发亮,放出彩虹一样的光芒。而那个去喝酒的人随身带着砍刀,看到禁鬼就用刀把她砍成很多块,到处乱扔。然后赶快跑回家,告诉妻子说如果有禁母来找就

---

① 参见:高泽强,潘先锷.祭祀与避邪:黎族民间信仰文化初探[M].昆明:云南民族出版社,2007:151.
② 福关村黄启明讲述,云南大学李超超整理.参见:张跃,周大鸣.黎族:海南五指山福关村调查[M].昆明:云南大学出版社,2004:536.这一传说中的大部分内容与笔者于2010年2月5日在五指山市南圣镇牙兰村调查时,从道公王朝平处获得的内容是基本一致的。

说他不在家,为了防止禁母从水缸里看又把水缸里的水全都倒掉,把饭碗倒扣,把睡觉时垫的席子和盖的被子也全都翻过来,就跑到外村了。

禁母被砍成碎块后,通过法力又会把不同的肉块用白藤串合起来,变成一个完整的人回家。她回到家里的时候刚好是大家起床舂米的时间,她的儿媳看见她就奇怪地问:"阿婆啊,你怎么会全身都是白藤叶啊?"禁鬼就散成肉块死掉了。家里人就知道她是禁母了,埋她时既不用棺材装,也不痛哭,还和平时一样地吃饭。

杀她的那个人听说她已经死了,就想回村子,当他回到村口的时候刚好别人在埋禁母,禁母看见他回来了又突然合成一个完整的人向他扑来,用手指着这个人喊道:"是你害死我的",这个人也就死了。所以,黎族人普遍有这种说法,一个人把禁母杀死了,一定要等到埋葬以后才能回村,否则也会死掉。

### (五)"禁"习惯法的范围

黎族的"禁"文化从宗教的角度来看属于黎族原始宗教领域,但从法律的角度来看,可以称之为"禁"习惯法。当然"禁"文化的范围要大于"禁"习惯法,如还包括有关"禁"的预兆等其他非规范方面的内容。如:(1)梦见猴子、狗闯进家里,自己将会受"禁鬼"作祟;[①](2)天黑公鸡啼,自己将受"禁";(3)梦见与一群人坐在大树下喝酒时,忽然雷声大作,大雨倾盆,预示已被人"钉了斧头"(即被施了禁术),梦者或家人必定被钉死;[②](4)病人梦见某个人在禁他(或她),则这个施禁的人很可能就是使人生病的禁公或禁母;(5)患有心脏病的人,若在白天或夜里受到惊吓后,常在酣睡中出现惊醒、心悸等病症,道公在查鬼后必说是禁鬼在作祟。[③](6)晚上睡觉做梦,梦见自己吃猪肉或狗肉,则自己身上有"蒙鬼"(禁鬼)了。[④]

"禁"习惯法的内容是比较丰富的,对"禁人"行为的认定、禁母、禁公的找出及处理是主要内容。这主要涉及两个法律问题:一个类似于现代所谓"法律诉讼程序"的问题,即"查禁"——查出禁鬼;另一个类似于现代所谓"刑罚"的问题,即"除禁"——驱赶及消除禁鬼。同时指出,"禁"习惯法此外还包括与"禁"相关的祭祀中宗教人士应遵守的习惯性规范,如不吃狗肉的禁忌[⑤]、画符的方法、咒语的念法等。

---

① 参见:高泽强,文珍.海南黎族研究[M].海口:海南出版社,南方出版社,2008:308.
② 同上.
③ 参见:高泽强,潘先锷.祭祀与避邪:黎族民间信仰文化初探[M].昆明:云南民族出版社,2007:101.
④ 中南民族学院本书编辑组.海南黎族社会调查(上卷)[M].南宁:广西民族出版社,1992:344.
⑤ 黎族人认为,狗肉是污秽的,如果宗教人士吃了,不仅会亵渎魂灵,而且法术也会失灵。

黎族地区有关"禁"的禁忌大致有以下内容：

（1）不能夜间在家里吹口哨，否则会招来禁鬼作祟于人。①

（2）夜里不要剪头发，衣服不要晾在户外，怕招禁。

（3）不要把鱼和肉放在日光下晒干，因为会被使禁到食物上，使人食后发生激烈的腹痛。②

（3）织龙被时不能被禁母看到，否则会扰乱进度及使龙被成为不祥之物。③

（4）不能当面称别人为"禁公"或"禁母"。一旦有人当面如此称人，则会被认为是对人最大的侮辱，必将招致该人及其亲属的强烈反应，当面兴师问罪。

（5）不要用白鸡来招待客人。家里有客人来，需杀鸡当下酒菜招待客人，但家里只有白鸡，杀鸡的时候不让客人看见，客人看见你杀白鸡招待他，客人会不高兴地说："我又不是'禁母'，干什么杀白鸡？"大家因此会不欢而散。④

（6）禁公、禁母不能为人作媒，否则不吉利。

此外，黎族地区还有一种黑巫术，名为"钉斧头"。对此是否就是禁术，黎族人认识不一，笔者认为它就是禁术之一种。本书简单引述如下："其次说到弄斧头。弄斧头者为报深仇，于深夜间书对方的名字于纸上，以斧头钉之，对方之生命便随纸之自然腐烂而结束。故被害者，不出数日之内必病死。所患何病，因所钉地点而异。钉在水中者，则患寒病，钉在火灰中者，则患热病，被害者纵使后来发觉，亦几无法可挽救；只有当弄斧头者弄法时，被害者刚刚睡醒，则无发生效力，可免于难。又当弄法时，被害者虽与之远隔，身体精神都必感到异状云云。"⑤

---

① 在夜间吹口哨，各种鬼都可能会被招来，不限于禁鬼。有时，娘母或道公会故意通过吹口哨等方式来招引鬼，让它们享用猪、鸡等祭祀品，不再害人。也有些时候，娘母或道公会采用这种办法来除恶鬼，等各种鬼都来到后，用法术把它们一网打尽。此外，黎族传统的船形屋无窗户就是为了防恶鬼进屋，这与本处的禁忌应该是密切相联的。
② [德]史图博.海南岛民族志[M].广州：中国科学院广东民族研究所，1964：86.
③ 高泽强，文珍.海南黎族研究[M].海口：海南出版社，南方出版社，2008：202-203.
④ 海南省民族学会.黎族田野调查[M].海口：海南省民族学会，2006：59.
⑤ 王兴瑞.海南岛黎人研究：调查之部·魔术节[G]∥詹慈.黎族研究参考资料选辑（第一辑）.广州：广东省民族研究所，1983：28.

# 四、黎族传统"禁"习惯法演进的分期问题

## （一）"禁"习惯法研究面临的困难

研究黎族"禁"习惯法首先要面对的是这样几个大问题：依据居住地区、方言以及服饰的不同，黎族大致分为五个分支。他们各自具有自己的亚文化，其"禁"习惯法也是缤纷多彩。同时，由于不同的黎族分支彼此交流并不充分，受到汉族的影响不同，各自的发展程度也明显不同。同一时期的黎族各地的"禁"习惯法呈现出纷繁复杂，依据逻辑本应属于各种不同时期的习惯法却叠加混杂在一起的情况。各地黎族的习惯法不同，表现为时间和空间上的双重差异。这既包括他们各自自大陆过海时所拥有的习惯法不同，各自的独立发展不同，也包括他们受到汉族的影响程度不同，经济发展不平衡，甚至各自处于不同的社会历史发展阶段。如1950年解放以前，有些黎族（历史所谓"熟黎"）因为早已"纳粮入籍"融入了汉族，而不再称为黎族了[1]，有些黎族处于封建社会末期，有些黎族处于封建社会初期，个别有些黎族处于父系氏族社会末期，甚至带有明显的母系氏族社会的痕迹！

不仅如此，研究黎族法文化的一个重要的难题还在于：同一个地区的黎族在同一时期往往呈现出多个不同历史时期的法文化类型特点，这些不同法文化类型的特征直接交织、缠绕、混合，甚至相互冲突、矛盾，并不处于稳定状态，甚至使人感到无从下手进行分析研究。这给我们研究黎族法文化带来了很大的困难。

为此，我们有必要给黎族"禁"习惯法理出一个头绪。为了研究的方便，简化研究的问题，根据黎族历史发展的情况，我们尝试把黎族"禁"习惯法的发展给予分期，然后用逻辑把它们紧密地联系起来，以便于人们研究和分析。

## （二）黎族文化演进分期的争鸣

对黎族文化进行分期是一项复杂的工作，迄今也没有获得一致的意见。一般学者是按照传统的社会历史类型来划分，把黎族文化分为原始社会文化阶段（母系氏族社会阶段和父系氏族社会阶段）、封建社会文化阶段以及当代社会主义社会文化阶段（建

---

[1] 现在的文昌地区，甚至在宋代黎族就已经部分汉化了。见：[宋]王象之.舆地纪胜[M].（卷一百二十四·琼州）.

国初期阶段以及改革开放后阶段）。[1]如有学者把黎族文学发展分为以下几个阶段：原始社会文学阶段、封建社会文学阶段和社会主义社会文学阶段。也有学者根据大陆汉族的历史朝代来分期，如《黎族史》的作者就把黎族历史分为远古、两汉及南北朝、隋唐五代、宋、元、明、清等七个时期来进行阐述。《黎族简史》的作者把黎族历史分为原始社会、原始社会瓦解和封建制出现、封建社会确立和发展以及近代四个阶段来阐述。针对黎族宗教文化，有学者把它分为两个大的阶段：一个是原始宗教文化阶段，另一个是与外来宗教文化的融合后形成人为宗教的阶段。[2]此外，日本学者小叶田淳在《海南岛史》中把海南岛的历史分为三个层次四个阶段：黎明期（宋代以前）、开发期（宋元时期）和近代（其一明代）、近代（其二清代）。[3]这也可以大致作为黎族文化的分期。

在考虑分期时，我们必须考虑"禁"习惯法本身的特点。首先必须明确，"禁"习惯法并不是简单地随着物质条件的变化而变化，受其决定的，而是二者关系远为复杂，有时联系密切，有时联系疏远，具有一定的独立性。甚至会出现这样的情况，无论从现实角度还是精神角度它都似乎没有社会功能了，但它仍然存在，类似于人身上的阑尾。第二，"禁"习惯法与政治因素关系密切，但是也很难说政治因素决定其演化，社会政治制度类型就决定其演化类型。第三，"禁"习惯法是在内因与外因的综合作用下演化的，并不简单地就是"内因决定外因，外因是条件，内因是根据"，如"禁"习惯法不是纯粹黎族宗教文化内部自发演化的结果，也不是黎族外部汉族宗教文化影响的结果，而是有时外因占主导，有时内因占主导，相互作用的结果。

### （三）"禁"习惯法演进分期的尝试

综合各种因素，考虑到黎族精神文化的发展变化相对独立于物质文化的发展变化，相对独立于汉族朝廷的历史朝代的发展变化，黎族社会发展变化相对缓慢的特点，以及原始信仰文化自身的特点，再考虑到我们所掌握的黎族"禁"文化的具体情况的因素，我们在本书中把黎族传统"禁"习惯法演变分为以下五个阶段。基本思路是主要以解放前黎族的地理分布作为划分的主要参考依据，把不同地区黎族的"禁"习惯法作为"禁"习惯法的不同历史发展阶段来处理，把地理空间因素转化为历史时间因素来考虑。

---

[1] 迄今，尚未见有学者认为，黎族地区经过了奴隶制社会的阶段。一般认为黎族普遍跨越了这一阶段直接进入了封建社会，甚至有些地区（如五指山腹地的合亩制地区）黎族更是连跳过两个社会阶段，直接跨入了社会主义社会。

[2] 高泽强，潘先锷.祭祀与避邪：黎族民间信仰文化初探[M].昆明：云南民族出版社，2007：179-216.

[3] ［日］小叶田淳.海南岛史[M].张迅斋译.台湾：学海出版社，1979.

黎族山区

从历史上来看，黎族最早居住在海南岛北部的平原地带，后来随着汉族的大批进入，逐渐被挤压到海南岛的南部，形成"黎在南，汉在北"的格局，最后随着汉族大批进入南部的沿海地带，黎族进一步被迫进入海南岛中部的山区，形成一个以五指山为核心的黎族聚集地区，整体上的人口分布呈现为"黎在中央，汉在四周"的格局。① 处于五指山腹地的黎族（历史上曾被官方蔑称为"生黎"或"生铁黎"②），受外界影响很小，保存着最原始的文化形态，其"禁"习惯法处于第一阶段。处于五指山地区外围丘陵地带的黎族（"三星黎"或"四星黎"③），受汉族影响较大，发展程度较高，其"禁"习惯法处于发展的第二阶段。处于五指山地区边缘的平原地带、与汉族聚集区为邻的黎族（"熟黎"④），主要是哈方言黎族（"哈"原意指"住在外面的人"），受汉族影响最大，发展程度最高，其"禁"习惯法处于发展的第三阶段。建国初期，黎族"禁"习惯法又进一步地演变，受政府的影响很大，但各地状况相差不大，可以称之为第四阶段。改革开放至今，黎族"禁"习惯法处于第五个阶段。⑤

任何分期都是具有一定主观性的逻辑建构，而现实总是复杂得多。无论我们如何分期，尽管并非凭空捏造而是有一定的事实依据，都是一种根据自己的研究目的，依据一定的标准而做的划分，实质上属于韦伯所称的"理想典型"的范畴。⑥ 分期是一种无奈的选择，永远不可能完满。对于黎族"禁"习惯法，我们期待着有学者提出更好的分期方法，以使人们对其的研究进一步深化。

---

① 参见：张朔人.海南人口迁移路径与黎族居住地的形成 [C] // 海南省民族学会.首届黎族文化论坛文集，2007：16-22.
② 旧社会朝廷指不懂汉语，不受王化，不缴税，不服徭役的黎族。一般指杞方言黎族，当时称"黎岐"。
③ 这里的"星"应为"生"，"三星"、"四星"的含义为"三分生"、"四分生"的意思，也就是指这类黎族介于"生黎"与"熟黎"之间的意思。三星黎一般指哈黎的一个分支，又称罗活方言黎族；四星黎一般也指哈黎的一个分支，抱怀方言黎族。狭义的哈黎一般称哈应（或称哈炎）方言黎族。
④ 旧社会朝廷指懂汉语，与汉族一样接受官方的统治，编入户籍的黎族。有的黎族因为汉化很深，甚至被称为"黎裔汉人"。
⑤ 当然，这样的划分是在建立一种理想的模型，实际情况远为复杂，往往在同一时期的同一黎族地区几个阶段的禁文化混杂共存的状况。因为黎族的居住并不是简单按照以五指山腹地为中心来分布的，同一黎族分支内部情况也不大相同，受到汉族的影响程度也并不完全是按照地理位置由近及远，按比例逐渐减小的。此外，黎族禁文化的演变也不完全是由于汉族文化这一个外因影响的，还有内因以及其他外因的影响。
⑥ [德] 马克斯·韦伯.社会科学方法论 [M].李秋零，田薇译.北京：中国人民大学出版社，1999：27.

# 第二章

## 原始社会黎族"禁"习惯法的产生

> 有不详之妇,撞即得促疾,可立死,名为"带生魂"。病觉,用鸡卵悬屋上验之,一人在其旁呼其名曰:"是必撞某邪?"非是者鸡卵不动;是则旋转不已。验既,应急用酒肉遥告之,病即解。黎人以为神效云。
>
> ——清·张庆长《黎岐纪闻》①

由于历史记载很少,历史早期黎族社会状况可谓是一个黑箱。好在我们有理由相信黎族社会的发展比较缓慢,我们可以通过后来的历史记载,以及现代的黎族社会状况中存在的某些残余来合理地推测当时的状况。如黎族合亩制地区在解放前还处于原始社会状态,是研究黎族文化的"活化石"。②再有,就是黎族有不少的神话传说(比如创始神话等)和民间口头文学作品,它们在一定的程度上曲折地或隐晦地反映了黎族的历史状况。此外,通过黎族历史考古以及关于黎族与其他民族的历史渊源关系的研究成果,我们可以窥探到一些当时的黎族历史信息。

## 一、黎族地区原始社会的基本状况

"禁"习惯法的第一阶段即产生阶段,大致处于黎族与外界,主要是文化高度发达的中原民族,基本没有接触,或虽有所接触,但基本不受影响,自在自为地生活的时期,③大约为宋朝以前的历史时期。④黎族地区的历史类型大致为原始母系氏族社会晚期到父系氏族社会类型。这一时期的社会状况如下:

---

① 该处的占卜方法为蛋卜,古代曾广泛流行于我国南方骆越地区。其与本文下述的泥包卜非常相似,且是同源的。
② 合亩制指这样一种农业上的合作共耕制度:若干个有血缘关系(主要是父子及叔侄)的小家庭(后期有的也吸收无血缘关系的成员或家庭)组成一个组织——合亩。亩内实行土地统一经营,共同劳动,按户平均分配劳动产品。(参见:陈立浩,陈兰,陈小蓓.从原始时代走向现代文明:黎族"合亩制"地区的变迁历程[M].海口:南方出版社,海南出版社,2008:48-51.)解放后,实施人民公社土地集体所有制,合亩制地区的群众称呼人民公社是"合大亩",由此可见合亩观念在人们心中的地位。(参见:王学萍.中国黎族[M].北京:民族出版社,2004:110.)
③ 海南岛与大陆只隔着一湾浅浅的海峡,直线距离平均不过30公里,最近处仅18公里,自然不会阻挡人们来往的脚步,只是在历史早期,大陆政权尤其是发达的中原文明对海南岛的影响很小。
④ 汉武帝元封元年即公元前110年,西汉王朝在海南岛设立珠崖、儋耳两郡,海南岛第一次纳入中央封建王朝的统治版图,但真正对海南岛实施有效管理要到南朝梁以后。

## （一）刀耕火种的物质生活条件

按照马克思主义的历史唯物主义理论，要深究黎族"禁"习惯法产生的根本原因，我们就不得不从黎族社会的物质生活条件出发。"禁"习惯法，与黎族其他文化一样，只能是黎族当时的社会物质生活条件的反映，其产生的根本原因在于当时当地的经济发展状况。

黎族长期处于原始社会末期，生产力极端低下，生活朝不保夕。人们的生产、生活方式是钻木取火、刀耕火种、牛踩田、手捻稻，甚至人们穿树皮布，住船形屋。① 大家过着原始财产共有、共同消费、民主管理的生活。这里有语言，但没有文字。② 有零星的以物易物式的商品交换，但没有货币。有木器和陶器的大量使用，但很少有从汉区传入的铁制工具。黎族传统社会基本上处于原始社会的父系氏族社会阶段，甚至还存在母系社会的不少残迹，如婚前的"玩隆闺"③、婚后的"不落夫家"、"天上雷公大，地上舅公大"的警句、"女制陶，男莫近"的族训、氏族之间的"蕊岔"和解方式等。④

这样的生产、生活方式使得人们认识自然、改造自然的能力低下，基本上是靠天吃饭，过温饱的生活。人们的科学知识，尤其是医学知识和技能非常匮乏。人们只会用一些草药对一般的外伤进行简单的治疗，只有一些粗浅的治疗经验，没有系统化的理论医学知识，更没有先进的医疗设备。黎族根本无法真正理解：人为什么会生病及死亡，各种不同的病的内在机理有什么不同。当时几乎没有任何医学知识来给以合理的解释，他们根本不知道应该如何应对，以及进一步应该如何预防和治疗疾病，因此对生病及死亡怀着深深的恐惧。

黎族一个家庭如果有人去世了，除成年名不改变外，家里所有的人的名字和亲属称谓都要改变。更换时，在每个原有的名字前面加上一个特定的、带有宗教色彩的称谓，人们认为改变了称谓就可以给鬼造成一种迷惑，认不得活着的人（死者亲属），活人

---

① 参见：王学萍.中国黎族[M].北京：民族出版社，2004：107.
② 黎语属于汉藏语系壮侗语族黎语支，有哈、杞、美孚、润、赛五种方言。与汉语比较，给人印象比较深的是其定语在宾语之后，如鸡蛋，黎语直译为"蛋鸡"。还有，在黎语中不论岁数相比大小，叔叔的孩子一律称伯伯家的孩子为哥哥和姐姐，以及弟弟妹妹为同一个词，等等。黎族没有文字，但有自己独创的一些数字符号，可以认为是文字的萌芽。参见：高泽强.竹片上的文字：黎族的数字符号及数学知识[G]∥海南省民族研究所.越过山顶的铜锣声.昆明：云南民族出版社，2006：531-535.
③ 黎族特有的一种婚恋方式，黎族称"略亚"，汉语又称"放寮"。"隆闺"为汉语音译，黎语为"不设灶的房间"，是黎族未婚女子集体的住处，同时也是男女青年谈情说爱的场所。
④ 张宏.从黎族社会传统习俗看妇女的社会地位[C]∥王建成.首届黎族文化论坛文集.北京：民族出版社，2008：151-157.

的灵魂就不会被鬼招去，人才会平安。社交中，人们只要通过某人的名字称谓，即可知道他的家庭死了什么人，是父母亲还是孩子，而孩子又死了几个。……子女去世了，家庭亲属名字称谓的改变：一是社会上人们对死者的父母的称呼。每死去一个孩子，社会上的人在死者的父母名前都要加上一些称呼，这些称呼，总的意思均是"已没有孩子"，但不同的称谓意味着死了第几个孩子。二是孩子对父母的称呼。每死去一个兄弟或姐妹，称呼改变一次。人们从称呼中便可知这个家庭死去了几个孩子。若死去的孩子太多，没有其他的称呼可用了，便从头"帕"（父）、"拜"（母）开始再称。建国前黎族地区医疗卫生条件差，婴儿死亡率非常高，从头再称的现象是有的。三是对死者的兄弟姐妹的称呼。每死去一人，称呼改变一次。[①]这典型地说明了生病及死亡在黎族地区是一件经常发生的事情，同时人们在疾病面前是多么的无助。在这样的情况下，黎族百姓"病无药饵,但烹犬羊祀神而已"（苏轼语），自然能也就很容易理解了。黎谚有云："天上怕雷公，人间怕禁公，地下怕祖公"，这"三怕"典型地体现了黎族民众在当时的社会发展时期受大自然的恣意控制和支配而无能为力、无可奈何的心境。

### （二）原始民主制的社会管理方式

黎族地区处于原始社会，生产资料公有，人们在社会生活中人人平等，无阶级，无剥削。任何一个社会都要有基本社会组织和首领，黎族也不例外。有这样的黎谚：

一个大塘，必有一条大鱼；

---

① 王学萍. 中国黎族 [M]. 北京：民族出版社，2004：150-151.

一片山林，必有一只"谷姑"；

一片村庄，必有一个"土地公"；

一个地方，必有一个头人。

从历史上来看，黎族的社会组织有合亩、自然村、峒等，也有亩头、村头（黎语称为"亚雄"或"俄番"）、峒长等称呼，但是黎族传统上没有官与民的分离（实际上，"官"在黎族的思维中是解放后才有的概念），更没有官僚阶层与百姓阶层的分离。黎族首领没有对社会财产以及民众人身的决定权，这里根本不存在人身依附关系。黎族的社会管理是非常松散的管理，黎族的头人和汉族的官员有明显的区别。也许正因为如此，黎族地区虽然有这样那样的纠纷，甚至有激烈的械斗，但从来没有为了争夺首领的职位而发生的内部夺权斗争。

黎族是"一个没有国王的民族"，因为黎族传统上不存在像汉族那样发达的组织结构、强有力的公共权力，从来没有产生过统领各地区黎族的首领。这里没有如大陆汉族地区那样高大结实的公共建筑，没有牢固的城墙，没有车水马龙、游人如织的集市，也没有富丽堂皇的庙宇，甚至连类似大陆古代诸侯那样的规模较大的坟墓也没有发现。当然，这里没有县衙、没有法庭、没有法官，更没有诉讼。

黎族的基层组织是合亩。[①] 合亩，古老称谓为"纹茂"，直译为有血缘关系的集体，意为家族。一般黎语称为"翁堂沃工"或"翁堂打"，直译为"大家（集体）做工（共耕）"、"大家（集体）的田"。"翁堂"的意思为"集体"，"沃工"的意思为"做工"，"打"的意思为"田"。

亩头，黎语一般有三个称呼，一是"禾打"，即"头耕"的意思；二是"俄布笼"，"俄"是"头"的意思，"布笼"是"家"的意思，合起来直译是"大房头"，即"家族长"或"家长大人"；三是"喂雅侬打"，"喂雅"即长者，"侬打"即在犁田时最先犁路，合起来即"在犁田时最先犁路的长者"，意为"带头犁田的老人"。亩头一般由血缘亲属中男性长辈担任。推选的基本条件是：已婚、夫妻双存、有生产经验、懂农事活动、有能力组织和管理生产，懂宗教仪式等。亩头是合亩的一亩之长，按传统风俗习惯来领导

---

① 1948年五指山地区（即保亭、乐东、琼中三县的毗连地带）民主政府的汉族干部把当地的一种"共耕组合"生产方式称为"合亩制"。1952年受中南民族事务委员会的委托，梁钊韬教授带队组成小组到五指山区进行历史调查研究。在调查中他了解到这一说法，并认为这个译名带有民族学的学术意味，非常恰当。此后，这一说法就渐渐流传开来。（参见 张寿祺，黄新美.海南岛乐东县番阳区黎族群体变化的研究 [M].海口：海南大学出版社，1986：4.）在书刊上公开发表有关合亩制的记载，首见于《新观察》1950年第一卷第三期尤淇所写的《琼崖黎民山区访问记》。据1954年的调查，合亩制地区面积为1000平方公里，共计24个乡，970个合亩，3295户，13224人。合亩地区面积约占黎族地区总面积的9%，人口占黎族总人口的4%。见：吴永章.试论解放前黎族"合亩"制地区的社会形态 [G] ∥ 詹慈.黎族合亩制论文选集.武汉：中南民族学院民族研究所，1983：176-201.

1930年代外国记者眼中的黎族地区田间劳动者

合亩,负责计划、组织和领导合亩进行生产,亩众对亩头绝对服从。不论是合亩内部还是合亩外的事情,亩头都要出面协商、调解和处理,对怠工的亩众有权进行批评教育,对外则代表合亩。他们不是从社会中分离出来的、不从事田野劳动的专职管理者,更没有形成一个以首领为中心的小的领导阶层,其生活费用也不由亩众共同承担。[①] 他们平时与一般亩众没有什么两样,同样参加体力劳动,其家庭也并不是特别富裕。他们的管理事务范围有限,不少内部纠纷往往是应当事人的要求而参与,并且不收取任何报酬,通常只是纠纷处理后由当事人招待吃一顿酒饭。

亩头个人在公共事务中往往类似于召集人、主持人的角色,发挥组织管理的作用,有时也作为仲裁者,对一般事项有最后的决定权,但一切重大事项的决定都要通过集体协商最后做出。亩头的意见通常没有外部的强制力,主要是靠民众的自我约束和服从,但一般情况下民众都会同意。

亩头最初是自然形成的,后来逐渐变为推选产生,再到后来就逐渐变为世袭了,开始是兄传弟,再传子,后来变为父传子。同时,这样的世袭职位也不是必然的,而通常是要征求大家的同意或获得大家的默认。如果大家认为亩头的继承人明显缺乏领导能力,则不认可(尽管这样的事情很少)该人为首领,这时就需要其他的继承人继承,或另外推选。

黎族最高的社会组织是峒。峒(或称"弓"、"贡")是黎语的音译,原意是指"许多人住在一起的那些山头"或者是"许多人都去那里种山栏的那个地方",也就是"人们共同居住的一定地域"。峒所包含的各个合亩,都是很早以前的一个血缘亲属合亩

---

[①] 黎族传统上由亩头按照土地的块数,收取一定的谷物,称为"稻公稻母"(黎语称"麦雄",意为"五谷的灵魂"或"先祖"),但这并不是亩头的报酬,而是合亩祭祀用品,也用于备荒或待客。祭祀后,"稻公稻母"只能由亩头和亩头的妻子吃,亩头的孩子和亩众不能吃,否则会影响来年的收成。同时,"稻公稻母"可以当做主粮吃和用来酿酒,但不能用来喂养家禽牲畜,也不准出卖或作为他用。参见:陈立浩,陈兰,陈小蓓.从原始时代走向现代文明:黎族"合亩制"地区的变迁历程[M].海口:南方出版社,海南出版社,2008:41.

演化而来，是它的后代子孙"合亩"。黎谚："同峒皆兄弟。"这也说明了峒在黎族生活中的重要地位。峒首（黎语发音为"奥雅弄"，"奥雅"即老人的意思；①"弄"是大的意思）是一峒中的最高首领，②一般是从各自然村的村头中筛选出来的、辈分最高、知识最丰富、家族影响力最大以及德高望重的人。本地的外来居民一般不能参加峒首的选举，自然也不能当峒首。峒首由男性担任，管理全峒事务。这里的管理并非做主的意思，实际上公共事务几乎都是峒首与奥雅们商议后决定的，黎族真正的统治者不是峒首而是奥雅。③峒首的工作一般包括：主持红白事、调解内部民事纠纷、对外议和调解以及召集和组织全峒与外峒进行械斗，等等。峒首没有什么强制性的行政权力（甚至在发生械斗时，指挥者或当事人都不一定是峒首）。峒首（包括几个峒的首领"总管"）的职务一般都是世袭，父死子继，无子或子幼则由兄弟继任。峒首没有特权，同样参加体力劳动，其家庭也并非特别富裕。

## （三）万物有灵论的精神生活④

尽管现在看来，人的患病与死亡完全是自然现象，与禁术之类巫术毫不相干，需要找医生来说明原因，但在黎族传统社会，大家普遍认为这却是社会现象，甚至是不折不扣的"刑事犯罪案件"。这里涉及到黎族传统思维的原始性。

黎族传统社会属于原始社会，人们的思维属于原始思维。原始人生活在大自然的肆虐之下，只能受大自然的支配，残酷的现实逼迫他们要对自然及社会现象做出自己的解释，渴望知道眼前发生的每一件事件的动因，渴望知道他们所观察的事物的某种状态是这样而不是那样的原因，以缓解内心的焦虑和不安，于是他们就不得不展开想象的翅膀，通过类比、联想、想象等方式用臆想的事物之间的联系来对复杂的现象做

---

① "奥雅"，是黎族特有的称谓，历史悠久，全称是"奥阿雅"，黎语"奥"是人的意思，"雅"是老的意思，直译为"老的人"。最早应该是对约50岁以上的长辈的尊称，在日常生活中人们也可以把自己的父母尊称为奥雅。该词后来逐渐演变为指经验丰富、能力很强、明晓事理且行事公正，群众公认德高望重的长老，与贫富、权势无关。黎族的奥雅有多种，如说理奥雅、调解纠纷奥雅和指挥战争的奥雅等。一般峒长、村长、亩头、总管、团董或乡长、保长等人常被称为奥雅，近代革命领袖王国兴原为黎族总管，就被人尊称为奥雅。近代，因为有权有势的奥雅往往蜕变为地主，所以有时也用奥雅来指代地主。参见：邢植朝.黎族文化溯源[M].广州：中山大学出版社，1993：126-133.

② 峒首，黎语称为"俄弓"，"俄"为"头"的意思，"弓"与"峒"都是这种黎族组织的音译，峒首也称为"毕寡"，"毕"为母亲，"寡"为管理的意思（可能是汉语"管"的借词），形容峒首像母亲一样管理峒内的事务。这应该是母系氏族社会的痕迹。

③ 参见：[日]冈田谦，尾高邦雄.黎族三峒调查[M].金山等译.北京：民族出版社，2009：50-51.

④ 参见：[英]泰勒.原始文化：神话、哲学、宗教、语言、艺术和习俗发展之研究[M].连树生译.桂林：广西师范大学出版社，2005：349-350.

存放棺木的小房

出解释。在人类社会的早期，人们普遍信奉万物有灵论，认为日、月、水、火、天、地、山、田、风、雨、雷、电等自然现象都有"灵性"，都属于鬼的范畴。因为对人做梦以及得精神病等现象无法理解，从而产生了人死后也变成鬼，需要祭拜等观念。这是把自然现象及生理现象人格化的幻想。在黎族群众的头脑中，各种鬼都具有超自然的力量，既可能帮助及保佑人们生活幸福，又可能作祟，伤害人们。历史上很多民族（如果不是全部的话）都曾经存在这样的观念：人患病都是由恶鬼在作祟，不同的病症是不同的鬼造成的。最严重的病情是由最凶恶的鬼造成的。万物有灵的观念是原始人以人为中心，"推己及物"的结果。这是人的思维处于原始阶段的必然产物。[①]"这些思想依赖于广泛的自然哲学。诚然，这种哲学是原始而粗陋的，但却是思想完备的，而且是被十分现实而严肃地理解的。"[②]

由于其思维具有原始性，传统社会黎族人当有人生病怀疑是鬼所为时，他们并没有想从现代所谓科学的角度来思考问题以及搜集证据，他们习惯并依靠巫术——这种超自然的力量来得出结论。巫师可以降神附体[③]，来往人鬼两界，通达鬼灵的意志，精通巫术，为人驱鬼治病。当时并没有科学的概念或说法，他们觉得巫术就是传统可行的、最好的，甚至是唯一的弄清真相的办法，根本没有意识到有必要采用其他的办法。原始人和现代人一样也是追求"实事求是"，只是他们对"真相"的理解与我们迥然

---

① 可以说，原始人的心智类似于儿童的心智，儿童思维重现了原始人思维的方式，如我们常见儿童与身边的小动物或玩具窃窃私语的场景，这实际上就是"万物有灵论"思维残余的一种表现。
② [英]泰勒.原始文化：神话、哲学、宗教、语言、艺术和习俗发展之研究[M].连树生译.桂林：广西师范大学出版社，2005：233.
③ 因为黎族传统上没有神的观念，这里的"降神附体"也许称为"降鬼附体"更为妥当。

不同。① 此外，黎族人的原始思维方式还体现在其他方面，如黎族妇女的文身以及黎锦图案也表明了黎族的图腾崇拜、生殖崇拜等原始观念。②

### （四）广泛采用巫术的习俗

人们利用原始思维根据万物有灵论来思考和解决问题，在现实中就突出表现为各种巫术手段的广泛使用，并形成风俗习惯。巫术是原始思维的基础性成果，同时也是其物化的体现。

巫术是准宗教现象，③ 是最古老的信仰，是人们在面对神秘莫测、威力强大的自然力量时所创造的一种"技术"。人们在面对自己无法解释也无能为力的现象时，巫术可以弥补科学知识的不足，缓解甚至消除人们深层次的焦虑感。马林诺夫斯基说得好："巫术产生于知识与实际控制的力量都告无效,而同时又必须继续向前追求的时候。"④ 巫术幻想通过超自然力对客体强加控制或影响，以达到自己的欲望。巫术是提供人力所不能完全驾驭之事的一种超自然力量，黎族利用它来对抗那些可知的和不可知的种种妖魔鬼怪。

巫术是人类试图认识自然和征服自然的一种初期的尝试，尽管它是人类关于"因果观念的一种错误联想"（弗雷泽语），但它的出现是社会的进步。巫术的出现至少表明，在大自然面前人们并不是听凭命运的摆布，也不是消极应对，而是满怀信心，勇敢地积极面对。巫术随着偶尔的成功而强化，因为"一个成功要胜过半打的失败"。它是社会生活的产物，同时又通过定期的社交活动而得以常葆活力。巫术既是一种意识，又是一种活动，同时还是一种专业技术，一种技术化的制度。巫术对于个人而言，能够促成人格的完整，对于社会而言，则是一种组织的力量。同时，可以讲"巫术给了一切活动以道德和法律的基础"（马林诺夫斯基语）。

黎族笃信巫术，广泛实施巫术，巫术在他们的日常生活中占据重要的位置。⑤ 有

---

① 在现代人看来很平常的事件，如某人因衰老而死亡或因被毒蛇咬伤而死亡，原始人则认为这是疑难案件。因为不认为自然原因是人死亡的原因，而是认为这背后是有人施了巫术，所以原始人一定要费力地通过巫术找出罪犯来。参见：[法]列维-布留尔.原始思维[M].丁由译.北京：商务印书馆，1981：268-275.

② 参见：孙绍先，欧阳洁.黎族女性文化专题研究[M].海口：南方出版社，海南出版社，2008：48-81.

③ 巫术与宗教联系密切，但它本身很难说就是宗教，在某种意义上可以讲，巫术是宗教的先驱或萌芽阶段。巫术与宗教最大的区别是不涉及神，不向客体膜拜，不崇拜超自然的灵性，而宗教意识则以对神的崇拜为前提。进一步的探讨，读者可参见：陈荣富.文化的演进：宗教礼仪研究[M].哈尔滨：黑龙江人民出版社，2004：74-79.

④ [英]马林诺夫斯基.文化论[M].费孝通等译.北京：中国民间文艺出版社，1987：65.

⑤ 2008年1月，笔者在乐东县访问一位黎族"帕柔"（鬼公，或称鬼老人）时,这位黎族宗教人士非常自信地告诉笔者，他有能力使任何人丧失理智，随他摆布，并讲如果笔者不相信，可以试一试。这令笔者及同行翻译者大为惊讶。

学者对此进行了深入的研究，黎族巫术种类繁多，包括仪式巫术、比拟巫术、媒介巫术、驱赶巫术、诅咒巫术、致幻巫术等等。①按照弗雷泽在《金枝》中对于巫术的分类，黎族巫术的类型也比较齐全，包括交感巫术（顺势巫术、接触巫术）、模拟巫术等。这方面的表现有很多，例如，娘母施一种巫术，可使不育之妇"怀孕"；亩头夫妇施一种巫术，可使不扬花的稻子扬花。还有所谓"葬生巫术"，即用特制物或动物、昆虫等替代病者之"病魂"，将其埋葬掉，使病者恢复"健康"。再如他们佩戴动物的牙齿，在门前悬挂动物的头颅，祭祀"稻公稻母"，对非正常死亡的人采取"在坟顶上钉木钉"等特殊的葬礼仪式，②称自己为"木棉的孩子"、"番薯的孩子"、"芭蕉的孩子"等。③黎族的巫术包括仪式巫术、比拟巫术、媒介巫术以及驱赶巫术等多种。④在这些黎族的巫术中，占卜形式的巫术尤其发达，种类很多，有鸡骨卜、鸡蛋卜、石卜、筊杯卜、树皮卜、铁铲卜等等。⑤

关于黎族人的巫术信仰，上个世纪30年代到黎区调查的德国人史图博是这样记述的：作为外国旅行者的他，被认为是魔力的持有者，黎族人一看到他就立即产生极度的恐惧。黎族人往往要求他把当地老人罹患的慢性气管炎等病一夜治好，还向他要一种巫术，使他们能发觉偷水田或旱田地稻子的小偷，再其次还要求他施法下雨。黎族把衣服的布片或他们本身所使用的东西卖给史图博等人时，常常把这些物品放在火上烘，这是把物品与他们的身体的关系用巫术加以破坏。很明显，这样做无非是为了使买者如果对这些物品施行巫术，也不能对他们起什么作用。同时，黎族还生怕史图博知道自己的名字，害怕他会用不好的巫术使自己及家人生病。⑥

按照现代的观点，巫术完全是没有根据的迷信活动，是无知和愚昧的表现。然而，黎族人却认为他们的做法是合理的，可行的。他们并非不明白日常的经验性行为与象征性行为（巫术行为）的区别，只是他们基本上是按照"互渗律"来思考问题。"互渗律"一词最早由列维-布留尔提出，其主要的含义是指：原始人的思维不是逻辑的，也不是反逻辑的，而是原逻辑的，是一种神秘的、可能包含逻辑矛盾的事物之间相互存在联系的思维模式。⑦这种思维具有感性、类比、直觉思维的特点。如他们会认为，一

---

① 高泽强．潘先锷．祭祀与避邪：黎族民间信仰文化初探[M]．昆明：云南民族出版社，2007：94-112．
② 参见：王学萍．中国黎族[M]．北京：民族出版社，2004：208．
③ 参见：王学萍．中国黎族[M]．北京：民族出版社，2004：166．
④ 参见：高泽强．潘先锷．祭祀与避邪：黎族民间信仰文化初探[M]．昆明：云南民族出版社，2007：94-104．
⑤ 参见：王恩．谈黎族特殊标志符号的含义[G]∥海南省民族研究．越过山顶的铜锣声．昆明：云南民族出版社，2006：16-18．
⑥ 参见：[德]史图博．海南岛民族志[M]．广州：中国科学院广东民族研究所，1964：135-136，85-86．
⑦ 参见：[法]列维-布留尔．原始思维[M]．丁由译．北京：商务印书馆，1981：62-98．

个人的图像、名字，甚至影子与其灵魂是不可分的，对一个人的名字或影子念咒就能够伤害该人。在这种思维的引导下，原始人会做出我们难以理解的行为。如布留尔所叙述的，在澳洲的土著部落里有这样的事情发生：甲部落的一个人被乙部落的人杀了，甲部落的人眼睁睁地看到了这一切，但是他们并不以此为满足，仍要找出背后的原因，通过占卜，他们发现自己人的死亡是丙部落的人实施了巫术的结果，于是他们伏击并杀死了丙部落的人，以作为报复。①

原始思维不仅仅寻找直接原因，还要寻找间接原因。他们拥有强烈的必然性的概念，而几乎没有偶然性的概念。如某个人的脚伤眼见是由于狗咬造成的，但人们还想弄明白：为什么同时有不少人在场而狗偏偏咬该人呢？他们猜测这一定是由于巫术在作祟。这类似于（当然并不完全一致）现代人们在某些情况下的思维：某人中毒住院，中毒是直接原因，可是有时（不象原始思维总是这样认为）我们也会奇怪：为什么别人不中毒而独独是该人中毒呢？也许是由于他人下毒的原因。这种思维并不是奇怪的，也不是错误的，但是显然是有些偏执。尽管我们会觉得原始思维进一步的用巫术做出的解释是错误的，但毫无疑问这种思维是当时人类思维发展过程中试错的第一步，是现代思维观念的阶梯。

### （五）受汉族影响很小

据《汉书·地理志》记载，早在汉代，中国与南洋的海道交通已经很频繁，海南岛因靠近南海，成为海外交通要地，引起中央封建王朝的重视。汉武帝元封元年（公元前110年）平定南越，并在海南岛建立珠崖、儋耳二郡后，进一步密切了海南岛与中原地区的政治、经济与文化的联系。当时因海南岛出产珍珠、玳瑁等奇珍异物而吸引了大批汉族商人前来贸易。黎汉人民的交流，尤其是铁器的出入和使用，后来引起了黎族社会生产力的重大变革。

然而，由于自汉朝以来，在当时黎族人民的反抗以及恶劣的自然环境等因素作用下，海南岛的官方政权时废时立，管辖范围有时扩大，有时缩小。三国时期，吴国孙权曾策划远征海南岛，就受到他的大臣全琮和陆逊的劝谏，认为该地"隔绝瘴海，水土气毒"，而且会遭到当地人民的强烈反抗，"易以为乱，难使从治"，"得其民不足济事，无其兵不足亏众"。然而，孙权最后还是派聂友和陆凯进兵海南岛。结果虽然镇压了反抗，但因"士众疾疫者十有八九"，不久就被迫撤军，只得在现今的雷州半岛

---

① 参见：[法]列维-布留尔.原始灵维[M].丁由译.北京：商务印书馆，1981：272.

几千年来黎族居住的原始船形屋

上另立行政机构珠崖郡和朱卢、珠官两县，对海南岛只是"遥领"而已。① 直到南朝梁大同中，儋耳地方黎族等少数民族一千多峒"归附"冼夫人。冼夫人"请命于朝"，梁武帝遂在海南岛重置崖州，自此，大陆才开始对海南岛实施稳定的统治。尽管如此，当时受统治的黎族仍占少数。唐昭宗时，广州司马刘恂著《岭表录异》，最早使用"黎"的名称，但历史文献中广泛以"黎"指代海南的黎族则是宋代以后的事了。

当时朝廷对海南岛的统治，主要是通过黎人首领自己管理自己的内部事务。尽管也有汉族官吏劝导黎族人民改革风俗的记载，如东汉明帝永平年间（公元58—公元75年）交趾刺史曾任儋州太守的僮尹，"还至珠崖，戒敕官吏毋贪珍赂，劝谕其民毋镂面颊，以自别于峒俚，雕题之习，自是日变"。② 但总的来说，大陆的文化对黎族影响很小。文身的习俗尽管一直被官方所禁止，但却屡禁不止，流传到当代。至于大陆文化对黎族传统"禁"习惯法的影响可以说几乎没有。《后汉书》记载：当时海南"人如禽兽，长幼无别"③。这可以说再清楚不过地表明，当时黎汉交流非常少。

直到唐代，海南岛开发的速度还是相当的缓慢，而且仍远比中原地区落后。当时在一般人的心目中，海南岛仍是一处"化外之地，瘴疠之区"。也正因为如此，朝廷开始把它作为流放贬谪官员的地方，而被贬官员更视海南岛为畏途，"一经南贬，便同死别"。唐晚期大中二年（公元848年），著名政治家、诗人李德裕被贬海南，为崖州司户。他在诗中曾写道："一去一万里，千之千不还。崖州在何处？生度鬼门关"，④ "独上江亭望帝京，鸟飞犹用半年程。青山也恐人归去，百匝千回绕郡城。"⑤ 说明当时海南还是蛮荒之地。

后来传说李德裕的后人有一部分变为黎族，⑥ 这说明汉族文化还远没有在海南占据主流，岛上的汉人人数也不能与黎族人数相比，估计当时也就是靠近海南北部及东部沿海一带汉人比较多。当时的黎族应该是大部分还过着自给自足、与外界相对隔绝的封闭生活，只知有"家（族）"，不知有"国"。尽管汉族文化比较发达，但由于汉族人数很少，同时估计汉族人中也多为男性，男女比例失调，自然汉族融合到黎族中去，不少应是通过与黎族妇女结婚的方式，也就很自然了。迄今，在田野调查中我们发现，不少（或者说相当一部分）黎族人，不仅包括居住在五指山外围与汉族交流较

---

① 参见：[晋]陈寿.三国志·吴志[M].（卷十三·陆逊传，卷十五·全琮传，卷二·孙权传，卷十六·陆凯传），广东通志[嘉靖][M].（卷四十四·列传·名宦·聂友传）

② 琼州府志[道光][M].（卷二十九·官师志·僮尹传）

③ [南朝宋]范晔.后汉书[M].（卷一一六·南蛮西南夷列传）

④ [唐]李德裕.贬崖州司户道中[G]∥琼州府志[道光].（卷四十一·艺文志）

⑤ [唐]李德裕.望阙亭[G]∥全唐诗（卷四七五·"李德裕"条）

⑥ 参见：[明]王元桢.漱石闲谈[M]，[清]张庆长.黎岐纪闻[M].

多的哈方言黎族，也包括居住在五指山腹地与汉族交流相对较少的杞方言黎族，还称："听老人讲，是从福建过来的"。笔者估计其祖先（一般是男性祖先）最早就是福建等地的汉人（尽管历史上福建地区也曾经有大量汉族外的少数民族居住），后来黎化为黎族。① 实际上美孚方言黎族中的"美孚"二字，在黎语中就是"住在下路的客人（即汉人）"的意思。这固然说明了汉族与黎族的密切联系，但同时也表明当时"黎化汉"的现状。

## 二、当时的"禁"习惯法状况

### （一）理念方面

黎族民众在长期的社会生活中形成了原始思维，并用它来解释生病以及死亡的原因。这种思维具有原始直观、形象化的特点，认为任何事物都有自己的灵魂，有些灵魂不安分就来害人，使人生病。所有的各种各样的病症都是由于各种各样的鬼分别作祟的结果，这其中就包括禁鬼。

#### 1. 禁鬼

禁鬼附体变为禁母，用禁术使人生病。禁母的灵魂不安分，从她的肉体跑出，化为一个恶魔在村里和附近找人作案。命薄之人便生起病来，命运"高强"的人，游魂便不敢接近。② 禁母害人的根本原因是由于禁鬼贪吃，嫉妒活人有吃他没有（禁鬼如其他鬼一样只能领受祭品，自己不能获取食物），不公平，③ 作弄人生病可以得到祭祀贡品，饱餐一顿。人生病的严重程度不同，祭祀的贡品也不同；病情越严重，贡品越贵重。祭品一般为鸡、羊、狗、猪等，甚至是牛——黎族人的五大财产之一。

---

① 有学者认为：海南汉人主要是从福建迁移而来，黎族人这样讲是把汉族的历史误认为自己的历史，这说明了黎族对自己民族传统文化的认同程度较低。见：孙绍先，欧阳洁.黎族女性文化专题研究[M].海口：南方出版社，海南出版社，2008：188.
② 这里的禁母类似于汉族地区的"扫帚星"或"丧门神"，碰到就会给人带来霉运或晦气。
③ 鬼也有公平的观念？！这应该是人的公平观念的反映，当时的公平观念主要在于人人都应该有饭吃，包括没有能力获得食物的人在内。

正如其他的鬼作祟分别使病人产生不同的症状一样，禁鬼是使人腹痛的鬼。它拿着绳子，若用它捆住人的腹部就会引发腹痛。这种鬼嘴唇鲜红，娘母乍看它的时候有一尺左右长，如果仔细看的话就会变成一寸左右，再仔细看的话又会变得更小。① 这时的禁鬼不过是众多恶鬼中的一种，并不具有特殊的地位。人们请宗教人士把禁鬼驱赶走，使其离开禁母的身体，禁母的灵魂就恢复正常，不再害人，这样病人就可以恢复健康。

### 2．娘母

娘母是黎族特有的一种宗教人士，黎语为"拜崩（拜泵）"，"拜"的含义为女人，女性，母亲；"崩"的含义为使用白巫术的巫师。② 娘母是由于类似"降神附体"而变为娘母的，具体来讲，大多是那些因长期疾病缠身，多次做鬼又无法病治愈的病人，最后由老"娘母"给看好并认定她命定为娘母，然后传授她各种巫术，成为娘母。不是任何人都可以当娘母，同时也不是自己可以决定不当的，而往往是命中注定，客观上不得不成为娘母的。③ 娘母类似亚欧大陆通古斯族群中的女萨满，是鬼的代理人，是人与鬼沟通的中介，具有超能力，在社会中具有重要的地位。④

娘母可以从事包括"查禁"和"除禁"在内的几乎一切原始宗教活动。娘母作为一种职业为女性所专有。"娘母"的法具有长衫、山鸡毛、头巾、弓箭等。作法事时，头缠绣有红、黄、白三色花纹黑头巾；全身不颤抖，不

娘母施法术

---

① 黎族传统上认为不同的鬼使人生不同的病，如祖先鬼是引发疟疾的鬼，天鬼是使人患上眼疾或腿脚长包的鬼，蛇鬼是使人腹部及脸部长肿块的鬼，雷鬼是把人雷击死的鬼，等等。见：[日] 冈田谦，尾高邦雄. 黎族三峒调查 [M]. 金山等译. 北京：民族出版社，2009：73-74.

② "崩"应该具有阴性或女性的属性，这样才与汉语翻译"娘母"中的"娘"对应。可时因为汉语中的巫最早即专指女巫，所以把"崩"翻译为"巫"也是可以的。汉语所谓"男巫"，严格来讲应是'觋'。《说文解字》释巫云："巫，巫祝也，女能事无形，以舞降神者也。……觋，能齐肃事神明者，在男曰觋，在女曰巫。"这里的娘母类似于汉族地区的"巫婆"、"神婆"或"跳大神的"。

③ 在调查中笔者发现，似乎人们对当娘母的命运也有一定的抵抗能力。一位黎族朋友告诉笔者，他太奶奶就曾经在梦中被娘母传授法术，而他太奶奶坚决拒绝，结果她就被打，后来六十岁眼睛就瞎了。

④ 马林诺夫斯基认为："人类的第一个专业乃是术士的专业"。见：[英] 马林诺夫斯基. 巫术、科学、宗教和神话 [M]. 李安宅译. 北京：中国民间文艺出版社，1986：76.

闭眼睛，没有经书，用黎语念咒，像唱歌一样动听，头上顶着一个瓷碗，用来代替驱鬼迎神的乐器，手持一根小棒，每跳跃一次，便敲打头上的瓷碗一下。

一般认为，在原始社会巫师靠秘传的知识，常可完全或大部分地控制着团体的实际行动，因而成为团体中的要人。但在黎族地区，娘母似乎从来没有成为群体中的要人或精神领袖，也未与世俗首领如村头并驾齐驱，共同支配社会，充其量只是在与鬼的沟通中具有独一无二的地位。尽管如此，娘母在黎族地区是很受人尊敬的，甚至人们会请他们给孩子起名以及改名等等。

### 3．禁母

禁鬼附体妇女，一般为中老年已婚妇女（30岁以上），成为禁母。[1] 人们认为这"是因为妇女所穿的筒特别美丽，才把禁母鬼吸引到身上来"。[2] 至于禁术是怎么回事，人们只知道禁鬼是通过禁母采用神秘的方法秘密实施的黑巫术，具体情况并不清楚。由于禁母被禁鬼所完全控制，不"放禁"就难受，严重的会导致自己生病，甚至死亡，"放禁"纯属无奈，被迫不得已。[3] 禁母禁不了别人，就可能会禁自己家人。禁母所实施的禁人行为都是无意识的，属于类似于汉族所讲的"鬼迷心窍"及"鬼使神差"，不是主观的。[4] 禁母本人根本不懂如何做禁，不会禁术，甚至不知道自己有"禁"。当其灵魂出外"禁人"时，她和平时一样，照常劳动生产或料理家务。等到娘母查出后，她才知道自己有"禁"。这一阶段又可称为"无意禁人"阶段。[5] 有著作称这一种禁母禁人类型为"客观禁人"，[6] 我们认为至少从现代科学的角度来看，并不存在"客观"地禁了人的事实，自然界及禁母都无法"客观"地禁人，同时考虑到"客观"概念主要是一个哲学概念而不是法律概念，所以没有采用"客观禁人"的说法。

---

[1] 黎族包括合亩制地区在内的大部分地区只有禁母，没有禁公，如果不做特别说明"禁"就指禁母，并且禁公的分布地区绝大部分是受道教影响较深的五指山外围地区。据调查，黎族百姓也认为：禁母与道教的关系不大，祖宗传下来就有禁母鬼。此外，禁母一般黎族有统一的称呼，而禁公的称呼则各地不同。由此，我们推断最早应该是只有禁母。

[2] 中南民族学院本书编辑组.海南黎族社会调查（下卷）[M].南宁：广西民族出版社，1992：143.

[3] 在田野调查中，有黎族朋友告诉笔者："有的黎族老人死之前会传下来一个物，如一段绳子，梦中来教孩子禁人，不学也不行。"

[4] 严格来讲，这一时期的禁母禁人包括纯粹自己不知不觉的禁人和自己能够意识到行为的后果，但无法（完全）控制自己行为的禁人两种。按照现代法学理论，这两种应都属于当事人无刑事责任能力的范畴，但似乎后一种中也包括一部分胁从行为的因素。考虑到黎族当时的原始思维状况，本书在此不做区分。

[5] 我国汉族地区及其他少数民族似乎并没有巫蛊害人存在"无意害人"的类型，都是"有意害人"。这种分类应该是黎族所特有的文化的体现，或者也可能是汉族地区最早也有"无意识"害人的说法，只是由于历史久远已经湮没了。

[6] 中南民族学院本书编辑组.海南黎族社会调查（上卷）[M].南宁：广西民族出版社，1992：102.

禁母是好人，只是灵魂不安分，四处游荡，使命运不好的人生病，没有过错，所以不需要承担重大责任或称刑事责任，但尽管如此也要履行一定的义务。该义务绝不是可以履行，也可以不履行的。它类似于精神病人等无行为能力人的民事责任，归责原则类似民法上的无过错责任或公平责任，因为禁鬼毕竟是通过她的身体来施禁害人的。至于岁数小的女孩子不会成为禁母，也许是人们认为未成年的女孩子心智不全没有足够的能力（类似于现代法学的无行为能力）接受禁鬼的魔力的缘故。禁母会传染，传女不传男，一般是传给自己的女儿。但是凡有禁母的地方，邻近的或与她要好的人也常被视为禁母。

## （二）"查禁"方面

家中有病人时，家属即自己或请娘母来查找禁母。这也就是用自己民族特有的占卜巫术——石卜来进行"神明裁判"（严格来讲是"鬼判"），最后得出谁是害人的禁母的方法。

"查禁"一般是采用"泥包卜"（或称"石卜"、"摇蛋卜"），比较简单。"查禁"（又称"祭禁"）的做法如下：用一块土，以藤系之，悬于小竹竿上成丁字形。查者在地上蹲着，俯首，双手持小竹竿之两端，地上放米一撮，口中念词。同时问："是某某村人'禁'我吗？"或问："是某某人'禁'我病吗？"如悬于小竹竿上的土块按查鬼的人假设的方向移动，那么便认为某人为"禁母"。[①] 查问过程，是从远到近，即从外峒到本峒，从本峒到本村，再到本"合亩"，最后到本家人。在血缘关系上，查问是从疏到亲。如果是外峒人则不查禁母，直接杀鸡或猪做鬼。其他则要查出禁母之名。查出禁母后一般查者不敢公开说出禁母的名，因为言怕连累自己也被禁。但是他们暗地里可以小声相互谈及。确定是禁母致病后，即要做"禁鬼"。

如果病者自己梦见某人禁他，就直接肯定某人为禁母了。如病者在梦中只知有人禁，但不知是谁时，醒来后在屋外向天鸣枪，哪个妇女听枪后，吓得大叫一声，她便被认为是禁母。同时，被人认为是禁母的人，则在每次查禁时，她总是先被提名查问的人。[②]

这种查禁方式一般在室内进行，且关好门（黎族传统房屋没有窗户），在门上插星，

---

① 这种查禁方法与汉族的扶乩有些相似，但更相似的是西方历史上"以圣经中诗篇旋转的方法测验有罪与否"的方法。参见：瞿同祖.中国法律与中国社会[M].北京：中国政法大学出版社，1998：275.

② 参见：陈立浩，陈兰，陈小蓓.从原始时代走向现代文明：黎族"合亩制"地区的变迁历程[M].海口：南方出版社，海南出版社，2008：79.，中南民族学院本书编辑组.海南黎族社会调查（下卷）[M].南宁：广西民族出版社，1992：92.，广东省编辑组.黎族社会历史调查[M].北京：民族出版社，1986：63-64.92页.

占卜查鬼

禁止他人进入干扰。同时基本上没有查不出的情况,查出后,娘母也会直接告诉病家谁是禁母。

这种方法比较简单,但具有很强的公信力和权威性,一旦查出谁为禁母,大家都认可。这里查出的禁母没有任何倾向性,任何成年妇女都可能成为禁母,不一定是孤独寡居、脸黄骨瘦、头发蓬松的妇女,不论贫富、贵贱,① 没有社会地位和血缘远近之分,也与是否和病人有仇怨无关,可谓"占卜面前人人平等"。首领的妻子,同血缘的姐妹,都有被指为禁母的可能。如:保亭县第三区毛道乡南冲村亩头王老东之妻被认为是最厉害的禁母;报曼村王礼文认为自己的母亲是禁母,并且在 1950 年还动员她坦白;抗班村王敢欧的儿子患病时,查禁人认为自己的姑母就是禁母。②

因为对禁人没有主观的意识,所谓的禁母往往在得知自己为禁母后,非常惊讶,感到莫名其妙,但是一般她们都没有什么反抗的言论或行动,而是认可占卜的结果,承认自己是禁母,并且宣誓自己以后不再害人,很高兴可以重新做人,然后积极地对"除禁"予以配合。

## (三)"除禁"方面

这一阶段,"除禁"与对禁母的处理是一回事,完全混同,同时"解禁"(使禁母恢复正常)和"除禁"(使病人恢复正常)的方法也基本上是一回事。可以说,这时对禁母的处理完全是原始宗教式的,与世俗的处理不同,几乎算不上是处罚,更像是"卫生消毒"。但必须明确的是:这些都是必需的,禁母不得不配合做的。虽然也有禁母的家属在获知自己家有禁母后,主动请娘母来"除禁"的情况,但显然这是无奈的选择,因为不主动这样做也会被病人家属强迫来做,并且还会受到大家的歧视。"除禁"具有一定的社会强制性,毫无疑问属于习惯法的范畴。

查出禁母后,直接找到她,要求其配合,采用仪式化方式"除禁"。这里所谓禁

---

① 严格来讲,在当时的社会条件下实行公有制,人人平等,本来也没有多大的贫富及贵贱的差别,甚至都没有这样的概念。

② 广东省编辑组.黎族社会历史调查[M].北京:民族出版社,1986:64.

母的责任类似于民事案件中的无过错责任或者公平责任，但主要并不是财产责任（尽管禁母家也会出一定的财物如猪、鸡等请人进行"除禁"的祭祀），而是行为上的责任。"除禁"主要包括以下几种，不同地区的"除禁"方式大同小异。

### 1."披席"和"弃水"

"本村查出禁母后，即通告她本人，旋即由一娘母替她赶鬼，使其恢复原来的灵魂……娘母到禁母家后，禁母本人（她自己是同意的）蹲在门口，并披一草席于背上，娘母手持笔条，向禁母背上鞭打；转瞬间，禁母即向屋外逃跑，至村外溪边把草席丢进水里，然后返家。这样，她就不再被视为禁母，而且据说不会再有禁母鬼魂寄栖其身……群众与她也相处很好，没有歧视。"①

有些文章中的叙述基本属于这一类别，但有所不同：每当宣布"查"出禁鬼，要由全村驱赶。被指为禁鬼者，要身背一块大树皮，众人在后鞭打树皮，敲锣击鼓，摩拳擦掌，或朝天开枪。赶到河岸，令其跳入水中，众人伏在河岸佯作射击。最后她把衣服丢进河里让水冲走，穿着男装回来，改名换姓，数日深居不出，意为使不洁的灵魂找不到栖身之处。

### 2."洗身"、"过火"和"改名"

具体方式如下：首领或娘母带领禁母在众人敲锣鸣枪簇拥下，到河里去裸体洗澡（称为"洗身"），上岸后把旧衣服烧掉，换上新衣服，然后跟在娘母之后，跨过火堆（称为"过火"）。禁母回家以后，其全家要改名（但不改姓），四天之内不准禁母出门。期满禁母家要在门口举行一个由首领或娘母主持的"重新做人"仪式，这样禁母才算完全恢复了正常。在未赶禁鬼前，群众对禁母很不满，又恨又怕，连她的丈夫也不敢多用她的东西。但在赶了禁鬼以后，群众态度即改变，待她如常人一样，大家不再称她为禁母，也不再对其有任何的歧视。

"合亩制"地区对待禁母的方法有一种与此类似，但仅有"洗身"而没有"过火"。简单地讲就是：用抬架把禁母抬到河边，让她下河洗澡，穿上新衣，然后回家闭门静养三天，禁鬼便不再附在禁母身上。② 关于这种方式还有进一步详细的描述：③

---

① 中南民族学院本书编辑组.海南黎族社会调查（下卷）[M].南宁：广西民族出版社，1992：293-294.
② 邢植朝，詹贤武.中国民族大系·海南民俗分卷[M].兰州：甘肃人民出版社，2004：185.
③ 参见：中南民族学院本书编辑组.海南黎族社会调查（上卷）[M].南宁：广西民族出版社，1992：173-174，567-568.必须指出，由于历史久远，我们这里参考的都是解放后搜集的资料，其中的宗教人士都是道公，本文认为最早应该只有娘母，后来是道公代替了娘母，所以把其中的道公改成了娘母。希望这不是一个错误的改动。实际上在田野调查中人们发现，不少地区黎族百姓认为"娘母就是道公，二者是一回事"。

当查出谁是"禁母"后，全乡群众都纷纷来参加捕捉"禁母"。首先由被"禁"人的村子派出两个代表（被全村公认为不怕鬼魂骚扰的人）带领本村群众鸣锣打鼓，不断向天开枪，各村群众闻声也一齐来参加。抓"禁母"的队伍来到"禁母"的住屋后，由民众代表询问被指为"禁母"的人是否曾去"禁"人，"禁母"承认之后，就要把"禁母"带到河边给她"洗澡"。领队人陪伴"禁母"走在前面，群众则跟在后面，一边鸣锣，一边放枪。到了河边之后，领队人便赶着"禁母"跳进河里去，群众从河的两岸佯作向"禁母"瞄准开枪射击，以示把"禁母"打死。"禁母"从上游流至下游不远处，便起来把衣服脱光，另换上新的衣服，"洗澡"的仪式便告结束。

"禁母"回到家之后，由群众代她改名（但不改姓），以示"重新做人"之意。领队人则在"禁母"家喝酒，监视"禁母"在四天内不得外出，不得吃青菜、辣椒，不准煮饭、织布或捉虱子；同时，全村群众也不能舂米和下田生产。满四日后，由"禁母"家杀两头猪，在门口作"重新做人"的仪式：先由民众代表把猪血、碗、鸡蛋、筷子逐一捧给"禁母"，"禁母"接过后把它放下，用鞭子把预先用麻扎成的毒蛇、蜈蚣样子的东西痛打一番，然后再由民众代表把挑水的担子（竹筒或瓦罐）放在"禁母"肩上，并问道："以后你还去'禁'人？""禁母"回答："不去了！"回答完便把挑水担放下，最后由民众代表做一个下田耕作的手势，并当众宣布："禁母"已经变成好人了，今后和我们一道下田生产。至此，全部过程宣告结束。以后"禁母"便和平常人一样参加各种劳动生产，没有受到旁人的歧视，在社会上与一般妇女有着平等的地位。但若以后道公或娘母再次查出该人是"禁母"的话，则要重新处理一次。

### 3."擦血"

这是"合亩制"地区对待禁母的特有方法。具体做法是：请人把黑羊、黑狗、黑鸡等三种动物的血洒在禁母的身上，然后用红藤叶擦身，整个过程配上锣鼓，以表示赶走禁鬼。[1]

### 4."捆绑"

在有些地区"捆绑禁母"也是驱除禁鬼，即"除禁"的方式。[2] 具体做法是由宗教人士用绳子来捆绑禁母全身，过了片刻解下绳子焚掉，据说这样便把禁鬼赶走了，再不来作弄人。[3]

---

[1] 邢植朝，詹贤武.中国民族大系·海南民俗分卷[M].兰州：甘肃人民出版社，2004：185.

[2] 现代社会的"捆绑"是一种强制措施，但这里的"捆绑"本身是一种独立的"除禁"方法，类似于一种处罚。

[3] 中南民族学院本书编辑组.海南黎族社会调查（下卷）[M].南宁：广西民族出版社，1992：353.

黎族招魂舞场景

### 5."焚烧"

在美孚方言地区据称本来没有禁母,后从哈方言地区黎族传入。禁母可以"解禁",方法是把禁母鬼赶走即成,具体是把其所有东西烧光,然后借别人衣服东西给她穿用即成。[①]

有必要说明的是:这里的"查禁"及"除禁"并没有一个明确的社会组织来实施,而是在娘母的带领及主持下联合一些群众中的不怕鬼的人等,在围观群众的配合和支持下进行,可谓临时组成了一个松散的社会组织,勉强算是体现了社会权力的强制性。在一般习惯法的实施中往往社会组织的力量很有限,这在黎族禁习惯法早期的运行中体现得尤其明显。在这一过程中病人家属往往发挥着重要的发起及对禁母实施威胁等作用,具有部分的私力救济的因素在内。在这里可以说私力救济与公力救济是紧密结合在一起的,没有清晰的边界。

## 三、"禁"习惯法产生的原因探讨

"禁"习惯法的产生不是偶然的,它是黎族当时社会生活的一种合理的、必然的反映,是传统社会中多种因素共同作用的结果。我们认为,"禁"习惯法的产生的主

---

① 参见:曾昭璇,张永钊,曾宪珊.海南黎族人类学考察[M].广州:华南师范大学地理系,2004:232.

背景是上述的物质及精神等生活环境,而从微观的、直接的、具体的角度来看主要基于以下几种因素。

## (一) 人们的自我认识能力比较弱

马克思和恩格斯指出:"自然界起初是作为一种完全异己的、有无限威力的和不可制服的力量与人们对立的,人们同它的关系完全像动物同它的关系一样,人们就像牲畜一样服从它的权力,因而,这是对自然界的一种纯粹动物式的意识(自然宗教)。"[①]在原始社会黎族民众面对的主要是自然的压迫,人们匍匐在大自然的脚下,感受不到自己的力量。在这种情况下产生"三怕"也就不奇怪了。[②] 按照人类学家摩尔根关于历史类型的分类,这一时期可谓"蒙昧时期"。黎族民众在观念中可谓神圣与世俗浑然不分,几乎任何现象都被蒙上了一层神圣的色彩,也没有神圣权力与世俗权力的明确区分。

### 1. 人的基本需要是吃饱

当时摆在黎族民众面前的现实问题,主要体现为人与自然(即人与各种鬼)的矛盾和冲突导致的族群生存的压力。禁鬼禁人的原因是贪吃,也间接说明了当时社会人们处于食不果腹的困境这一点。鬼贪吃,是人在人间无法糊口的间接的反映,反映了人与自然的矛盾和斗争。这说明在黎族地区"吃"——过温饱的生活是一件多么难以满足的事情!可以讲,是"民以食为天"才导致"禁鬼也以食为天"!当时人们不可能认识到人还有更高的追求,如人与人之间追求和谐的友好关系等。

### 2. 人远没有鬼的力量大

当时黎族民众没有意识到人的内在的强大的力量,而是一直认为自然(以鬼的形式体现)的力量远大于人的力量,自然(鬼)可以控制人,而人却只能匍匐在自然的脚下。鬼有能力使人生病或死亡,而对鬼却无计可施。如果说还可以采取一些办法的话,那也是"以鬼制鬼",究其根本单纯的人对鬼是无能为力的。不仅如此,一个人也没有通过内在的力量无形地控制他人的能力,只有鬼才有可能。鬼有能力干坏事,而人没有这样的能力。"禁"习惯法实质上反映的是人与人之间的关系,但形式上却是鬼与鬼

---

① 马克思恩格斯选集(第一卷)[M]. 北京:人民出版社,1972:35.
② 大陆孔子的"三畏"——畏天命,畏大人,畏圣人之言,与此显然处于不同的层级,因为它主要不是谈畏惧自然界,而至于王安石的"天变不足畏,祖宗不足法,人言不足恤"则更是与黎族的"三怕"背道而驰。

的关系，而在这里面是一个不折不扣的客体——鬼的载体及受动的物体、被戏弄的对象。

也许正因为如此，在巫术风气很盛的情况下人们自然就会想到用占卜通过外在的客观的鬼灵的能力来查找禁母。这里的占卜也就是"鬼判"。有学者认为："神明裁判得以展开的主要因素：第一，证据不足、清浊难分的疑难纠纷。只有案件的复杂程度超出了人们的正常的认知范围和知识结构，使人们处于一种无助的境地，以他们现有的知识无法得出合乎人心的判决和结果，于是人们就诉诸一种超越人力的外界的力量来做评判。第二，外观上要使嫌疑者处于一种现实的或潜在的危险境地中……第三，要有一个为大家所公认的，具有公信力的神明裁判的主持人，能够主持公道、分辨是非、惩恶扬善。"① 在黎族地区这几个条件基本具备，但第二个条件并不明显，因为占卜并非典型的神明裁判。

### 3. 人不会仇恨他人

在当时的氏族社会中由于实行公有制，过着群体性的原始生活。大家共同劳动，共同分配，甚至猎物也是见者有份。② 当时商品交换几乎是不存在的，清晰的私有观念还没有产生，偷盗现象根本没有。人们当时处于一个"生于斯，死于斯"的封闭的亲族社会，人口流动很小，人们之间主要是合作关系，以共同对付自然的肆虐，内部矛盾不突出。黎族有很多反映团结合作的谚语：

> 只有山猪才能独自觅食，人不能单独做食。
> 人多干活不觉累。
> 围得好的篱笆是因为不只选择一种树木。
> 耕好田插完秧是因为不分你我。
> 一个人不能养活全村人，全村人可以养活一个人。③

这时人们特别依赖于集体的力量，互助是生活的必需。在合亩制地区，抚养鳏寡

---

① 陈金全. 西南少数民族习惯法研究 [M]. 北京：法律出版社，2008：95-97.
② 这里的"见者"不一定是参与狩猎的人员，即使是过路的客人也包括在内。20 世纪 30 年代史图博到黎区调查时，就曾被热情地邀请入席，一起喝酒吃肉。参见：[德] 史图博. 海南岛民族志 [M]. 广州：中国科学院广东民族研究所，1964：15.
③ 韩伯泉. 谈黎族事理谚语中的哲学思想 [G] ∥ 广东省民族研究会，广东省民族研究所编. 广东民族研究丛刊（第 1 辑）. 广州：广东人民出版社，1986.

孤独等无法独立生活的人长期以来一直被人们当作义不容辞的义务。① 所以，当时人们可能认为，任何人既没有能力用无形的力量使别人生病，更没有愿望这么做，他不会仇恨及嫉妒别人，也只有鬼才会如此。同时，因为没有明显的贫富贵贱之别，没有等级之分（在鬼之间也没有等级地位之别，可谓"鬼鬼平等"），人们处于涂尔干所谓的"机械连带"之中，只有简单的男女及老幼的自然的劳动分工，所以禁母的身份也就没有特别的指向，任何妇女都有可能。

在当时，由于民风淳朴，黎族族群内部人与人之间的冲突不彰，人们的善恶感等道德意识不是很强烈，也就没有明确的好人和坏人之分，尽管确实有善事与恶事之分。人们当时模糊地觉得：鬼基本上都是恶鬼（严格来讲，黎族没有善鬼及恶鬼之分，这里的恶鬼指不专门干对人有利的好事的鬼），人却基本上都是好人（"人之初，性本善"意义上的好人，也即不坏的人），禁母不存在害人的意识，只是被禁鬼控制，无意识禁人，也不是坏人，自然也就不需要对其刑讯逼供，逼禁母承认，然后对其给以严厉的处罚，尤其是肉体的处罚，更不会杀死禁母。

### 4．人与人的地位基本相同

由于人们的自我意识不强，相互独立，进而分工的意识也很差，每个人都处于基本相同的地位。当时的娘母还远没有从一般民众中分离出来，成为一个相对独立的、大权在握、具有鲜明特权的神权阶层。同时，当时的首领也不是官员，也没有从群众中独立出来，不具有特权，与群众地位相等。再有，娘母占卜的技术也比较简单粗糙，专业性差，较少神秘性，其权威也不是很大。社会远没有赋予她们（尽管是以鬼的名义）对禁母——同属氏族成员，能力和观念和她们基本一样的人——以"生杀予夺"大权。黎族首领也没有这样的权力。

不仅如此，实际上限于当时人们的思维能力，黎族观念中的各种鬼也是地位平等的，没有高低之分，更没有形成一个金字塔式的权力等级结构体系。

## （二）女性社会地位高

娘母和禁母都为女性，这应该是由于当时处于原始社会，还带有明显的母系氏族社会的残余的缘故。在母权制时代，女性是权威和力量的象征。由于当时妇女在农业生产中负担主要而繁重的劳动工作和抚养后代的艰巨任务，在社会中起着重要的作用，

---

① 《礼记·礼运》中所畅想的"老有所终，壮有所用，幼有所长，鳏寡孤独废疾皆有所养"的理想，可谓在黎族传统社会得到了一定程度的实现，尽管是低层次的实现。

加上对偶婚的盛行，使妇女在氏族中和社会上享有很高的威望和受到广泛的尊重。据文献记载，在宋代有些地区的峒首是由妇女担当的。如"王二娘者，黎之酋也，夫之名不闻，家饶于财，善用其众力，能制服群黎，朝廷赐封宜人，琼管有令于黎峒，必下达王宜人，无不帖然。二娘死，女亦能继其业"。① 还有史书记载：黎族地区"其俗贱男贵女，有事则女为政"，"遇有事妇人主之，男不敢预也"。② 在同一文献中还指出，妇女在主持调解社会纠纷方面也具有重要作用："（黎人）……一语言不和，辄持弓矢标枪相向，势不可当，有妇人从中之，即立解。"

黎族妇女去劳动

娘母为女性，这是女性社会地位高的积极方面的体现。实际上即使是在解放前合亩制地区仍有不少母系氏族社会的痕迹，如妇女出嫁后与娘家还保持着十分密切的关系，并被公认为原来家族中的一员。女子结婚"不落夫家"③，出嫁后按惯例不必为自己的丈夫洗涤和缝补衣服，但却有为自己已婚的兄弟和儿子缝洗的义务；妇女遇生病或难产举行"送鬼"仪式时，需要祭祀娘家的"祖先鬼"；妇女病重时，一般要送回娘家治疗；妇女死后遗体都要埋葬在娘家的公共坟地上，她的遗物必须送回娘家由她的兄弟继承，娘家也要把她作为自己家族的"祖先鬼"加以拜祭。还有，黎族地区只有女人文身、"女治陶，男莫近"、只有女人酿酒及织锦等等也体现了妇女的社会地位较高。④ 此外，黎族地区如果母亲去世，舅舅不来，外甥不能给母亲下葬。黎谚"天上雷公大，人间舅公大"。这些都可谓上述女性地位高的观点的一个注解。⑤

此外，从现代医学的角度来看，由女性的生理和心理特征所决定，妇女往往多愁善感，相比男子更多更容易发生生理与心理病变，特别是容易罹患癔症等精神性疾病。

---

① [宋]周去非.岭外代答[M].（卷二·海外黎蛮）

② [清]张庆长.黎岐纪闻[M].（序 -4）

③ 实际上，我国的壮族、侗族等一些少数民族也曾经存在"不落夫家"的习俗。

④ 在三亚市羊栏镇槟榔管理区，当地黎族百姓引进了汉族的宗教思想，产生了"土地公"的概念，但"土地公"却是女性。这也可以看作是女性地位高的一种体现。参见：中南民族学院本书编辑组.海南黎族社会调查（下卷）[M].桂林：广西民族出版社，1992：225.

⑤ 我国不少少数民族解放前还处于原始社会阶段，甚至母系氏族社会痕迹很重。如云南的基诺族，基诺一词的含义是"跟在舅舅之后"，被称为"尊崇舅舅的民族"。此外，摩梭人有谚语："最可靠的人是母亲，最信得过的人是舅舅"。傈僳族有谚语"树最大的是杉树，人最大的是舅舅"。纳西族东巴教祭天仪式的主祭坛上有三棵栎，两棵黄栎青栎木代表天神、地神，一棵柏木代表许神（天舅）。祭天结束后，还要把代表天舅的柏木扛回家里，绑在家庭中的中柱——撑天立地柱上。参见：杨知勇.西南民族生殖观[M].昆明：云南教育出版社，1992：299.

癔病的起因复杂,但多是由于对各种事故引起的惊恐、愤怒、兴奋等等精神刺激,这样的精神刺激很容易在女性身上得到反映。而这种疾病的机理在当时人们并没有,也不可能有深刻的理解。人们并没有把这当作病症,相反认为是鬼魂附体的体现。她们处于昏迷状态中所说的话,常被认为是鬼魂的代言,而抽搐中的动作、毫不连贯的狂叫,被认为是某种征兆。这可能也是娘母为女性而非男性的一种重要解释。

禁母都为女性,据清张庆长《黎岐纪闻》记述:黎区"黎女有禁魇婆,能咒人致死。其术传女不传男,有禁魇婆,无禁魇公"。其实质应该是女性社会地位高的消极方面的体现。对此的一种合理的解释也许是这样的:禁术是一种神秘、复杂的巫术,禁鬼只有附体女人——社会地位比较高,能力比较强的人,才能施展其威力,而男人社会地位较低,能力较弱,禁鬼附体于男人,难以达到禁人的效果(禁鬼不附体于小孩也是一样的道理)。必须注意的是:禁母为女性绝非当时社会男尊女卑,重男轻女的体现,否则无法解释娘母处于很高的社会地位的现象。①

### (三) 巫术发达

巫术是"禁"习惯法存在的基础,没有巫术就不会有"禁"文化。善恶两种巫术之间借助疾病这一现象,通过娘母和禁母作为载体的斗争就是"禁"习惯法的实质。

#### 1. 善巫术与恶巫术的区分

巫术的基本作用在于祈祷、招魂、驱鬼、辟邪、诅咒、祭祀等。这些作用都是正面的、积极的作用,但巫术的作用并不完全都是社会所期望的,也存在危害社会的巫术。可以这样说,从巫术产生的第一天起,它就有了一个基本的依其本质属性的分类:善的巫术(white magic,或称白巫术)和恶的巫术(black magic,或称黑巫术)。前者为人祈福,治病驱鬼。一般我们祝别人长命百岁、寿比南山就是善的巫术。后者则致人伤害,甚至死亡。一般辱骂别人、诅咒别人就是恶的巫术。② 白巫术又可称为防御巫术,黑巫术又可称为进攻巫术。

黑巫术的具体操作本身是中立的,无所谓善恶,但与白巫术相比有两个鲜明的特点:第一其目的是违反社会伦理、情感的,是邪恶的,第二其仪式都是秘密的,不为人知,因为恐惧正直的惩罚。黎族的禁术是典型的黑巫术,而"查禁"、"解禁"、"除

---

① 应该说"禁"习惯法发展的后期,进入阶级社会以后,"禁母"这一符号本身确实包含着一定的男尊女卑的因素在内。
② 现代社会中,人们把无情的情人的画像付诸一炬等类似把有关引起自己痛苦记忆的物品破坏并烧毁等行为,也可以看作是一种巫术的残余。

禁"的巫术则为典型的白巫术。黎族禁现象展示给我们的可谓是一幅黑白两种巫术的大对抗,也即善与恶大对抗的画面。

## 2. 黑巫术对社会的危害

巫术是社会的产物,同时其作用也是社会性的。正如白巫术不仅仅会给某个人带来幸福,而且会给整个社会带来幸福一样,黑巫术不仅仅会给某个人带来灾祸,而且会给整个社会带来灾祸。黎族的禁术不仅是对病人个人的侵害,同时也是对整个黎族社群的侵害!一个人被禁受害,会引起全体黎族人的反应。人们有理由认为与禁母同处一地,共同生活是可怕的、危险的,并且很难预测何时灾难会降临到自己或家人的身上。这时人们都会充满了一种莫名的恐惧感、紧张感和焦虑感,甚至感到惶惶不可终日。

## 3. 降神附体和禁鬼附体

一般说来,巫术只是处理人与自然之间的关系,就黎族来讲是人与各种鬼的关系。首先,是人们利用巫术来进行预测和祈祷,如狩猎前的占卜、收割水稻前祭祀"稻公稻母"的仪式、寻找走失水牛时的占卜以及与外族械斗前的占卜等等。① 其次,是触犯了禁忌时的消灾祭祀。如黎族存在对火鬼,尤其是灶公鬼的崇拜,有人不小心碰到了灶火,这就犯了黎族的禁忌,可能会导致灶火鬼的惩罚,自己眼睛变瞎。为了避免惩罚就要请娘母为之禳解消灾等。②

巫术一般属于自然控制的范畴,并不属于社会控制的范畴,也即并不直接处理人与人之间的社会纠纷,如人们之间的打架、斗殴等。尽管在黎族人所处的原始社会人们没有清醒的自我意识,对自然界和人类社会之间的区别也只有混沌的认识,但二者毕竟不是一回事,黎族人不会将其混淆。巫术用于处理人与人之间的关系必须具备一定的条件。我们认为只有在人与鬼紧密结合成为一体,尤其是人与恶鬼紧密结合成为一体的情况下,才会出现把巫术用于直接处理人与人之间关系的可能。

在黎族地区,人与鬼合二为一的条件是具备的,其具体途径就是"降神附体"和"禁鬼附体"。前者就是娘母等黎族宗教人士产生的原因,③ 而后者就导致禁母的出现。黎族宗教人士可谓是黎族鬼在人间的善良一面的代表,而禁母则是黎族鬼在人间的邪恶一面(以禁鬼体现)的代表。这两种人可谓是对立统一的整体。有了他们,"禁"习

---

① 参见:王学萍. 中国黎族[M]. 北京:民族出版社,2004:104.
② 参见:高泽强,文珍. 海南黎族研究[M]. 海口:海南出版社,南方出版社,2008:279.
③ 在汉族地区,历史上也大量地存在"降神附体"的现象,这在文学作品中有很多的描述,如《红楼梦》第112回赵姨娘降神附体以及《小二黑结婚》中三仙姑降神附体等等。

惯法也就呼之欲出了。这时还差一个媒介物，没有这个东西，仅仅具备了巫术处理人与人关系的可能，还不存在巫术与社会纠纷处理的结合（也即巫术处理人际关系）的现实性。而这个东西不难寻找，它就是社会中最普遍的一种现象——生病。

### 4. 疾病的解释及治疗

在黎族人看来，绝大多数的疾病都是病人触犯了某种禁忌的结果，是受害后或被激怒的神灵对人的报复。行巫术治病，是黎族人的当然选择。这样处理人生病这样的问题，首先就在黎族人的原始思维中变成了人与自然界的各种鬼的问题，如触犯了天鬼、地鬼、火鬼以及祖先鬼等。这就需要用巫术驱鬼。人生病有不同的表现方式，相应地也就被认为是触犯了不同的鬼。有些病比较蹊跷，病情严重而又难以理解，很难把其归结为触犯了一般的鬼，这时人们就会想到（形式上是娘母查出）生病是由于触犯了特别凶恶的鬼——禁鬼。同时，因为禁鬼都是通过附体变为禁母来害人，于是人与鬼的关系就又变成了病人（间接还包括娘母、道公）与禁母的关系，也就是人与人之间的矛盾冲突关系。

这时的"禁"习惯法仅仅是为了医疗的目的，具有鲜明的原始宗教特点，而习惯法的特征并不鲜明，因为这里没有坏人，没有审判，也没有真正意义上的处罚。

## （四）"禁"习惯法产生外因论的探讨

本书是从黎族内部即内因的角度来探讨"禁"习惯法的产生原因，但也有少数学者认为黎族禁术的产生（进而"禁"习惯法的产生）主要是黎族外部因素影响的结果，也即坚持外因论。他的主要说法是：[①]

从人们对禁术的认识、禁公禁母的产生及其分布规律等方面，我们发现一个非常有趣的现象：黎族禁术的影响在民族杂居区（边缘区）比纯黎族居住区（中心区）要大得多。这意味着，对黎族禁术的指认，最早应该来自与黎人交往较多的汉人。汉人在与黎人交往的过程中，由于对黎族的原始宗教活动缺乏了解和认识，往往将一些偶然发生的无法解释的自然现象与黎族的原始宗教活动联系起来，从而得出一种结论：黎人当中有人有禁术。黎族本民族宗教职业者只有"老人"这一事实也进一步证明，对禁术问题的认识并非来自黎族人自己。

50年前，与汉人相比，黎人显得单纯、淳朴与憨厚。由于受汉人的影响，黎人也逐渐相信他们当中有人有禁术，并请汉族的宗教职业者——道公和娘母来为他们驱

---

① 方鹏.海南岛历史民族与文化[M].海口：南方出版社，2003：211.

五指山热带雨林

"禁"。当黎人对他们当中有人有"禁"的能力和行为深信不疑时，就将这一事态复杂化。更主要的原因在于，有极少数头人利用人们的这一观念为自己的私欲服务。由于黎族同胞大部分居住在山区，自然环境险恶，当无法解释自然界中的一些现象时，就自觉不自觉地联想到禁术，这是禁术长期在黎族地区存在的原因。

我们认为上述外因论的阐述（实际应为"猜想"），除去包含一些常识性的错误外其依据明显不足。我们主要反驳理由如下：首先，黎族禁术产生比较早，汉族文献并没有记载何时黎族产生了禁术，应该是自汉族和黎族接触之时就已经有了禁术。其次，从世界各民族历史来看，几乎每个民族在历史早期都产生了类似的巫术，考虑到黎族尚鬼习俗由来已久，没有理由认为在汉族接触黎族之前（约3000年前），黎族就没有能力自发地产生禁术。第三，汉族并没有与黎族这样的"禁术"完全一样的巫术，也没有任何记载汉族的类似巫术在与黎族接触后变为"禁术"的记载。第四，黎族的"禁"并非汉语的黎语翻译，而是黎语特有的语词。第五，禁术在黎族居住区影响较小，而在黎汉混居区影响较大，这应该是黎族禁文化自身发展的不同阶段的反映，而不是汉族对黎族不同程度影响的反映。①

---

① 通过后面的论述我们可以发现，黎汉混居区的道公的道具是画符或文字符，而黎族居住中心区的娘母的道具是实物符。很难想象文字符会"发展"为实物符。如果说禁术是从汉区多次不断传入的，开始汉区也是用"实物符"，并已经传遍了黎族地区，后来又变为"文字符"，但"文字符"最终仅传到黎汉混居区，尚未传到黎族居住中心区，则这个想法实在太大胆了！

# 第三章

## 在向阶级社会转化过程中黎族"禁"习惯法的发展

> 崖陵之间有禁婆，能隐伤人。其术窃取人发缚绣针上，诵咒语，垂入水际，能使鱼来吞入，吞之则其人痛不可当。受害家知之，逼令救解，仍诵咒语，使鱼吐出发针，可立解。
>
> ——清·刘世馨《粤屑》卷二，"生熟黎"条

"禁"习惯法的第二阶段大约处于黎族与大陆文化已经有了较深入的接触，且朝廷对海南岛实施了正式的统治，但尚无法对黎族大部分地区实施有效控制的时期。这一阶段大致对应着大陆地区的宋朝至明朝中期这段时间。这时，黎族大部分地区大致处于原始社会晚期父系氏族社会向阶级社会过渡的阶段。这一阶段"禁"习惯法已经比较发达，其内容也逐渐丰富起来，又可称为"禁"习惯法的发展阶段。

# 一、当时的社会生活状况

汉武帝元封元年后，西汉王朝在海南岛设立珠崖、儋耳二郡，自此汉族移民源源不断地迁入岛上。汉族移民的陆续到来，带来了先进的生产工具和技术，促进了黎族社会生产力的发展，并由此逐渐引起黎族社会的重大变革。我们认为这应该是最终导致黎族原始社会的逐渐解体，并向阶级社会过渡的根本原因。但黎族地区剩余产品少，商品交易不发达，贫富差距小，进入阶级社会的过程很长。汉唐时期汉族移民对黎族社会进程的影响还是很小的，一直到宋朝时期，这一影响才变得非常显著。

## （一）汉族大量迁入海南岛，黎汉交流明显加深

尽管这一时期海南岛上的汉族人数还不足以与黎族人数相比，但汉族人自大陆的涌入却是一个不争的事实。历史记载，五代时期为了逃避中原战乱、摆脱阶级压迫等而逃往黎区的福建及湖广等地的汉族人数以及到黎区从事商业活动的汉族人数都大大增加。正如明代丘濬所提到的："魏晋以来，中原多故，衣冠之族，或宦或商，或迁或戍，纷纷日来，聚庐托处。"[①] 据记载，唐以前海南岛汉族人口约2万人，到唐代增至7万

---
① [明]丘濬.海溟奇甸赋[G] // 丘文庄公集.

苏轼在海南

多人，南宋时增至 10 万人，及至元朝则达 17 万多人。①

这一时期，黎汉人民之间的商业交流也非常兴盛。宋代由于国内市场对香料和产于热带地区的土特产以及奇珍异物的大量需要，刺激了岛上黎、汉民族之间频繁的贸易活动。特别是槟榔、吉贝、香料的贸易在当时占有相当重要的地位。"黎人处不毛之地，盐酪谷帛斤斧器用，悉资之华人，特以沉香、吉贝易之耳。"②当时邻近汉区的黎族人民每逢墟日即结队到州县城内的市集交易，以各种农产品、手工业品和土特产品与汉商交换铁器、瓦器、牛畜、鱼盐、酒米等生产生活必需品。交易以物物交换为主，如一担香料可以换回一头牛等。③范成大在《桂海虞衡志》中记载：黎人"与省地（指有建置地区）商人贸易，甚有信而不受欺绐。商人有信，则相与如至亲，借贷有所不吝。岁望其一来，不来则数数念之"。这生动地反映了当时黎汉交流频繁、商品交易繁荣的景象。④

不难理解，这时汉人已经在海南岛站稳了脚跟，也较少地出现汉人被黎族人同化的现象，而是大致处于二者"相持"的阶段。如果说前一阶段海南岛上黎汉民族的分布格局是"黎在中部和南部，汉在北部"的话，那么这一阶段则是"黎在内，汉在外"。在这期间被贬到海南的高级官员还有不少，如著名的"五公祠"⑤中的"五公"中除晚唐的李德裕外的其他诸公，都没有后人化为黎族的记载。不仅如此，被贬到海南的

---

① 参见：陈铭枢. 海南岛志[M]. 上海：上海神州国光社，1933.
② [宋] 苏过. 论海南黎事书[G] // 斜川集.
③ 参见：[宋] 范成大. 桂海虞衡志[M].
④ 黎族地区也有这样的谚语："客（指汉人）不欺黎，鸡不食米"。指的是汉族商人往往在买卖中欺压黎族，不等价交换的现象十分严重。如在解放前还存在这样的现象：用一根针换一只鸡，用一把钩刀换三秤谷（36市斤），用一尺布换半秤谷，难得之不易的二等鹿茸，一副也只能卖到60块光洋。这反映了黎族对商品经济不熟悉以及黎区商品严重匮乏的状况。
⑤ 海南省海口市的五公祠是为了纪念历史上五位被贬到海南的历史名臣而于清光绪十五年（公元1889年）修建的。这五位官员分别是：唐朝的宰相李德裕、宋朝的宰相李纲和赵鼎、大学士李光和胡铨。

苏轼在其诗词中还表现了汉族和黎族融洽相处的情景。由于苏轼与热情好客的黎族人民有了深厚的感情，当他被赦回大陆时，竟写出了"城东两黎子，室迩人自远。呼我钓其池，人鱼两忘返。……借我三亩地，结茅为子邻。鴃舌倘可学，化为黎母民"的诗句（苏轼《和陶田舍始春怀古诗》），充分流露出诗人对黎族人民依依不舍的怀念之情。

## （二）国家统治进一步完善

随着沿海地区黎族社会封建化的加深，大陆朝廷对黎族的统治也日益加强。如北宋崇宁（1102—1106年）中，经略广西安抚使王祖道"抚定"黎人九百七峒，结丁口六万四千，并开通道路一千二百余里。"自以为汉唐以来所不臣之地，皆入版图"，"其酋亦有补官"。① 从历史上对黎族的认识来看，到了宋朝，黎族已经稳定而广泛地在文献中被正式称为"黎"，也就是大陆朝廷已经把黎族与南方的其他少数民族明确区分开来，而不是笼统地称为骆越族或俚人、僚人。

宋代朝廷一般对黎族采取以羁縻笼络为主、武装镇压为辅的"治黎"政策。不少黎族首领受到封建王朝的"封爵袭职"。如三十六峒统领黄氏封为"宜人"，王日存、王承福等被封为"承节郎"等官职，许其子孙世袭。不仅如此，朝廷还征集地方武装以加强对黎族人民的统治，招募的对象有汉族，也有黎族。到了元代，统治者一面残酷镇压黎族人民，一面任用"归降"的黎族上层首领，封以官爵，付以实权（这与宋代仅给予封爵不同），世袭其职。

有必要进一步说明的是：历代政府多次与黎族发生残酷的战争，这也在客观上使得黎汉交流进一步加深。尤其是元代，朝廷大举"征黎"不下十次，武装镇压的规模更是前所未见。元军兵马深入黎峒，甚至连偏僻的五指山中心地区都不能幸免。这为后来的朝廷全面统治海南岛、民族大融合奠定了基础。②

## （三）"生黎"与"熟黎"

汉族对黎族的影响是逐渐的，呈阶梯式，这导致黎族内部不同地区的社会经济发展的不平衡相当严重。文献中开始出现"生黎"、"熟黎"的名称就是这一情况的反映。"生黎"一词最早见于北宋太平兴国年间（976—983）乐史所撰写的《太平寰宇记》。后来在南宋淳熙年间（1174—1189）范成大的《桂海虞衡志》中首次出现"熟黎"一

---

① ［宋］周去非. 岭外代答［M］.
② 参见：黎族简史编写组. 黎族简史［M］. 广州：广东人民出版社，1982：46-47.

黎汉分布图

词。这种称呼是以是否归属于朝廷的统治为依据而对黎族所做的具有侮辱性的分类。[①]在宋元时期黎族内部社会类型大致有以下三种不同类型：[②]

1. 长期与汉族交错杂居的黎族，他们受州县的直接统治，早已编入户册，纳粮当差，和汉人没有什么差别。他们的经济形态也是以农业为主的封建地主经济占主导地位。

2. "熟黎"居住州县较远，也以农业生产为主，但渔猎和采集土特产品还占有相当的比重。他们与汉人频繁进行贸易活动，输入铁制生产工具。原有的土地公有制已经被破坏，土地私有及买卖已经出现，贫富已经分化。黎族人民受到汉族统治者以及本民族统治者的双重压迫。

3. "生黎"居住在偏远的山区，不受州县统治，不供赋税，经济落后，捕鱼以及狩猎和采集占重要地位，也从事农业生产，经济上基本上是自给自足，生产关系上乃以公有制为主。

尽管资料比较缺乏，我们可以大致推测，由于交通不便，外界对黎族的接触不多，这时"生黎"应该仍占黎族人口的多数。同时，根据解放后黎族落后地区的状况，我们可以认定在黎族自身社会发展以及汉族文化的影响下，这时人们的私有观念已经产生并有所发展，只有男子有继承权，女子没有。父亲死后，儿子年幼而母亲不改嫁的，则由母亲掌管家庭财产，待儿子长大成家后由儿子继承。如寡妇改嫁则直接由儿子继承遗产。至此，父权制的原则已经基本建立，而原有的母权制的原则则退出历史舞台。

---

① 与此类似，在苗族地区也曾经存在"熟苗"、"生苗"的说法。这反映了汉族对同一少数民族内部不同地区影响的程度不同。

② 参见：黎族简史编写组.黎族简史[M].广州：广东人民出版社，1982：54-57.

## （四）黎族地区开始进入封建社会

黎族妇女制陶器

由于封建王朝的统治，黎族社会开始缓慢地向阶级社会转化。黎族地区是否经历了奴隶社会阶段抑或直接从原始社会过渡到封建社会，目前尚有争议。但一般认为，黎族地区没有经历奴隶社会。其原因大致如下：1.黎族地区一直没有冶炼金属的记载，甚至在神话传说中也没有这方面的痕迹。在陶器方面，海南岛没有发现广东大陆常见的夔纹、雷纹和几种花纹组合的纹饰，这种纹饰的印纹陶，据研究是青铜时代的产物。此外，在历史文献中也没有黎族地区存在奴隶的记载。有些关于"奴"、"仆"的记载，但由于记载过于简略，无法确认到底与主人是什么性质的关系：这些奴仆是仅仅从事家务劳动，还是也从事生产劳动，以及如果两种劳动都参与以哪一种为主？此外，在解放前的合亩制地区还有"龙仔"、"工仔"①的存在，后者更像是家长奴隶制中的家庭奴隶。但是这一类的"工仔"人数并不多，而且结婚以后可以拥有一定的生产资料和从事各种家庭副业，也没有发现主人随意买卖、杀戮"工仔"的事情。进一步来讲，这种关系在当时的整个黎族社会来讲远不占主导地位。②

尽管如此，随着郡县制的实施，封建制度的建立，以及封建王朝利用原来的氏族部落首领作为统治黎族人民的工具，黎族地区开始出现剥削与被剥削的现象，贫富渐渐分化，阶级区分日益明朗，人们越来越处于不平等的社会地位，黎族社会内部矛盾逐渐增大。

## （五）汉族封建文化对海南岛黎族的影响

和唐代一样，宋王朝继续把海南岛作为流放官吏的一个重要地方。宋代的不少著名的政治家、文学家如苏轼、赵鼎、丁谓、胡铨、李光等，先后被贬到海南岛。他们在居留期间，致力于传播中原文化，对当地百姓文化水平的提高起到了促进作用。如唐代贞观年间（627—649）被贬为吉安（今昌江县境）丞的王义方，就曾"招首领，

---

① 黎族的"工仔"有多种类型：卖身工仔黎语为"帝察"，即"买子"的意思；投靠工仔黎语为"帝不隆它"，即"在屋里吃饭的人"的意思。此外，还有抵债工仔和强抢工仔。
② 参见：黎族简史编写组.黎族简史[M].广州：广东人民出版社，1982：29-31.

预选生徒，开经陈书"，教育黎族子弟，"人人悦服"。①这可谓黎族地区最早的学校。李德裕、苏轼等人在当地"教民读书著文"，或"讲学明道，教化日兴"。胡铨在崖州时，"日以训传经书为事，黎酋闻之，遣子入学"。②

与此同时，宋仁宗庆历四年（1044年）琼州府儒学首先设立，后来到了北宋末南宋初期，琼山、澄迈、文昌、万州、陵水、崖州、感恩各州县的儒学也相继建立。大观三年（1109年）出现了海南岛第一个进士（儋州的符确）。③当时为了方便"黎人遣子弟入学"，还在琼州郡学中特别设立了"新学"。④元代则在各千户所设立"黎学"（又称"寨学"）。这些都对黎族文化教育发展起到了积极的推动作用。

尽管我们没有足够的资料说明，这一时期儒家文化的传播对黎族"禁"习惯法有什么直接的影响，但我们不妨大胆地推测，儒家的"男尊女卑"、"万般皆下品，唯有读书高"以及"敬鬼神而远之"等思想对黎族传统上男女比较平等，甚至妇女地位比较高的状况，以及"不读书而尚鬼"的习俗产生了一定的影响。这一时期已经少有关于黎族女性首领的记载，黎族首领主要是男性，同时财产继承也是父系继承，甚至黎族起义的首领也是男性，男性地位整体上来看明显要高于女性。这种影响与朝廷的政治统治影响结合在一起，对推动黎族地区的父系氏族社会的解体及进入封建社会应该是发挥了重要的作用。

上左图：东坡化黎童

上右图：东坡书院内苏轼塑像

下图：东坡书院

---

① 新唐书[M].（卷一百一十四·列传三十七·王义方）

② 琼州府志[道光][M].（卷三二·宦宦）

③ 琼州府志[道光][M].

④ 舆地纪胜[M].（卷一百二十四·琼州·景物上,《新学》条）

## 二、"禁"习惯法的进一步发展

### （一）理念方面的变化

随着人们思维能力的提高，人们逐渐对"禁"有了新的认识（尽管现在看来仍是完全错误的）：

1. 禁母都是有目的、有意识的禁人，他们对谁有仇、不睦就使用禁术来害谁，使人生病。这时的禁人可以称为是"有意禁人"。① 这一阶段可以称之为"禁母有意禁人"阶段。典型的情况是，甲乙两个人互相对骂后，其中一方患病就指对方之妻为禁母。病人梦到有人"禁"他或她，则该人可能为禁母，但一般这还要经娘母查禁确认才算。在这一时期禁母与禁鬼似乎合二为一了，禁鬼的意图也就是禁母的意图。②

据说"禁母"的"禁术"受上一代女性的传授，是被动的无意识的接受，但接受后"禁"人是有意识的。这一地区"禁母"的"禁术"一经上身就无法解脱了，至死才传授于下一代女性。

2. 禁母禁人在病人身上的表现已经不仅仅是腹痛，而是多种多样，包含几乎所有的比较怪异的病症。这时的禁鬼也就成为黎族人心目中最凶恶的鬼之一。据说，若是受"禁"而死的人，死后胸部会现出黑色的字迹。还有说，禁鬼把人禁死后，还要挖食死者的尸体。③

禁术的具体做法传说是用破布、头发、蜂蜡做一个大小如荔枝的"禁包"，念好咒语，由禁鬼的小兵④用小短箭把它射到人身上（也有讲，是把禁包放在被禁者的床旁），从而使人生病。⑤ 禁母的"禁包"经娘母查禁后可以从病人身上"找出"。

3. 禁母会传染。祖先中有禁母，则后代也可能是禁母。不仅如此，使用禁母日常

---

① 有著作称这种类型为"主观禁人"，我们认为其含义与本文基本一致，但为了与本书前面的"无意禁人"相对应，我们采用了"有意禁人"的说法。

② 按照一般的逻辑，同一个黎族地区应该存在这样一个历史过渡时期：有的禁母是无意禁人，有的禁母是有意禁人，对此分别采取不同的处理方法，但遗憾的是我们没有发现存在这样一个时期的确凿证据。

③ 中南民族学院本书编辑组. 海南黎族社会调查（上卷）[M]. 桂林：广西民族出版社，1992：301.

④ 兵仔或称禁仔，禁鬼有很多兵仔，禁人都是通过它们进行的。禁仔饿了就闹着禁母去禁人，这就是禁母禁人的原因。

⑤ 上个世纪30年代，史图博有这样的记载："我们在七叉购买哈黎妇女的服装时，她们对我们抱着一种由迷信而来的恐怖心理，当我在那益收集哈黎方言的词汇时，他们都非常害怕。很明显，这是由于害怕当我懂得他们的语言之后，可能会把它用于巫术，老人甚至连数词也不想说。"[德] 史图博. 海南岛民族志 [M]. 广州：中国科学院广东民族研究所，1964：232.

所用的生产工具或生活用具、穿过她的衣服或和她的子女结婚都可能被传染上。"据说过去本村（乐东县第四区永益乡老村）有一贫穷的汉族妇女，因偷了禁母生产所用的水缸回家，而自己却被传染成为禁母。"① 至于某人是否确实被传染而变成了禁母，也要娘母查禁后确认才算。为防止被传染以及被禁母所禁，人们应疏远禁母以及她们全家。

4. 对禁母的处罚不能再仅仅是针对其不安分的灵魂，而要针对她们本人的肉体。因为禁母主观恶性大，危害严重，尤其是会对社会造成恐慌，所以处罚必须严厉。如果不杀死禁母，因为禁母具有特殊的体质和灵魂，即使在除禁后仍可能会再次禁鬼附体，所以最好的办法就是彻底消灭她们的肉体。② 杀死禁母，针对"禁"文化而言也就是消灭了禁鬼的宿主，禁鬼并不会死，但也不得不转到别的地方找新的宿主来附体。这并没有彻底地解决禁鬼禁人的问题，但确实暂时解决了问题。此外，处死致人死亡的禁母，这也符合"以命抵命"的朴素复仇观念。

## （二）"查禁"及"除禁"主体的变化

### 1. 娘公

这一时期随着社会的发展，男子也可以成为娘母，或称男娘母、娘公，黎语为"帕崩"，是男性（白）巫师的意思，其作用和女性娘母一样。一般认为，女娘母的法力要高于娘公。有意思的是，在"查禁"及从事其他宗教活动时娘母无论男女都要穿女性的衣服，包括上衣、花裙、头布、项圈和大耳环等。③

这时除了通过降神附体成为娘母外，有些人是通过"女承母业"或"子承父业"成为娘母的，有些人则是通过师徒传授成为娘母的。相比第一阶段又增加了传授这一途径成为娘母，不再强调一定是通过降神附体才能成为娘母。

以前娘母祭鬼是不收费的，一般只是需要病者家属提供祭祀用的米及鸡等基本用具，帮人除禁捉鬼可谓是助人为乐，纯义务性的。现在则不仅祭鬼开始收取少量的赠礼，而且师徒传授法术也要收取一定的费用。

---

① 中南民族学院本书编辑组.海南黎族社会调查（下卷）[M].桂林：广西民族出版社，1992：143.
② 这与历史上在发生大瘟疫流行的时候，人们在惊恐之下把患有严重传染病的人隔离开来并烧死他们，其思路是一样的。在西方国家的历史上，对于巫婆甚至是烧死或溺死，以"完全、彻底、干净"的方式消灭其肉体。这具有宗教上清洁的意义。
③ 这一现象应是母系氏族社会的残迹。参见：陈立浩，陈兰，陈小蓓.从原始时代走向现代文明：黎族"合亩制"地区的变迁历程[M].海口：南方出版社，海南出版社，2008：72-75.

## 2. 鬼公

不仅如此，这时黎族地区内部还产生了一种新的宗教人士——鬼公。鬼公，在黎汉杂居地区又被称为"叫鬼老人"。有些地区黎语称之为"奥雅都"，"奥雅"是老人的意思，"都"是鬼的意思；有些地区黎语称之为"帕柔（帕唠）"，"帕"即男人、男性、父亲的意思，"柔（唠）"即诵念的意思，两字结合起来即"专门诵念祖先鬼名的人"。[①]

鬼公都是男性，是某一家族中能沟通"祖先鬼"的中介人，一般是懂事而又记忆力较强者，要熟悉本直系家族谱系，他的主要任务是用黎语念已故直系"祖先鬼"的一切名字祭鬼。其传授方法一般都是世袭式的父传子。鬼公有小鼓、弓、雉毛、红布、无领长衣等法具。鬼公在合亩制地区享有较高的威信，熟悉本地民族情况。由于他们是在同血缘集团以内（而娘母活动范围则没有血缘关系的限制）进行宗教活动，一般不索取高报酬。其法力及社会地位不如娘母。他们与娘母在活动方面也有分工，并不完全重合（见下表）。

表3-1 毛道乡抱曼村娘母、鬼公祭祀鬼名一览表[②]

| 鬼名 | 仪式主持者 | 牺牲 | 性质 |
|---|---|---|---|
| 始祖 | 鬼公、娘母五人 | 水牛 | 恶鬼 |
| 二世祖 | 鬼公、娘母五人 | 黄牛 | 恶鬼 |
| 三世祖 | 鬼公或娘母 | 猪 | 恶鬼 |
| 雷公鬼 | 娘母 | 猪 | 恶鬼 |
| 地鬼 | 娘母 | 猪 | 恶鬼 |
| 灶鬼 | 娘母 | 猪 | 恶鬼 |
| 冤鬼 | 鬼公 | 鸡 | 恶鬼 |
| 吊死鬼 | 鬼公 | 狗 | 恶鬼 |
| 山鬼 | 娘母 | 鸡 | 恶鬼 |
| 孕妇鬼 | 鬼公 | 猪 | 恶鬼 |
| 禁鬼 | 娘母或鬼公 | 鸡 | 恶鬼 |
| 天狗鬼 | 娘母 | 猪 | 恶鬼 |
| 凤鬼 | 娘母 | 鸡 | 恶鬼 |
| 猎鬼 | 群众自己主持 | 鸡 | 恶鬼 |

填表日期：1956年12月

---

[①] 黎族的鬼名不是一般经常称呼的一个人的名字，而是另一个专门用于祭祀用途的名字。一般人不允许念祖先名，不管是自己的祖先名，还是他人的祖先名，只有鬼公在祭祀时才可以念，否则会无故招来祖先鬼给自己或他人带来灾祸。

[②] 参见：广东省编辑组. 黎族社会历史调查[M]. 北京：民族出版社，1986：61-62.

他们一般是通过学徒而从事这一行当的，其主要作用是念祖先鬼名，可谓黎族地区的知识分子。鬼公一般祭祀活动限于本家族范围，[①]因为其他家族的祖先鬼名他们不知道。尽管如此，他们可以和娘母一样查禁捉鬼，也穿民族服装，采用黎语来念咒，具有鲜明的黎族特色。

## （三）"查禁"方式的变化

这一时期前一阶段的"查禁"方法仍然存在，但有了一些变化。这主要体现在查禁时，娘母不是毫无意向性地问"是某某禁的吗？"而是在了解病情、何时何地得病以及得病经过后，先问病人以前曾经与谁发生过纠纷，与谁有仇或不睦，梦见谁对他施禁，最近谁闯入你家等问题，然后从这些人中一一筛查。

此外，这一时期出现一种比较新的"查禁"方法，其特点是：(1) 采用"茭杯卜"，且仪式明显变得复杂，非一般人所能了解其中堂奥；[②] (2) 首领的积极参与及主持；(3) 活动公开进行，"查禁"（及"除禁"活动）"广场化"。

这里是以1955年广东民族调查组所调查的海南保亭一区番文乡的情况为例，说明如下：[③]

他们（指团董、保正、保长、甲长等人）处理所谓禁母和斧头（即禁公）的方法是异常荒唐和残忍的。首先巧立名目，说是要捉禁母斧头是"为民除害"，强迫大家捐钱、米、鸡、猪、酒来赞助所谓"善举"，并由懂点文化的人登记，然后由他们安排择定一天，要全体群众无论男女老少齐集在指定的广场上，把男女分开有次序地坐于地上两旁。他们便坐于场中预先安排好的椅子上。场中还招出庙里的七爷公木偶放在一张特备的桌子上，排场布置好后，便在木偶前焚香化宝，另用一只陶饭钵装着酒，这时主持的道公便身穿便服，头裹红布，插着一根香，手持一把戒刀，刀把上悬着几枚铜钱，念一会儿咒，杀鸡放血入酒钵里（算是挂红），每一个到会的群众都得喝一口这样的生鸡血混酒，算是壮胆驱邪。接着道公又做起法事，用茭杯问七爷公，回正确的杯号（即阴、阳、赦三爻）后，一面口念念有词，呼呼怪叫，一面挥动戒刀，扣桌拍地，

---

[①] 祖先鬼主要以自己父系血缘男性自然死亡（非自然死亡的人则不可）的祖先构成。嫁入本家族外姓年长者的妇女在自然死亡后，也可归为本家族崇拜的祖先鬼行列。

[②] 这种占卜方法与汉族地区的方法基本相同，应该是从汉族地区传入的，因为在五指山腹地居住受汉族影响很小的黎族地区没有这种方法。

[③] 参见：中南民族学院本书编辑组.海南黎族社会调查（上卷）[M].桂林：广西民族出版社，1992：406-407.需要提醒读者注意的是：因为这是解放后调查所得的资料，这时已经出现了道公和禁公，但依据本书逻辑在"禁"习惯法发展的第二阶段应该只有娘母和禁母。限于古代资料收集的困难，笔者只能以近代的事例而推知古代的事例，对此希望读者给以谅解。

道公查禁的道场

同时旁有一人敲锣配合动作。一会儿道公突然作出昏昏迷迷状态，呼呼怪叫不绝。这时有两名所谓"禁止"（具体缉拿禁的人，道公的助手）拿着绳索（或藤条）追随道公东奔西跑。道公装起"降公"（表示神降身）来，手挥着戒刀，旋转于群众的队伍里进行所谓"查禁"。这时群众们无不战战兢兢，惊惶起来口中喃喃祈求："祖公斧青天有眼，查出真正的禁母和斧头，不要冤枉了好人。"道公经过四五次的环绕周旋以后，选定了对象，便祭起戒刀，拿在手里，用戒刀斩人，若刀向谁斩来，谁便是禁母或斧头。

还有些地区，采用娘母"查禁"。"查禁"时，娘母身穿女服，衣领上绣有花纹，头戴红布、帽子，衣服肥大，同时要打锣，挥动铁箭，全身颤动。① 其余与上述方法相近。

"查禁"除了上述方法外，还有"做梦"、"跨栏"、"放枪"等方法，具体来讲又有主要方法及辅助方法之别。在崖县（现在的三亚市）二区槟榔乡，甚至病人做梦梦到某个人禁他，病者将此梦告知村人，则被梦者就被公认为禁母。有的仅仅自己梦到还不行，还必须经过娘母的占卜才能确认。同样是在槟榔乡，如果鬼公或道公查不到禁母，病者也梦不到禁母，则在这种情况下召集全村的妇女，让她们跳栏，如跳不过

---

① 中南民族学院本书编辑组.海南黎族社会调查（下卷）[M].南宁：广西民族出版社，1992：91.

去的就是禁母。① 此外，在保亭县第三区毛道乡也有这样的辅助梦判的查禁办法："如病者在梦中梦到有人禁，但不知道是谁时，醒来后，在屋外向天鸣枪，哪个妇女听枪后，吓得大叫一声，她便被认为是禁母。"②

占卜查禁活动，有的一般群众就可以，并不一定要请宗教人士；有的是仅仅需要一个宗教人士如娘母占卜查一次即可，有的则在不容易查出的情况下，要多次占卜，或多个人占卜结果一致才可以确定。③

### （四）"除禁"方式的变化

这时的"除禁"严格来讲，包括两个方面的内容，一种是原始宗教意义上的相关祭祀活动（包括狭义的"除禁"祭祀和"解禁"祭祀在内），另一种是对禁母的处理。限于研究的目的，本文主要探讨后者。

#### 1. 病人家属祭祀"解禁"

病人要想知道谁在"禁"他，就得请"鬼公"查"禁"。查"禁"时须备一碗白米，三炷香，三枚铜钱。"鬼公"作法时全身颤动，闭起眼睛，不断打筊杯卜卦，直到他认为已查到谁在作"禁"为止。若"鬼公"只查出是一般的鬼使人生病，便马上告诉病者的家人，叫他回家去杀鸡或杀猪做鬼，可除病祛邪。若查出是"禁母"、"禁公"作怪，"鬼公"则不肯马上说出来，等到病家恳求五六次之后，才说出谁是"禁母"、"禁公"，并要病家拿出牛肚、牛肠、牛肝各一副，2尺长的大鱼1条，小鱼12条，白鸟、白鼠、白羊、蚂蚁各1只，大石头1块来"解禁"。祭毕，娘母即在漆黑的夜里拿起稻草扎成的三个小草人（一大两小），用树叶包一些米饭和酒糟，走到村的岔路口处摆放，叫着作"禁"者的名字，指着作"禁"者居住的方向，请"禁"鬼来领祭品，这样便能安定"禁"魂，不再来缠扰病人了。④

#### 2. 强迫禁母祭祀"除禁"

在前一阶段中所述的"除禁"方法在这一阶段仍然存在，只是有少许变化，表现为进一步的复杂化。前一阶段因为禁母是"无意禁人"，并不强求禁母承认，同时一

---

① 中南民族学院本书编辑组.海南黎族社会调查（下卷）[M].南宁：广西民族出版社，1992：228.
② 广东省编辑组.黎族社会历史调查[M].北京：民族出版社，1986：61.
③ 中南民族学院本书编辑组.海南黎族社会调查（下卷）[M].南宁：广西民族出版社，1992：586.
④ 高泽强，潘先锷.祭祀与避邪：黎族民间信仰文化初探[M].昆明：云南民族出版社，2007：37-38.

般禁母知道后也乐意主动承认并配合"除禁"。这一阶段的"除禁",因为禁母都是"有意禁人",主观故意的,因此都要求禁母自己承认其施禁行为,而禁母一般都拒绝承认,这时往往就会出现刑讯逼供的现象。有些被查出为禁母的人拒绝承认自己为禁母。这时往往病人家属会采取辱骂、威胁等手段对禁母提出警告,强迫禁母请娘母来通过祭祀"除禁"。①

### 3. 强迫禁母饮血发誓

值得关注的是,在有些地区并不杀死禁母。一般是通过娘母举行一个仪式,强迫禁母承认自己施禁,然后让她们饮鸡血,并发誓,保证自己不再禁人,否则甘愿被雷公劈死,此后即不再进行处理。②

### 4. 公开杀死禁母③

一般有枪杀、尖刀杀、木棍当头打死三种。在上述筊杯卜的"查禁"方法中,查出禁公或禁母后,"那两名'禁止'马上拿绳索将她或他捆起,拖到坡上用唵枪枪毙,或是当时被捆禁母或斧头的家属或兄弟苦苦恳求,让她或他服毒而死"。④禁公或禁母的家属因为喝过鸡血酒,同时他们又笃信巫术,所以他们没有人起来保护家人,进行反抗,不仅如此,他们甚至没有任何口头的辩解和反对。⑤

更令人发指的是,有人查出自己的亲人是禁母,丧尽天良地杀死。如解放前通什地区(现在五指山地区)恶霸地主王老贯杀"禁母",连亲姐妹也下毒手。他的大姐乌纹,嫁到什平村,育有子女,丈夫死去。回住娘家,老贯家里的人生病,诬称其姐施禁,问"三伯公"(即海南方言所说的"道公")也说是,于是,他派出家丁押大姐到南圣河活活溺死,遗下孤儿两人,十分凄惨。多年后其外甥王老川提及此事,仍怒火中烧。王老贯的胞妹乌春,嫁到通庭村,育有3男2女,最小的正在哺乳。老贯的

---

① 中南民族学院本书编辑组. 海南黎族社会调查(下卷)[M]. 南宁:广西民族出版社,1992:143.
② 中南民族学院本书编辑组. 海南黎族社会调查(上卷)[M]. 南宁:广西民族出版社,1992:342.
③ 根据"禁"习惯法初始阶段的"除禁"方法,我们似乎可以合理地猜测,在后面的"除禁"方法演化中应该有一个"把禁公禁母抛到河里淹死"(对应"禁母洗澡")或"把禁公禁母烧死"(对应"过火堆")的阶段,而这两种方法在大陆汉族以及欧洲的历史上都曾被用来处罚女巫,因为火的焚化具有被除不祥的清洁意义,而水也具有清洁作用。但在目前笔者所了解的黎族资料范围内仅发现少量的溺死及威胁溺死禁母的事件,而没有发现有关烧死禁母事件的记载。是否黎族地区曾经存在烧死禁母的事件,还有待于我们进一步研究证明。
④ 中南民族学院本书编辑组. 海南黎族社会调查(上卷)[M]. 南宁:广西民族出版社,1992:406-407.
⑤ 中南民族学院本书编辑组. 海南黎族社会调查(上卷)[M]. 南宁:广西民族出版社,1992:449-450.

但也是人们认识上的一个重大进步。现实中就有这样的例子：有人实在熬不过刑讯逼供，承认了施禁，结果被杀害；而也有些人坚决不承认，最后在"如果病人死亡就要杀死你"的威胁下被释放。①

### 2．认定禁人行为需要有证据

人们已经不再满足于娘母一人神秘地认定禁母的做法，需要从理性上来理解为什么把某人定为禁母，有什么依据，自然客观上就要求拿出理由来证明禁术的存在，"口说无凭"。因为禁母往往被杀死，人们不能容忍娘母随随便便一说就决定一个人的生命。所以这时为了满足人们的心理需要，出现了证明禁术存在的客观证据——"禁包"。②尽管我们知道，所谓"禁包"都是娘母使的把戏，通常都是她们事先在家里准备好了的，藏在衣袖内，然后通过障眼法，像变魔术一样从病人身上拿出来，但在当时这确实是一个由不得人们不信的客观证据。"如果甲家被乙家诬其有禁母，甲家便联合两亲家的兄弟向乙家家族兴兵问罪，理由为：'禁母我们是相信的，如果你们（指乙家的人）能拿出证据来（如禁包、短箭等），那么我们愿意把她送给你们马上杀死。'"③它从一个侧面代表了人们的理性认识水平提高到了一个新的阶段。④

不仅如此，人们还意识到"暗箱操作"往往是不公正的，因此需要"看得见的正义"，也即审理禁母案件要公开进行，以接受大家的监督，否则判决结果不具有正当性和权威性。所以这时的审理采取了与以往大为不同的群众大会的方式。

### 3．娘母收礼合理

以前成为娘母主要是由于降神附体，关键不在于跟老娘母学徒，况且当时祭鬼也容易学，比较简单。现在则娘母作法越来越复杂，不易掌握，花费的精力也比较大，自然这时娘母作法开始收取一定的费用。同样的原因，因为授徒过程是一个费时、费力的过程，收费也就是很自然的事情。反过来讲，如果娘母为了学徒花了不少的费用，而后来自己作法不收取任何费用，则显然当娘母是一件入不敷出的"赔钱的买卖"，长期以往这个行业也就会支撑不下去了。

---

① 中南民族学院本书编辑组．海南黎族社会调查（上卷）[M]．南宁：广西民族出版社，1992：447-450．

② 广大的汉族地区，巫蛊害人所使用的不是"禁包"，而是巫毒娃娃之类，而在世界其他落后地区也存在类似禁包的巫术害人的证据。如澳大利亚土著巫师会从病人身上"吮吸"出"一小片骨头或者石头或者煤炭或者其他什么东西"等。参见：[法]列维-布留尔．原始思维[M]．丁由译．北京：商务印书馆，1981：263．

③ 参见：中南民族学院本书编辑组．海南黎族社会调查（下卷）[M]．南宁：广西民族出版社，1992：588．

④ 也许这种嫌疑人及其家属的质疑活动不断增多，进一步扩展，会使得占卜裁判这种原告单方参与的方式逐渐衰落，而转变为原被告双方积极参与的典型的神明裁判方式。

黎女三代

　　这里的费用名为赠礼，实则是对祭鬼及授徒活动付出辛劳的酬谢，以及隐含的耽误生产劳动的补偿。人们认为无端白白占用别人的劳动是一件不道德的事情，对于专业性的劳动更是如此。因为这时已经出现了私有制的萌芽，人们的私有意识有所增强。① 如：本来黎族地区婚姻是自由的，讲求情投意合，这时也逐渐出现了收受彩礼的现象。娘母这一行业（从医生的角度，而不是从神职人员的角度）从不收费到收费，这类似于律师行业发展中的现象。在古代欧洲律师职业刚出现的时候，律师服务也不收费，② 后来因为学习法律的费用（不限于学费）很高，律师执业的各种成本也居高不下，为了维持这一行业正常运行，律师活动不得不开始收费，不仅如此，费用还越来越高。

## （二）男性社会地位的提高

　　随着黎族地区进入父系氏族社会后期，男子在社会上的地位得到提高。这主要体现在：家庭中以男性为主，女性为辅；男性继承财产，女性不继承财产；离婚后母亲不能带走孩子；首领基本都是男性，尽管女性也有一定的领导权，如合亩制地区亩头的妻子可以领导妇女劳动。自然，还有本文所关心的重要一点是：宗教祭祀等活动不再由女性独占，男性也可以当娘母（或称为娘公），并且到了后来大部分娘母都是男性。娘母从女性专属的行业，变为男女都可以从事的行业，其原因仿照毛泽东先生所讲的，我们可以这样说："时代不同了，男女都一样，女性能做到的事情，男性也一定能做得到。"尽管如此，娘公在作法时，一定要穿原来娘母穿的女装，这体现了历史的继

---

① 卢梭认为："谁第一个把一块土地圈起来，硬说'这块土地是我的'并找到一些头脑十分简单的人相信他所说的话，这个人就是文明社会的真正缔造者。"（见：[法]卢梭. 论人与人之间不平等的起源和基础[M]. 李平沤译. 北京：商务印书馆，2010：85.）在黎族地区我们无法找出第一个圈地的人，但我们相信这样的事件也一定在黎族地区出现过，尽管这个过程实际上是漫长的，充满反复的。

② [美]约翰·麦·赞恩. 法律的故事[M]. 刘昕等译. 南京：江苏人民出版社，1998：154-155.

承性及转变过程。① 同时，黎族百姓还普遍认为娘母比娘公的法力要高，显示娘母在宗教活动中处于更加正统的地位。

这一时期产生了鬼公这一宗教人物，应该是父系氏族制度强化的体现，同时也是黎族的信仰由自然崇拜为主向祖先崇拜为主转变的信号。鬼公都为男性，这也意味着男性地位的提高，因为实际上他"夺取了"一部分原来娘母的祭祀职能，并把这部分祭祀职能据为男性所专享。鬼公主要作用是念祖先鬼，基本上不会治病，是否这也暗示黎族社会文化内部医学（娘母为巫医，以治病为主）与宗教（鬼公为祭祀师，以除禁、解禁为特色，法术比娘母高强）某种程度的分离，尚待研究。

## （三）世俗权力与神权的初步结合

随着私有制的产生，黎族地区的合亩制有解体的趋势，内部出现了一种新的合亩形式——有外来人员组成的合亩。同时，合亩内产生了龙公和龙仔及工仔阶层，贫富分化，社会压迫现象出现，首领与民众地位产生明显的差别，以及国家统治的增强，黎族地区由无阶级社会向阶级社会转变。这时黎族地区本来与一般民众地位平等的首领越来越拥有了特权，逐渐成了地位高出众人的官员，虽然他们仍具有双重身份，但基本上已经成为了统治阶级的一员。他们积极地介入查禁、除禁活动，这样世俗权力与神权在"禁"习惯法中就结合在了一起，"禁"习惯法也就被涂上了一层官僚压迫民众的色彩。

### 1. 神权需要世俗权力

国家在黎族地区长期施行"以黎治黎"的"土舍土官制"，促进了首领向官员的转变。现在首领成了名副其实的具有强大权威，且有政府作为后盾的地方官员。在"查禁"和"除禁"中首领发挥着越来越大的作用，实际上他们变成了禁人案件审理的主持人——类似于现代的刑庭庭长。他们指挥和控制着整个过程，娘母等人似乎成了他们的技术人员（类似刑事侦探）。娘母等宗教人士需要首领的介入，否则"禁"习惯法的强制力就没有保障。没有首领的参与及认可，"查禁"的权威就大打折扣，而要"除禁"杀死禁母则几乎成了不可能的事情。

### 2. 禁母逐渐成了世俗意义上的坏人

这一阶段禁母的身份由于世俗权力的介入，也发生了微妙的变化。前一阶段，禁母可以为任何身份，贫富、岁数大小以及容貌不限，而这一阶段尽管"查禁"还是采

---

① 男巫穿女巫的服装，这是历史普遍现象。如我国鄂伦春族的男巫在行巫术时，也必须穿女装。

勤劳的黎族妇女

用"鬼判"的方式进行，形式上客观公正，禁母的身份在表面上仍可为任何人，如不排除是病者的亲属，但现实中却有明显的倾向。

禁母多是与病人不睦或有仇的人，这已经具有明显的世俗色彩，可以通过理性来理解，表明人们认识水平的提高。[①] 现代社会中在一个人蹊跷生病的情况下，有时我们也会怀疑是仇人下毒。除此之外，禁母还往往是一些被世俗道德观念所不容、被人歧视的人。如黎族赛方言的禁母"往往是贫穷的寡妇或妇女，自卑心重，被人看不起，行为也每为群众不满。"[②] 据清人张庆长《黎岐纪闻》的记述（黎人）"妇丧夫，黎人谓之鬼婆，无复敢娶"，也反映了这一点。

进一步与此相伴随的是，"鬼判"中的"鬼"的意志变得越来越与以首领为首的有权有势的人的意志相似了。同时，即使娘母查出有权有势的人的家属为禁母，因为怕惹祸上身也不再敢明确说出禁母的身份了，自然首领家属也就不可能成为禁母，而相反那些与首领不睦及惹首领讨厌的人成为禁母的可能性则越来越大。

### 3．娘母等人的权威相对有所削弱

以前，娘母在认定及处理禁母上具有绝对的权威，任何人不得有丝毫的质疑。现在则既需要首领的世俗权力来保障处罚的进行，又需要民众歃血发誓来保证除禁活动正常进行，不受干扰。尽管世俗权力的参与是对娘母等人宗教活动的支持，民众发誓因其具有神明裁判的特点也并不意味着人们的宗教意识的减弱，但毫无疑问，这两种现象都意味着娘母等人在"禁"习惯法中的权威有所削弱，因为仅凭其自身的权威已经不足以服众，更不足以保证对禁母处罚的顺利进行。

但必须明确指出的是：娘母等人权威的削弱是限于"禁"习惯法中，且相对于世俗官员而言的，而从绝对的意义上来讲，她们（他们）的权威其实是不断上升的。如以前虽然是她们（他们）自己就可以决定（表面上是鬼决定）某人是否为禁母以及具体的除禁方式，但当时并没有伤害禁母身体的权力。现在虽然要有官员给以支持和配合，但实际上却操有决定禁母生死的大权。

---

[①] 非洲的土著人也有类似的思维。如在百多年前的南非曾经有一个年轻的寡妇患病死亡，人们把这病归咎于一个男人，因为这妇女曾经拒绝嫁给他，他就给了她一把大麻叶抽。参见：[法]列维-布留尔．原始思维[M]．丁由译．北京：商务印书馆，1981：364．

[②] 曾昭璇，张永钊，曾宪珊．海南黎族人类学考察[M]．广州：华南师范大学地理系，2004：232．

# 第四章

## 封建社会黎族"禁"习惯法的兴盛

很久很久以前，在海边居住着一户人家，这家人也不知从哪里来的，就孤零零地住在那里，女的生下一男一女两姐弟后就死去了。后来，男的不知从什么地方继过一个又懒又恶的继母。这个恶继母无情地虐待这两个孩子，父亲却不敢吭一声。

恶继母想尽一切办法折磨姐弟俩，她把煮过的山兰谷种叫姐弟俩上山种，长不出芽便大骂姐弟俩是禁鬼，叫父亲把孩子们送上南巴山上饿死。父亲不敢违抗，便欺骗年幼的孩子们说要带他们上南巴岭种山兰。……

——黎族《大田》传说[①]

"禁"习惯法的兴盛阶段是黎族"禁"习惯法演变的第三阶段，基本上处于自大陆封建社会后期，即明朝中期至海南解放之前中华民国时期。其基本特征在于大陆朝廷对海南黎族聚居的大部分地区实施有效控制，并且汉族文化对黎族文化产生了重大的影响。随着国家对黎区统治力量的增强，国家法开始在黎区实施，这对黎族"禁"习惯法从整体上产生了不可逆转的具有重大意义的转变。这一阶段距离现代尚近，文献资料丰富，使我们得以窥见"禁"习惯法多姿多彩的表现。

# 一、封建社会黎族地区的社会基本状况

## （一）朝廷统治增强，汉人大批涌入

通过大陆朝廷的多次对海南黎族的用兵，各种统治政策的成熟，统治阶级已经对海南大部分地区实施了有效的统治。总的来说，最迟到明代中期（16世纪中叶）封建社会的生产方式在广大黎族地区已经占据了统治地位。与此同时，随着国家统治力量的增强，自汉朝开始，鼎盛于元代，在黎族地区实行延续了2000余年的土官制度，在清代走入衰落，实施"改土归流"政策。这期间，明朝海瑞奏《平黎疏》和《上兵部条议七事》，清朝冯子材制定"扶黎"章程十二条，大陆朝廷对黎区的统治日益强化。到了民国时期，1935年陈汉光"扶黎"期间，当时的广东省政府设立"琼崖扶黎专员

---

[①] 转引自：龙敏. 黎山魂[M]. 海口：南海出版公司，2002：236.

人畜和睦的黎村

公署",批准设立了白沙、保亭、乐东三县,并把在汉区实行的团董保甲制度扩展到这些地区。这结束了黎族中心地区没有设县治的历史。

明代海南岛的经济文化比之前有了显著的发展,首先表现在人口的增长方面。据洪武二十六年(1393年)的统计,全岛共有六万八千五百二十二户,二十九万八千零三十人,①比之元代有了成倍的增长。在这期间由于汉人的大规模涌入,黎汉人口对比也已经发生了变化。到了清代嘉庆年间,大陆移民已经达到149万人,②一跃超过了黎族人口,变成是汉人多黎人少,同时也再不是黎人把汉人黎化,而是汉人把黎人汉化。这一时期甚至产生了这样的说法"定安无海,文昌无黎"。文昌本来是有不少黎族的(没有倒是很奇怪的事情),但后来有一部分黎族估计是被不断涌来的汉人排挤到其他地方去了,但大部分应该是被汉族同化了。文昌市抱罗镇的名称就是来源于黎语,"抱"是村庄的意思,"罗"指一种当地的植物。这一历史阶段海南岛上黎汉的分布已经发生了明显变化,形成这样一种格局:黎族居住在岛中南部的山区,而汉族则占据着包括沿海平原以及大片丘陵地区在内的岛上大部分地区。

随着封建制度的巩固,大部分黎族地区的阶级分化也越来越严重。据《黎岐纪闻》记载:当时社会上是"以牛只之有无多寡计贫富",铜锣也是重要的贫富标志之一。贫者连一头牛都没有,而富户则有牛数百头之多,③而且收藏六批的铜锣,"以十数牛易一锣","藏铜锣多而佳者为大家,犹外间世家之有古玩"。甚至在服饰、婚聘、丧礼等等,"亦随贫富而为之"。土地买卖和典当也很盛行,田租、牛租和雇佣劳动的剥削也很普遍,使土地不仅大量集中在黎族地主阶级的手里,汉族的绅衿、里正、大户

---

① 广东通志 [ 嘉靖 ][M].

② 大清一统志 [M].(169 册)

③ 白沙起义领袖王玉锦解放前为黎族首领,还曾为国民党红毛乡第三保保长。据笔者调查时其女儿介绍,听她奶奶讲她家曾有牛上千头。这显然有些夸张,不过也说明了黎族地区的贫富悬殊。

等也通过各种欺诈手段占夺黎族的土地，使大量的土地被汉族地主阶级掠夺了去。

这一阶段由于汉族与黎族交往很多，关系密切，虽然还有生、熟黎之说，但已无生、熟黎之分。黎族百姓与汉族百姓联合起来发动起义，反击官方的统治，已经成为常态。如康熙十九年（1680年）汉人谢昌、杨二和黎人韩有献联合的反抗活动。光绪十一年（1885年），临高、儋州一带黎汉人民在汉族人黄邹强的领导下发动的大规模的农民起义。①这表明阶级矛盾已经上升为社会的主要矛盾，民族矛盾则退为其次。

## （二）道教的传入及传播

在宋代海南岛还被人们视为文化落后、风气闭塞的"南荒"之地，到明代已是"文风丕变，鼎臣继出"，出现了"习礼仪之教，有华夏之风"② 的新局面。据"方志记载：洪武二年，董俊知昌化县，'作兴学校'"；万历年间，林如楚以按察副使分巡海南，"立社学，化黎童"。③ 黎族地区广建社学，请老师，教书仪，"黎人因此知学"。据《钦定学政全书》卷64、《清史稿》卷308《潘思矩传》以及《清史稿》卷297记载：在昌化、感恩等县设立义学，即民众捐资兴建的学校，选择老师，教授黎人子弟习汉语、汉字及封建文化。对黎人子弟入学，不加歧视。《儋县志》卷11《文艺志》载："近边熟黎，耳濡目染，渐慕华风。其黎酋有遣子除外就学者，有延师课读者，其富人有欲授例以求顶戴者。"

这一时期海南岛上出现了在中国历史上都赫赫有名的人物，如白玉蟾、丘濬、海瑞等，汉人文化已经在整个海南岛居于主流及正统的位置。黎人学习汉族文化成为时尚。不仅如此，在这一阶段后期由于很多黎人都会说汉语（海南方言），以至于黎族地区的歌曲也分为黎语歌曲和汉语歌曲两种。更有甚者，甚至在社会发展最落后的合亩制地区，会汉语（指汉语海南方言）已经成为当亩头的一个先决条件。

道教在海南的传播，大约始于唐代，至北宋初年，影响扩大。谪居海南的国家官员往往以居士自居，同时广交道士。如南宋的李光就与道门中人往来密切，他著有《玄珠吟》、《赠裴道人》等也反映了这一点。④ 海南出生的白玉蟾学道传道，影响自不必说。⑤

---

① 参见：《广东通志》、《琼州府志》等有关记载。

② 见：吴永章.黎族史[M].广州：广东人民出版社，1997：459-460.实际上，在这以前就有黎族相应汉族起义的记载。如：宋末咸淳年间（1265—1274）吉阳军（现在三亚市一带）黎族人民响应汉族陈公发、陈明甫的起义。见：顾炎武[明].天下郡国利病书[M].（卷一百二·广东六）

③ 琼州府志[道光][M].（卷三十·官师志）

④ 参见：方鹏.海南岛历史民族与文化[M].海口：南方出版社，2003：168-171.

⑤ 白玉蟾（1194-？）为南宋道士，生在琼州并在琼州传教，是道教南宗第五代传人，"南五祖"之一，道教内丹派南宗的真正创始人。白玉蟾可谓海南历史第一文化名人，据称海南定安县的文笔峰是其最终归隐之地，现在人们在文笔峰山麓下建有玉蟾宫道观。

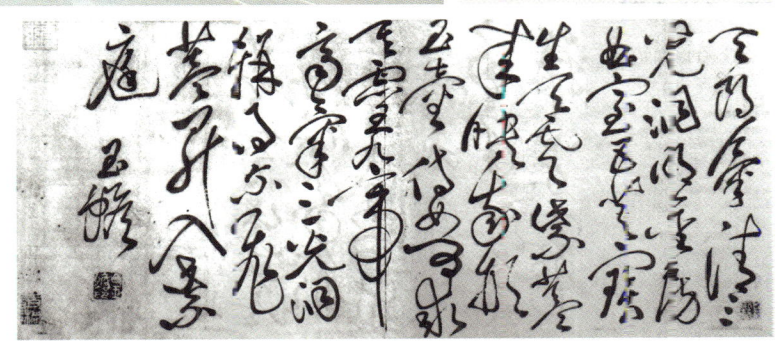

上左图：玉蟾阁

上右图：白玉蟾像

下图：白玉蟾书法

此外，宋末元初著名的黄道婆，本名黄四娘，年轻的时候跟随道士来到海南，开始人称黄道姑，三十多年后岁数增大，人们才改成黄道婆，这一事例也说明了道教在海南的影响。[①]

大约自北宋时期黎族地区传入了道教，到明末清初道教已经在黎区非常兴盛。[②] 因为黎族自己的原始宗教与道教的理念类似，都崇拜自然，二者逐渐融合。娘母及鬼公在宗教活动中的权威地位受到了强烈的冲击，结合黎族自身特点的道公开始出现了。黎族不少地区的百姓都说道教、道公是从汉人那里传来的。解放初期在乐东县的调查资料记载："据什益村容国光叙：本地之有道公，至今已有四代的历史。据说初时千家市有不少从崖县四区迁来的汉人，他们把道教也带进来了。当时附近的黎族看见汉人请道公做鬼，把病医好，于是也开始请汉人道公（汉道公，以汉语海南方言念经）来做鬼，后来更直接请汉人道公教黎族做鬼，从此这一带的黎族便有了本族的道公（黎道公，以黎语念经）。"[③] 有学者把这种变化概括为以下几点：一是"鬼魂"变"神明"，[④] 二是"鬼公"（娘母）变"道公"，[⑤] 三是"实物符"变"画符"，四是"占

---

① 参见：[元]王逢.梧溪集（卷三·黄道婆祠有序）[C]∥文渊阁.四库全书（第12-8册）台湾：商务印书馆（影印版）；谭其骧.自汉至唐海南岛历史政治地理[J].历史研究，1988（5）；叶春生.民间信仰的升华与超越[G]∥岭南圣母的文化与信仰：冼夫人与高凉.哈尔滨：黑龙江人民出版社，2001.

② 高泽强，文珍.海南黎族研究[M].海口：海南出版社，南方出版社，2008：291.

③ 中南民族学院本书编辑组.海南黎族社会调查（下卷）[M].南宁：广西民族出版社，1992：141.

④ 尽管黎族人也会谈到神明，尤其是道公等宗教人士，但在一般老百姓那里还是神鬼不分，神灵在这里也都被降格为"鬼"。

⑤ 在解放初期的调查中，不少地方的百姓讲"道公就是娘母，娘母就是道公"，这说明了娘母转变为道公的现实。参见：中南民族学院本书编辑组.海南黎族社会调查（下卷）[M].桂林：广西民族出版社，1992：22.

卜择地"变"看风水"。① 当然，由于黎族历史发展的缓慢性及不平衡性，各种宗教人士及各种祭祀方式仍共存于人们的生活中。

黎族的道公与汉族的道士有着渊源上的，至少部分的联系，如道公这个名称应该就是南派道教传播的结果，表面上二者就是一回事，②但实际上却不然，不能把它们混为一谈。这主要表现在以下几个方面：1. 道公代表的信仰是黎族原始信仰与汉族道教，甚至汉传佛教的混合物，道公可谓是娘母与汉族道士、佛教僧侣的统一体。③ 2. 道公不念道德经，而是念自己的道公经，这种经是在传统巫术和咒语的基础上，吸收道教经义而形成的，以口头传诵，无文字记载。道公都为男性，没有道观，也不云游四方。3. 道公可以结婚，一般在饮食上禁忌也不多，可以喝酒吃肉（但禁吃狗肉），并不靠当道公为业，平时和大家一样穿便装参加劳动。4. 道公与娘母一样，不属于行政管理意义上的宗教人士，并不被官方归为某一教派，更不在官方宗教人士名单上登记入册。5. 这种信仰的传承完全靠习惯来维持。道公收不收徒弟，收几个，什么时候收，依据什么标准，要多少学费，如何教授，教授哪些内容等都不接受官方的指导，不受干涉。6. 这种信仰对官方的统治活动一般毫无影响，或只具有间接的微弱的影响。

## （三）有关"禁"习惯法的历史记载

关于黎族的文化自汉朝元封元年就开始有明确的记载，后来逐渐增多，这其中包括不少有关黎族宗教信仰的内容，如雕题等等。到了宋代关于黎族宗教信仰的记载很多了，也比较详细，如各种占卜等等。但真正在文献中明确记述黎族"禁"文化则是明代以后的事。下面引述的是这些历史记载的一部分。

据《明史·刘仕貊传》载：洪武十五年（1382年），授广东按察司佥事，分司琼州，"琼州善蛊。上官至，辄致所产珍货为贽。受则喜，不受则惧，按治，蛊杀之，仕琼者多为所污。仕貊廉且惠，轻徭理枉，大得民和。虽却其贽，夷人不忍害也"。

清·李调元《南越笔记》卷七载："黎善咒鬼，能作祟。或与客商抵牾，即咒其已亡父母，逾时其人身如火炽，头腹交痛。"

清·光绪《崖州志·黎防一·黎情》载：黎人"常以蛊毒禁厌杀人"。

---

① 高泽强，潘先锷.祭祀与避邪：黎族民间信仰文化初探[M].昆明：云南民族出版社，2007：204-209.
② 海南的道教为南派道教，但似乎黎族的道公并不特别尊崇白玉蟾，也不念其经书。
③ 道公的观念有不少是佛家的观念，如念咒的内容包含佛家思想，有些法具也是佛家的，如在一次调查中，出乎笔者预料的是，道公竟拿出了一尊作为法具的多面佛像。

据1937年出版的《海南岛民族志》记载①:"打空的客家商人,是一个能冷静思考的男人,他给我们说了他本人的经历足以表明黎族的巫术在实际上起作用的千真万确的证据。据说他曾经在买卖上遇到过一个有恶感的黎族男人,恰好他用米做饼子时行过他家,对米施行了巫术,全部的米饼子就没有了。这时候商人不得不把那个男人请回来,亲切地与他谈,请他宽恕。于是,那个男人说要些少谷,并对谷施行咒语,才解除了巫术。在黎族,像这样的巫术是可以做很大的祟。"

## 二、"禁"习惯法的兴盛

### (一)保亭毛盖乡的调查资料

这是解放初期国家组织民族调查时,在海南保亭毛盖乡的调查所得,有关"禁"习惯法的具体内容引述如下:②

毛盖乡的禁母,当地称为"$pi^{53}ki:m^{53}$"。禁母多是已婚的妇女,少数为未婚少女。禁母禁人时是由一"小鬼"(原语为"$di^{35}ki:m^{53}$")作祟的。这种"小鬼"的模样"身高不及一公尺,手指甲长得很长",是由禁母的灵魂变来的,有的禁母会变出两三个。这"小鬼"受禁母的指使去禁病或禁死她所仇恨的人。"小鬼"在接到禁母的指示后,即在禁母日常所用的小箩中取出一张五寸长的小弓,把禁母的"禁包"(是用一破衣服的碎布,内包有蜂蜡和猪毛,形状大小如桂圆一样),用弓射进病者的身上,从此病人的命运便操在这"小鬼"的手里,直到道公为病人解禁,从病人胸部把"禁包"拿出来为止。

保亭七仙岭温泉

寻查禁母的做法称为"抬公查禁"(指把祀奉的木偶抬到广场上来查禁)。详细过程如下:当病人久病不愈时,其家人即向当地的总管、哨官、头家之类请求查禁母,

---

① [德]史图博.海南岛民族志[M].广州:中国科学院广东民族研究所,1964:85-86.
② 中南民族学院本书编辑组.海南黎族社会调查(二卷)[M].南宁:广西民族出版社,1992:447-450.

希望他们能支持做一次"抬公查禁",因为做一次需经全乡人的同意,并且由全乡人出钱、出米协助,当总管答应并得到全乡人同意后,便择定时间举行。在征得乡人同意后,大家就要认捐钱米帮助病家,即使是被疑为禁母的人的丈夫也一样要认捐,以备查禁时大家饮酒。"抬公查禁"那天,全乡群众集中在村前草坪上,男女分列两边,由总管或哨官当众讲话,并杀一只鸡与各男子喝血酒,对饮便问:"如果查出你的妻子或母亲是禁母时,你会埋怨吗?如果杀死她,你认为如何?"至此,对饮的群众只得回答:"若查出,我没有意见。"接着,道公即进香念咒,抬着神像(木偶)先经过男子们的面前,然后再到女方的一排。突然道公把木偶放在某一妇女身上,这便决定她是禁母,仪式至此便告结束。

在未举行此仪式之前,病人家属已和道公商量好,要指定谁是禁母,所以到时只是履行形式而已,被指为禁母的家庭在事前也略有所闻,但在这种情况下是不能反抗的。当道公把木偶放在被指为禁母的妇女身上后,总管等人便让两名中年男子把她捆绑起来,全乡群众杀猪喝酒,禁母被绑后即拉到木架上吊起来,并用各种酷刑毒打一顿。强迫她坦白承认自己禁病别人,如不承认,便用狗血汤灌进口中,并用各种酷刑来逼供,直到翌日晨才把这血肉模糊、奄奄一息的妇女拖回她丈夫的家中。这时禁母的丈夫因喝过血酒,在群情激奋之下,不敢收容自己的妻子,直到由夫家的同祖先某人向病者和总管等人保证,以后要使病人痊愈,否则便把她杀死。这样才算结束。但是被指为禁母的人的丈夫怕病人一旦死了,他便要亲手杀死自己的妻子或负责赠偿"抬公查禁"的全部开支,因此往往从山上找一些毒药回来放进妻子的饭碗里,无辜地把她毒死。黄德元老人讲他一生见过三次"抬公查禁",其中有两次被指为禁母的誓不承认,后来经老人担保,而病者以后痊愈了才免于难;另一次被指为禁母的人被迫承认了,并在病人身上取出了"禁包",回家以后被自己的丈夫毒死了。

除了以上用残酷的手段处理禁母外,还有一种处理的方法是由禁母本人的家属请道公来替她"解禁"。过程是这样:用木条架一木楼,下烧火一堆,道公在楼上念咒后,便带领该妇女在楼上跨过火堆,并带她到河里洗澡穿新衣服,然后便回家,自此她不能吃鸡、狗、猪肉。

## (二)"查禁"及"除禁"的主体变化

以前仅有娘母、鬼公两种宗教人士,现在又产生了一种新的宗教人士——道公,或按海南话称为三伯公。道公,黎语音译为"帕颤","帕"是男人,"颤"是"查"的意思,两字连起来就是"由男人来查鬼"。"道公"是"太师老爷公"地祇的化身,是从汉区传入的,其性质是一种巫医,法具有巫印、木头公仔(俗称"马元帅")、刀、鸡毛一束、牛角、驱鬼索、法帽、铜铃、神剑、筊杯等。作法时，吹牛角、手摇铜铃，双眼紧闭，全身颤动，并身穿从汉区买来的长袍，头戴一顶尖形帽子。在作法过程中，用汉语海南方言念咒，讲的内容变成了汉族式的，混杂着很多道教的内容，如各种鬼神的观念等。

因为道公的祭祀范围与娘母、鬼公相当一部分相同，其职能也类似，随着时间的推移，道公逐渐取代了娘母及鬼公的地位，[①] 在五指山外围地区解放前甚至道公已经完全取代了娘母，娘母作为一种宗教符号消失了。正因为如此，不少地方人们已经不再区分娘母和道公，认为他们是一回事。现在人们一般认为"道公是禁公的死对头"。这也说明道公成了查禁及除禁的主力军。关于娘母和道公的区别，大致是这样的：1.娘母一般是生病后"鬼灵附体"变成的，而道公则有些是"鬼灵附体"变成的，[②] 有些是学徒变成的；2.娘母一般只在屋里作法，而道公则可以在任何地方进行宗教活动；3.在宗教活动中，娘母一直用黎语，而道公则小部分用黎语，大部分用海南话；4.娘母都为黎族，而道公则大部为黎族（黎道公），小部分为汉族（汉道公）；5.娘母有男性有女性（后来主要是男性），而道公则都为男性。

杞方言道公

这一阶段的占卜等祭祀活动的花费已经颇为可观。娘母往往有随员，少则1至2人，多则十几人，病家要杀牲备酒招待，祭毕还要带走祭品。如在建国前合亩制地区娘母祭鬼一次收光洋一元左右，另肉类20～30斤，稻谷6把；为重病者祭鬼，如得痊愈，还要索牛一头。据调查在琼中县崭对乡请娘母或道公做一次法事的报酬就需要两三块光洋，但对于患重病急症者，可能会超过十块光洋甚至一头牛。[③] 在某种程度上讲，帮人搞宗教活动已经成了一项赚钱的买卖。

---

① 这一过程还是比较缓慢的，其中包括不少中间环节：如娘母查鬼，道公驱鬼，二者分工协作；女娘母被称为道婆，道公与（男）娘母不分。在有些黎族地区，人们认为"道公是教授，法力高强，鬼公是讲师，法力较弱"，后来鬼公也开始学黎族的道经，被称为道公了。

② 据一位道公讲，他"文革"中开始学做道公，开始时是梦见一个长长胡子的老头天天来教他读书，开始他不肯读，于是就生了一场大病，病到快死时，又见到长胡子老头来问他要不要学，这回他不敢拒绝，答应学了。之后，他的病很快就好了，他也由此当了道公。参见：海南省民族学会．黎族田野调查[M]．海口：海南省民族学会 2006：15．

③ 中南民族学院本书编辑组．海南黎族社会调查（二卷）[M]．南宁：广西民族出版社 1992：667．

不仅如此，每次病人生病占卜的次数也发生了变化。以前占卜查禁活动只一次就可以了，现在却一次往往查不出，这样就要多次占卜，或多个人占卜结果一致才可以确定。有的娘母查不出，还需要再找道公来查；① 本村的道公法力不够查不出，需要找外村的法力高强的道公来查。

这一时期，有些地区虽然多数情况下仍由娘母或道公来"查禁"和"除禁"，但有的病情不严重的已经可以由村中的长老或病人亲属通过石卜来查，甚至有的地区（如乐东县第二区头塘乡头塘村）只要是懂石卜的人都可以查鬼。② 在白沙县第二区毛栈乡番满村，一般群众查禁母，第一个占卜的人查出还不算，一直要等到全村懂占卜的人都查出同一结果后，才确信这人是禁母。③ "查禁"的仪式变得简单而容易操作，似乎"查禁"已经变成了一种公开的、不再神秘及具有神圣性的纯技术方法。

### （三）施禁主体的变化

在这一阶段，"禁"习惯法基本理念上也有明显的变化。不仅女人可能变为禁母，男人也可能变为禁公。黎族本无男性禁鬼，但据今人调查，大约是在清末或民国以后，才有男性禁鬼。据说，男子会禁人是因为与禁母喝酒或到隆闺与人谈恋爱传染而来。这表明了"禁"习惯法演进中产生禁母、禁公的先后顺序。④ 禁公的产生方法与禁母不完全相同。禁母产生只有四种途径：一是由于母亲传染而来；二是由于病人梦中梦到其禁人而被认为是禁母；三是由于与其有仇的人生病而被怀疑；四是由于娘母或道公查禁而得出。一般第二、第三两种还要经过查禁确认才被公认。禁公的产生没有第一、第三两种，只有第二、第四两种。禁公不会传染。由于禁公的出现是这一阶段的突出特征，我们可以称这一阶段为"禁公禁人"阶段。

关于禁公禁母的身份，一般岁数多在四五十岁左右，没有三十岁以下的，只有一些因母亲被认为是禁母的家庭，其10多岁的女儿也会被人疑为是禁母。从外地搬来本村居住的人家，或从外地搬回本村的本地人，以及在病者尚未发病前乱闯进他家的人，

---

① 中南民族学院本书编辑组．海南黎族社会调查（下卷）[M]．南宁：广西民族出版社，1992：70．

② 中南民族学院本书编辑组．海南黎族社会调查（下卷）[M]．南宁：广西民族出版社，1992：22．

③ 中南民族学院本书编辑组．海南黎族社会调查（上卷）[M]．南宁：广西民族出版社，1992：343．

④ 按照本书的逻辑，应该存在这样一个历史时期：有一些黎族地区存在都是有意禁人的禁公和禁母。然而在研究中笔者发现，尽管在有些黎族地区禁公和禁母都存在，但禁母都是"无意禁人"，而禁公都是"有意禁人"。（参见：中南民族学院本书编辑组．海南黎族社会调查（上卷）[M]．桂林：广西民族出版社，1992：103．）这也许是由于黎族禁文化在演变中遇到强大的外部影响的一种非常态的现象，尽管这还有待于进一步研究。还有，黎族有些地区只有禁公，没有禁母，这也许是以前根本就没有禁母或有禁母后来消失的缘故，可是到底为什么？这也有待于我们进一步研究。

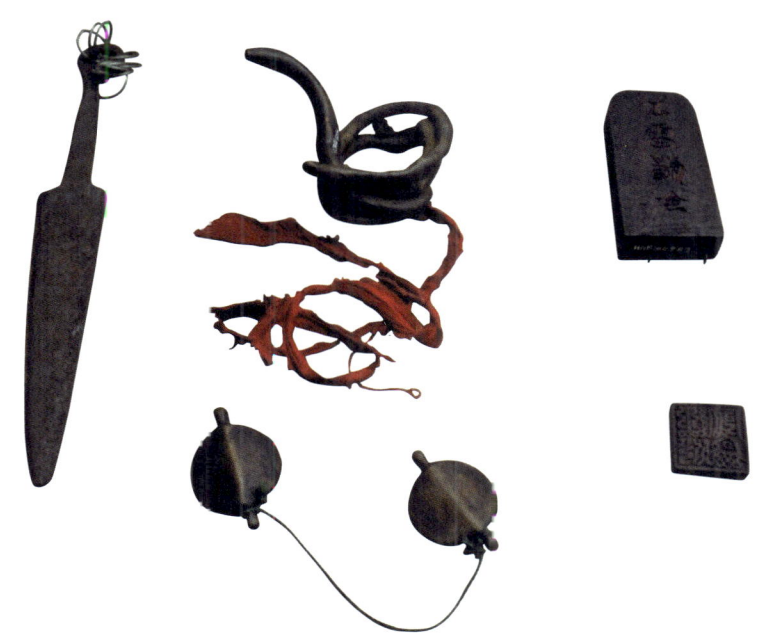

黎族道公所用法器
唐启翠摄于海南省博物馆

往往被人怀疑为禁公，但群众说："复员军人不会作禁。"① 这一时期，人们认为禁公、禁母的身份与家庭经济贫富没有关系，主要是与病者有成见的人。但实际上尽管现在查禁公、禁母形式上仍是"客观公正"的，但查出的则多为社会弱势群体，如寡妇、孤苦伶仃的人、离群索居之人等，而不会有首领和官员。从已知的调查资料来看，禁母一般都是穷人，没有衣服穿，穿破烂衣服，晚上觅食，找地瓜，半夜三更吃东西，点油灯，被人发现就被怀疑是禁母。② 还有一些穷妇人在荒天野地睡觉，也被人怀疑为禁母。

不仅如此，比较有意思的是，随着社会的发展，在这一阶段后期被查出的禁公、禁母竟有道公、娘母，甚至逐渐发展到在黎汉杂居地区查出的大部分禁公、禁母是道公、娘母。如在琼中堑对地区，禁公都是道公身份，因为懂文化，有点知识，又学会了一套念经拜鬼的本领，家庭的经济生活比一般家庭好些（做斋事有额外收入）。这些被指为禁公的人，都是由于道公查禁时查出的，查出的禁公多指外村道公为禁公。③ 对于什么样的道公或娘母是禁公或禁母，人们一般认为，那些做鬼的法术不高明，占卜不灵的道公、娘母，门庭冷落，没有人来请祭祀，肯定是坏事做多了，他们就是禁公、禁母。此外，也有通过以下这样的方式道公成为禁公的：道公因生产忙而没有时间替村人做鬼时，请他做鬼的人被道公拒绝后，返家即怀疑道公对他家有意见，因此便怀疑该道公禁病他的家人，经传到群众中去后也被目为禁公。④ 当然，道公是否真正变为禁公，最后还需要由其他的道公、娘母来查禁确认。

① 中南民族学院本书编辑组.海南黎族社会调查（上卷）[M].南宁：广西民族出版社，1992：344.
② 笔者在2009年10月5日新坡村新兴村采访81岁的林昌志老人时，他称没有见过禁鬼，也不相信，认为主要是有钱人看不起穷人，诬称穷人为禁母。现实中有人担心自己的地瓜被偷，而故意说偷地瓜的穷人是禁母。
③ 中南民族学院本书编辑组.海南黎族社会调查（上卷）[M].南宁：广西民族出版社，1992：663-667.
④ 中南民族学院本书编辑组.海南黎族社会调查（下卷）[M].南宁：广西民族出版社，1992：388.

### （四）"禁包"类型的变化

这一阶段"禁包"又产生了新的种类。第一种是，斩下鸡头、蛇头，然后用树叶包裹起来（即"禁包"），一边念巫术咒语，一边对他要"禁"的对象点名呼姓，并把包裹埋在被禁者的祖坟里或扎在他或她的房子入口的墙穴里。① 第二种是，禁公或禁母会把别人的魂引进椰子果壳，然后念咒语，深夜再拿去深山埋到地下，别人就会生病。证据就是道公找到被埋下的果壳，把它打开后，病人的病就不医而愈了。② 第三种，显然是受了汉族道教文化影响的产物，与"禁包"的方法类似，但似乎已经不能称之为"禁包"了。它是把人的生辰八字写在纸上，然后念咒，把它埋起来，从而使人生病。③ 也有的是在纸上书写对方的名字，拿到深山老林里去，将这符埋在石头底下，或者用钉子钉在大树上，然后烧元宝香烛念咒，呼唤老爷公、五海公、五雷守尸公、十案公、冷灶公等之后，陈述自己的来意和表明要禁对方的意愿，请诸公协力去禁对方，务使对方害病，让他们来请自己去解禁，将来可用更多的酒肉招待诸公鬼。这一行动后，对方也就患起病来。④

道公或娘母在解禁或除禁时，一定要找到禁包。一般的禁包是从病人的身上或床边搜出。如果是"字符禁包"，则要手持一把剑带领群众去打"禁穴"（一般多在病家房内），到目的地后，道公或娘母先作法一番，然后把剑插入泥中，挖出一道"禁符"（写着病者姓名的纸），把它拿到村外焚化，算是把禁解除了。⑤

### （五）"除禁"方式的变化

这时的"除禁方法"可谓五花八门，非常发达，但总的说来都比较残酷。

#### 1. 杀死禁公、禁母

用刀、枪及棍棒等杀死禁公、禁母，在解放前黎族地区很常见。不仅如此，在有些地区甚至连禁公的妻子或禁母的丈夫一同杀死，可谓家庭负连带刑事责任。如在

---

① 参见：高泽强，潘先锷. 祭祀与辟邪：黎族民间信仰文化初探 [M]. 昆明：云南民族出版社，2007：35.
② 这是 2009 年 8 月 14 日在陵水英州镇新坡村委岭脚村，笔者和林鸿邦同学采访 78 岁的林阿婆时所获知的。
③ 参见：中南民族学院本书编辑组. 海南黎族社会调查（下卷）[M]. 南宁：广西民族出版社，1992：230-231，291-292.
④ 中南民族学院本书编辑组. 海南黎族社会调查（上卷）[M]. 南宁：广西民族出版社，1992：663-667.
⑤ 中南民族学院本书编辑组. 海南黎族社会调查（上卷）[M]. 南宁：广西民族出版社，1992：343.

1931年，琼中县番响（今红毛镇）什存村王打伦、道响村王建乜和罗担村王有林等几位杞方言黎族男子，被"道公"降神指认为"禁公"，峒长令人捆绑他们拘押于猴子岭上，用尖刀将他们刺死，死后其亲属都不敢前来敛尸入葬，任由尸体腐烂发臭，鸟啄兽啃。由此此山成了杀禁之地，无人再敢来此匚伐木和狩猎，怕被"禁鬼"附体而成"禁公"。①

据不完全统计，保亭县第四区加茂乡在1927—1930年间就残杀"禁母"四人。抗战期间，加茂村和百赖村的两对夫妇，都因妻子被诬为"禁母"而累及丈夫双双遭受杀害。②1937—1938年琼中县乘坡乡有三个"禁公"被害。③白沙县二区红星乡1946年以前就杀害禁公至少有十人以上。④

杀害的方式包括公开和暗杀两种。在有些地区，如三亚市羊栏镇槟榔管理区，如果被禁的是穷人，一般都征求群众的同意才杀死禁母；如果被禁者有钱有势则不用通过群众，只是暗地把禁母杀死，甚至杀死其全家并焚烧其房屋（一般是雇请歹徒干这些勾当）。⑤

有时在病者死亡的个别情况下，作为一般民众的病者家属可能也会杀死禁公禁母，但不敢公开杀害，只能是暗杀，同时一般要得到当地黎族基层官员（清朝为团董）的同意和支持。具体过程往往是病人家属纠集一些人，随时侦察禁公的行动，大多数是俟禁公看守山栏园时，三五个人出其不备乱刀或棍棒打死，然后将尸体放在看守山栏园的茅草房内，燃起一把火，烧尸灭迹，借口是山岚茅草房失火而丧命；或是将死者用藤条吊挂在树枝上，借口是自杀身亡，以掩人耳目。⑥

### 2．判处禁公、禁母"死缓"

如前面调查资料所阐述的，首先，把禁公或禁母抓起来，由全村人公开审问他或她，采取灌鸡血等野蛮的刑讯逼供的方式，使所谓的禁母（或禁公）承认自己用禁术害人，要求他或她说出禁人过程及用什么办法才可以医好病人。把禁具拿出为止，有时花三四天才能处理他或她。由全村人同意才杀死他或她。有时则并不直接杀死，而是在其家属的央求下由头人等作证，保证使病人痊愈，否则便听凭把他或她杀死。在得到保证后释放禁母或禁公。这可谓实施了"保证制度"，并对禁公禁母判处了"死缓"。

---

① 高泽强，潘先锷.祭祀与辟邪：黎族民间信仰文化初探[M].昆明：云南民族出版社，2007：102.
② 保亭县第四区加茂乡毛淋村黎族情况[R].海南黎族情况调查（第四分册）：303.
③ 琼中县三区堑对乡堑对村黎族情况[R].海南黎族情况调查（第三分册）：145.
④ 白沙县二区红星乡番响村黎族情况[R].海南黎族情况调查（第三分册）：297.
⑤ 中南民族学院本书编辑组.海南黎族社会调查（下卷）[M].南宁：广西民族出版社，1992：230.
⑥ 中南民族学院本书编辑组.海南黎族社会调查（上卷）[M].南宁：广西民族出版社，1992：664.

但因为无法实际保证病人痊愈,家人往往怕受牵连在无奈之下把禁公或禁母毒死。由于黎族的原始信仰非常强烈,对于禁母的遭遇,一般黎族群众毫无同情,对此不问不闻。

### 3. 强迫"解禁"或饮血发誓

强迫"解禁"。在查出禁公或禁母后,病人家属往往要到禁公或禁母家前去辱骂,并要求他们赶紧把禁收回去,以使病人尽快痊愈,同时还威胁他们不要出门来骂架或打架,否则就杀死他们。

强迫发誓。在白沙县第二区毛路乡牙开村,解放前若道公查出禁公后,大家基于义愤一起来捉禁公。道公先将禁公的食指刺破滴血到一碗鸡血内,强迫禁公饮下这碗血水,并在群众面前对天发誓:"以后我再不去禁人了,若是查出,大家可以将我杀死。"若以后一经查出再作禁的话,群众便在夜间偷偷地把禁公杀死。[1] 也有些黎族地区发誓的内容有所不同,而是"若以后还做禁,必遭雷公劈死",此后即不再进行处理。[2]

### 4. 精神隔离及驱逐出村

被公认(或被怀疑)为禁公或禁母的人在社会上受别人的歧视。譬如没有人和他们家里的小孩玩,没有人愿意和他们家中任何人在路上走时说话。禁母到别人家去,别人不给讲话。对着吐口水,表示厌恶。妻子给别人干活时,也会遭到雇主的恫吓。平时遇到需要别人帮助的时候,自己也往往不敢提出,同时别人也不愿意帮助。村里以后再有什么事,往往首先就怀疑到他们,借机指桑骂槐,辱骂他们。这往往导致禁公及禁母一家人沉默寡言,自卑心理很重。由于与村民几乎没有交流,这进一步加重了民众对他们的猜疑和不满,造成恶性循环。

不仅如此,一旦查出禁公或禁母后,群众往往会把他们驱逐出村。如1953年3月间东方县第三区罗田乡田头村就曾赶跑了一个怀疑是禁母的78岁的老寡妇。[3] 也有一些家庭被查出为禁公或禁母后,因为受不了村民的白眼,忍无可忍,被迫全家搬到离村较远的地方居住,还有的干脆搬到别的村居住。也有的妇女不得不搬回娘家居住,甚至丈夫因此在外部强大的压力下与其离婚。[4] 因为人们恐惧和憎恶禁母,进而"恨屋及乌",祸及其全家,包括已出嫁的女儿,所以这些出嫁的人为了与禁母划清界限,往往在外部

---

[1] 中南民族学院本书编辑组. 海南黎族社会调查(上卷)[M]. 南宁:广西民族出版社,1992:302.
[2] 中南民族学院本书编辑组. 海南黎族社会调查(上卷)[M]. 南宁:广西民族出版社,1992:342.
[3] 中南民族学院本书编辑组. 海南黎族社会调查(下卷)[M]. 南宁:广西民族出版社,1992:180.
[4] 陵水县英州镇岗山村委会白石村,一个嫁到外村的女人叫安娘(音译)的,上个世纪50年代就因被查出为禁母而被迫离婚,带着孩子另嫁。据2009年10月6日笔者采访94岁陈文华老干部时的笔录。

压力下做出保证，与娘家断绝关系，不相往来。这可谓现代法律所谓的"家庭连带责任"。

更可怜的是那些禁母家的未出嫁的女儿，因为人们往往在找媳妇时多方打听是否这女孩子家有禁母，一旦查出有禁母，则会因为怕她也染上禁而不敢迎娶，无论她们多么漂亮和能干，品德多么好，都找不到婆家。别人与她"放寮"本来好好的，一听说是禁母家的女儿就不来了。如果他自己非要来不可，则他的家庭会向他施加很大的压力，使他屈服。这些不幸的女孩子，往往很晚还不能出嫁。据解放初期的调查，当时在保亭县四区加茂乡石弄村，被指为禁母的一家有五个女儿，已到结婚年龄，嫁不出去，只得把两个女儿嫁给外面的汉族男子，还有三个女儿未出嫁。同村的黄某某也被指为禁母，其有三个女儿，来谈恋爱的不少，但一提结婚就没有男子来理会了，因为久未嫁出，最后只好嫁到外面的汉族人家。① 海南岛保亭县加茂乡的两位农村姊妹，因为其母被诬为"禁母"，致使她俩三十余岁都还未能出嫁，② 这在一般女孩15岁左右出嫁的黎族地区实在是一件很难堪的事情。这些女孩子最后出嫁，一般也只能是嫁给同样是家里有禁母的人家，或者远嫁外地的汉人（这无异于变相的驱逐！）。

嫁给有禁母的人家，意味着以后永远也摆脱不了禁母的嫌疑；而嫁给汉人则同样是一个艰难的抉择。在黎汉界限分明的时代，两个民族通婚总的来说还是比较少的，因为文化差异很大，生活习惯不同，甚至语言不通，而汉族地区又有"男尊女卑"的观念，可想而知"嫁给汉人，到汉区生活"（这与汉族商人在黎族定居，学黎语，娶黎族媳妇，有根本的不同），这对一个年轻的女孩子（黎族女孩子一般15岁就结婚）来说会是多大的痛苦！对于家有禁公或禁母的人家的儿子，在结婚的时候也面临同样的问题，尽管禁术"传女不传男"，但人们还是很惧怕。谁也不愿意把女儿嫁到这种人家，如果女儿自己非要嫁不可，则会冒与全家断绝关系的危险。

### 5. 禁母"洗身"、"过火"、背负驱鬼符

还有的黎族地区并不杀死禁母，认为禁母仍是无意禁人，是在禁鬼附体的影响下身不由己。这时的除禁方式仍是前面讲的"洗身"及"过火"等，③ 但在禁母配合娘母做完仪式后，还需要在禁母的衣背上缝一块布制的鬼符，写上汉字"驱逐禁鬼"或"除

---

① 中南民族学院本书编辑组.海南黎族社会调查（下卷）[M].南宁：广西民族出版社，1992：547.
② 海南岛黎族苗族情况调查综合资料[G]∥石建中.海南苗族情况调查.武汉：中南民族学院，1954：269.
③ 有必要说明，这时的除禁方式已经具有明确的强迫性质，不容所谓禁母不服从。解放后的诉苦会上，什平村社员黄荷叽讲：地主黄老恶的小孩生病，说是她禁的，要她杀一头牛，并强迫全村人来替他赶鬼，把她押到河边，全村人喊"打倒禁母，赶走禁母"，强迫她在火堆上跳来跳去，几次掉进火堆，脚被烧伤。回家后，要穿上白衣服，背上写着禁母和自己的名字，还被地主软禁十四天，大小便不能出，不准吃菜，只吃一点盐。三年不能吃一两肉。参见：1963年《通什镇红旗公社试点大队社会主义教育运动的一些主要做法与体会》之《我们是这样组织阶级队伍，开展对敌斗争的》，海南档案馆全宗号168，目录号5，卷宗号13.

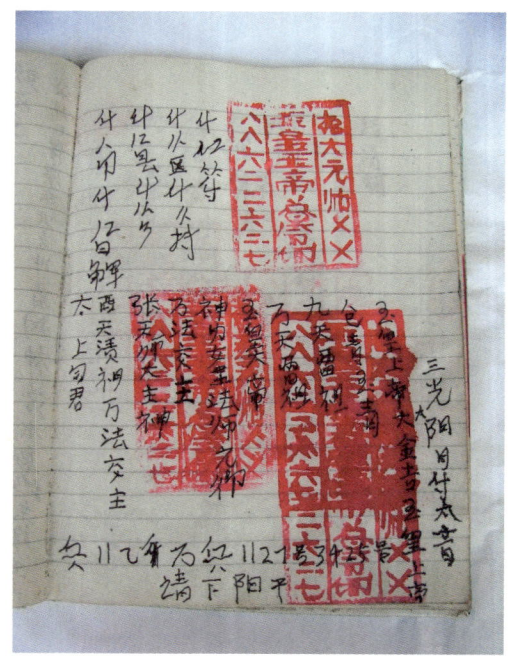

驱鬼符

邪禁鬼清煞"。这块布要一直穿在身上不得随便撕下,要等到因为日晒雨淋以及洗涤等自然原因随着衣服烂坏掉为止(也有说,三年后才可以取下)。[①] 在禁母的衣服上缝上"驱除禁鬼"的布条,这类似于西欧中世纪在通奸的妇女额头上烙上红色的 A 字(代表 adultery)以及中国古代的墨刑,是一种罪恶的象征,也是一种耻辱的展示。

此外,对于无意禁人的禁母还有一种"强制解禁"的处罚。人们查出禁母后,立即通知禁母本人赶快请道公来除禁。如果禁母不听病家的劝告,病人家属便在深夜里偷偷在禁母的门楣上贴上一张用汉字写的"警告信",并挂有猪脚、鸡脚、鸡头等物,威胁禁母立刻解禁。若禁母仍无反应,则夜间至禁母门前鸣枪示威,直至禁母答应请道公来解禁为止。[②] 这种做法看似属于私力救济,同时也几乎算不上处罚,但因为它为社会所公认且具有普遍性,具有社会强制力,禁母不得不依从,花费人力物力而应对,所以本书也把它算为一种习惯法上"处罚"。

#### 6. 以禁术反击禁公、禁母

在这一阶段的后期也出现了这样的事情:当查到禁公、禁母的人家为有权有势的人家时,娘母或道公一般不敢在众人面前直接说出某人是禁母、禁公,怕由于禁公或禁母家势力大,给自己带来灾祸,遭到报复。不仅如此,有时即使道公查出禁公、禁母,被查出的人往往不承认道公的权威,而是向其发起挑战。如有的到道公处抗议,说是坏人的诬陷。"解放前,据说假如群众把禁公杀死,那么他的家属会跑到国民党那里告发,这样便会祸及全村以及全峒。"[③] 病者家属往往恐惧政府的处罚而不敢直接惩罚禁公或禁母。

在这种情况下病者及其家属往往采取"以毒攻毒"、"以其人之道还治其人之身"的方法。那就是请道公等人来与禁公、禁母作战,用禁术反击他们。如果成功就会使禁公、禁母精神恍惚,生病,甚至死亡。这种方法似乎不算现代意义上讲的处罚,现实中也不可能有什么效果,同时还有很浓厚的私力救济的因素,但它确实是黎族百姓共同的想法和做法,所以这里也把它列出来。

---

① 中南民族学院本书编辑组.海南黎族社会调查(上卷)[M].南宁:广西民族出版社,1992:103.
② 中南民族学院本书编辑组.海南黎族社会调查(下卷)[M].南宁:广西民族出版社,1992:143.
③ 中南民族学院本书编辑组.海南黎族社会调查(下卷)[M].南宁:广西民族出版社,1992:292-293.

# 三、"禁"习惯法兴盛的原因

## （一）善恶二鬼分离，二者斗争激烈

随着医疗经验和技术的发展，一般小病已经不用请人祭祀了，有些疾病虽然比较严重，但人们也逐渐有所认识，不再感到莫名的恐惧。在这种情况下比较蹊跷、属于疑难杂症的病的存在及影响就凸显了出来，而这些比较蹊跷的病往往难以治愈，被人们认为都是禁鬼在作祟。这时甚至可以这么说："禁鬼是个筐，什么都可以往里装。"[①]病与禁鬼几乎就连在了一起。禁鬼本来主要是指使人腹痛或肚子疼的鬼，[②]这时则几乎可以使人生任何病，同时它似乎也长了魔力，不仅能禁人使人生病，甚至直接吃人；不仅可以禁人，甚至也可以禁动物，甚至庄稼等植物，造成瘟疫流行，作物歉收。

在黎族的传统宗教文化中鬼最早都是恶鬼，尽管有善、恶巫术的区分，但当时善鬼与恶鬼尚未区分，后来发展到有些鬼有两面性，既可能作恶，也可能行善，但仍然是以恶的属性为主。在汉族文化的影响下，黎族的雷公鬼[③]和祖先鬼逐渐淡化了恶鬼的文化内涵，而具备了善鬼（神）的某些属性，如雷公鬼劈死坏人以及祖先鬼保护家人等。[④] 但禁鬼则不然，它只会作恶，且几乎可能做一切恶行。这也许是由于道教的传入，出现了"万天公主"、"五指娘娘"、"七指娘娘"等女神（化身娘母）以及天尊（化身道公）等只行善的鬼，[⑤] 相应地，黎族人对鬼的思想认识发生了变化，善恶二鬼分离（或称神与鬼分离），而这个与善鬼对应的、只作恶的鬼就以禁鬼来称呼。在黎族的文化中似乎也只有禁鬼一种是几乎可以危害一切的纯粹恶鬼，自然这时禁鬼也最令人恐怖。

由于神鬼分离，也就是善鬼与恶鬼分离，自然也就体现为宗教内部的斗争。这一

---

[①] 所谓"谈禁色变"，从人患病的角度来看就是"谈疑难杂症色变"或类似"谈癌色变"。

[②] 包括黎族所谓的禁鬼在内的巫蛊导致的疾病，主要是在当时的条件下很难弄清病因并无法治愈的内科疾病，与少数民族没有养成良好的卫生习惯有关。参见：夏之乾.谈谈"放蛊"及其类似习俗产生的原因和危害 [J]. 贵州民族研究　1984（4）.

[③] 有人总结在黎族人的心目中雷公鬼有四种面孔：一是伸张正义，乐于助人；一是对人间疾苦爱莫能助，无能为力；一是与人交友，但交而不诚；一是决意毁灭人间的幸福，与人为敌。见：方鹏.海南岛历史民族与文化 [M]. 海口：南方出版社，2003：219-221.

[④] 人们一般认为祖先鬼是最大的鬼，供奉得好，它们就是善鬼；供奉不好，它们就是恶鬼。

[⑤] 娘母在其产生之时，似乎并没有被认为是神的代言人，因为当时没有神，只有鬼，所谓"万天公主"、"五指娘娘"、"七指娘娘"的代言人等是后来的说法。由于道公的引入"外来的道士好念经"以及道公处于宗教发展的高级阶段——鬼神分离的阶段，代表了发展的趋势，所以后来道公逐渐取代了娘母。

幕幕的斗争体现在"禁"文化中就是"禁"习惯法的兴盛。说到底，善与恶的对抗是维护社会秩序与破坏社会秩序的对抗，神与鬼的斗争是人与人之间矛盾、冲突的反映。尽管这时鬼与鬼之间还未产生出统治与被统治的关系，它们还是各自独立，未有等级之分，但是在现实社会中人与人之间统治与被统治的关系则已初露端倪。

## （二）贫富分化，社会矛盾激化

所谓"禁"习惯法的兴盛，如上所述，很大的程度上是指"禁"习惯法所涉及的各种主体的范围的扩大及人数的增多。就施禁主体来讲，这一时期既有禁母，也有禁公，禁母中又既有无意禁人的禁母，也有有意禁人的禁母。同时，被认定的禁公、禁母的数量大大增加，被杀害的禁公、禁母的人数也很多。"禁"习惯法在这一阶段对社会的影响达到鼎盛，而这些统统都根源于黎族社会内部结构的重大变化。

随着汉族地区的铁制劳动工具的引入（尚未发现黎族地区经历过一个青铜器时代的证据），生产力水平的提高，劳动产品的剩余，尤其是通过与汉族的广泛接触，受汉族封建制生产关系的影响，黎族地区逐渐进入封建社会。在这一阶段黎族地区贫富已经分化，甚至达到惊人的程度。社会明显分为几个不同的阶层：第一等级由极少数有权有势的官员及富人所组成，包括亩头、村头、峒长以及奥雅、"龙公"等，他们雇着很多穷人来种田；第二等级是由娘母、鬼公、道公等受人尊敬的宗教人士所组成，他们拥有丰富的科学及宗教知识和经验；第三等级是一个由自给自足的普通农民组成的阶层，他们人数众多；第四等级由受雇佣、人身自由受到一定限制的"龙仔"、"工仔"组成，人数较少，但正在快速增长；第五等级由孤苦伶仃的穷苦百姓组成，他们处于社会最底层，是一个人数很少的群体。①

到解放前，自治州农村占总农户59%的贫雇农仅占有耕地面积的17%，而占总农户8.8%的地主富农则占有耕地总面积的48.9%。各县都有拥有千亩以上耕地的大地主。农民每年除了缴纳收成一半的地租外，还要给地主富农提供无偿劳动和"送礼"等。②这一时期黎族有名的大奥雅王昭夷，在保亭境内到处霸占山林、财产，剥削压榨黎族苗族人民。他曾养有男工四十多名，女工二十多名，马二十多匹（黎族历史上"亡虎与马"，马在黎族地区是特别贵重的财产），牛四百多头。在县城、南圣、大本、通什一带都拥有大量的田产。这些财产都是以高利贷、无事小罚、小事大罚、抢占等方式

---

① 一般人们把黎族传统社会分为三个等级，即本文的第一等级、第三等级和第四等级。笔者认为，由于黎族社会私有制不发达，各阶层之间界限并不分明，而阶层内部也并非融合一致，所以把社会阶层多分几个等级应该是更加符合当时的社会现实。

② 王学萍. 五指山五十年[M]. 海口：海南出版社，1999：51.

得来的，同时保亭县的大山大岭大半为他和其他奥雅所占。① 黎族的歌谣《穷人叹》反映了旧社会穷苦百姓的生活：②

  女：什么高远无止境？
    什么苦情诉不清？
    什么样人受欺压？
    什么样人如黄连？
  男：天高地远无止境，
    穷人苦情诉不完，
    穷苦的人受压迫，
    穷人的苦赛黄连。

  此外，黎谚有云："听信财主话，种禾不发芽。"这就是讽刺财主因为不下稻田干活不知道如何种稻的事。在黎族《甘工鸟》的传说中对恶霸峒主有这样的描写："七江有个奥雅，提起他的名字，人人都害怕。奥雅的瓦房宽又高，但燕子从来不到那里筑巢。奥雅的家人天天吃鱼吃肉，剩下的骨头堆成山，但饿狗走过连看也不敢看。奥雅有一个儿子叫帕三顺，生了满身毒疮，像癞蛤蟆一样……"这可谓黎族贫富分化的一个形象写照。

  社会各阶层之间地位悬殊，贫富分化，导致内部矛盾急剧上升，社会冲突不断。这时禁公、禁母多为穷人，原因也并不复杂，因为首领和官员即使被查出也无人敢于说出，更不用说处罚了，而首领或官员家有人生病时，查禁的范围就是与他们不睦的人，尤其是被他们欺压的穷人。这时的查禁和除禁包含着很多阶级压迫的因素。"据了解，抗日战争前杀害禁母或斧头的凶手，都是当地统治者如团董、保正、保甲长等人物……解放前，对于处理斧头、禁母的事件，大都与统治阶级的作恶榨取分不开的，其实就是团董、保正、保甲长这些人捣的鬼。"③ 如在解放前的六年中，保亭县红旗公社什保大队什保村一共 39 户人家，就有 116 个妇女遭受地主诬蔑"禁母"罪，杀死了无辜妇女 22 人。有一次地主恶霸黄老云的长工染病卧床，便怀疑是空路村妇女黄荷云为禁母，将其严刑拷打，后残酷杀害。其后还捕来黄荷云 14 岁的女儿，最后在其叔父担保下，勒索了一头大牛，一只大肥猪，一大缸酒以及六块光洋后才释放了女孩。不仅如此，黄老云的女儿病死，最后有三名妇女被诬为禁母，惨遭毒手。尽管当时村中农民和被害者家属没有不伤心落

---

① 中南民族学院本书编辑组.海南黎族社会调查（上卷）[M].南宁：广西民族出版社，1992：380.
② 王学萍.中国黎族[M].海口：海南出版社，2004　424.
③ 中南民族学院本书编辑组.海南黎族社会调查（上卷）[M].南宁：广西民族出版社，1992：406-407.

泪的，但不敢哭出声来，如果有人哭出声来，地主即加上"同禁"罪名，必遭同样的大祸。①

除去阶级因素以外，社会公有制向私有制的急剧转变也间接造成了"禁"习惯法的兴盛。当时黎族社会转型变化较大、较快（社会发展明显比黎族与汉族密切接触之前变化快），人们心理上很不适应，不仅容易出现精神疾病，而且因为对社会变化不理解，不知如何应付，精神上很苦闷，难以排遣。同时人们之间再也不是含情脉脉的平等关系，而是讲究你我之分的利害关系，私有观念增强，利益冲突增大，争权夺利的现象频现，相互矛盾增多，经常相互猜忌，是否对方在做对我不利的事情。

在上述众多且非常重大的社会矛盾面前，人们产生了心理恐慌及焦虑，迫切需要一种途径来缓解这种紧张，释放强大的外部压力，于是很自然地就需要一个集中发泄的突破口，而"禁"习惯法恰恰提供了这样的一个机会，于是人们在无意识的集体心态下，但凡遇到不常见或无法解释的怪病发生时，为了发泄就"迁怒"于所谓的禁公、禁母。具体来讲，就是人们有意无意中以杀禁为借口，有组织地殴打及杀害社会上一些行为举止比较奇怪、令人难以理解、令人恐惧和不安的人及惹人讨厌的穷鬼、脏鬼等社会弱势群体。实际上，所谓疾病往往是一个导火索。禁公、禁母实际上是社会矛盾激化的替罪羊、可怜的牺牲品。② 他们的命运可以说是历史早就安排好了的。这时"禁"习惯法就被人们有意无意中作为一种策略来利用，从而使处理禁公、禁母的手段获得正当性和合理性。

### （三）世俗权力与神权密切配合

"禁"习惯法从产生伊始，就与世俗权力有关。带领禁母"洗身"及"过火"等需要首领的组织和主持，宣布禁母变成好人了，也需要首领的主持。但这时的首领仅仅是一个带头人而已，不少场合可以由别人替代。在类似的宗教活动中，娘母的权力是现实的，而首领的权力则是形式上的，对百姓远没有随意处罚的权力。人们对娘母的敬畏程度也要远大于对首领的敬畏程度。

随着社会的发展，"禁"习惯法需要杀死害人的禁公、禁母时，离开首领（他们已经逐渐蜕变成了国家官员）的支持是不可想象的。这需要他们组织群众来参加查禁大会，要求大家捐钱捐物，要求大家喝血酒，同时组织青年人捆绑及杀死禁公、禁母。尽管有些时候杀害禁公、禁母是在暗中进行的，但这也要事前得到首领的同意和认可。

---

① 参见：1963年《关于什保大队少数民族婚姻解放前后的调查报告》，海南省档案局档案全宗号249，目录号1，案卷号7。

② 这一社会现象也许与"日本人在1923年关东大地震后，在一片慌乱惊恐之中以所谓的'朝鲜人放火'、'朝鲜人要举行暴乱'等为由疯狂虐杀在日的朝鲜人（包括一部分中国人在内）"的社会现象在心理上有某些类似之处。

实际上，即使是在未杀死禁公、禁母的事件中黎族首领也扮演着重要的角色。如除禁时，禁公或禁母家人要杀一头猪邀请村内的道公、保甲长等有名望的人来喝酒作证：从此禁鬼被赶跑了，不要再叫他或她禁公或禁母了。具体仪式往往是：先由禁公饮血并对天发誓不再禁人，接着由作证的保甲长说："今天我们来喝酒是当你的证人，以后你不要再去禁人了，并不要说我们要了你的钱，否则会把你杀掉。"保甲长往往利用这"作证"的机会，向被指为禁公的人进行敲诈勒索，使被诬的人倾家荡产。①

通过组织和积极参与这样活动，黎族首领借助宗教的力量，可以进一步树立自己的权威，增强自己的领导力量，有效地实施自己的管理。自然，同时由于世俗权力和宗教权力的通力合作，相得益彰，娘母、道公在社会中的地位也提高到了前所未有的高度，宗教活动的神圣性也达到了极点。

有学者认为："黎族的宗教信仰尽管具有广泛性与群众性，但是它仍未与政治密切结合。在这次调查中，绝大多数还未有具有政治色彩的人物神圣化作为崇拜对象，只有在边缘地区个别点已有这个因素的萌芽，如陵水县四区北光乡有把'奥雅'王昭夷等列为念鬼内容中去的。从宗教活动主持者在社会中的地位和作用看，亦未与政治相结合……在绝大多数地区富有民族色彩的娘母与老人，是没有剥削行为的。"②我们认为上述看法有一定的道理，但是并不准确。实际上，娘母等人的查禁活动越来越依仗世俗权力的支持，已经显出宗教与政治结合的萌芽，到了后期，地方官员利用神权来压迫和剥削民众则更加明显。

## （四）官方强有力的支持

随着大陆官方对黎族地区控制的深入，逐渐对包括"禁"习惯法在内的黎族文化施加了强大的影响。在明朝后期实施"改土归流"的治黎政策，强化了对黎族的直接统治。同时由于当时大陆朝廷也反对巫蛊害人，这与黎族的"禁"文化观念基本一致，所以黎族的"禁"习惯法也得到了朝廷的大力支持。尽管我们现在限于资料的不足，还没有搜集到朝廷具体处理甚至审理黎族施禁案件的资料，但通过一块黎区发现的刻有朝廷禁令的石碑，官方对待黎族禁术的态度我们可以窥见一斑。清朝光绪三十二年十月二十日（1906年）所立《奉道宪严禁》碑中有这样的内容：③

---

① 中南民族学院本书编辑组. 海南黎族社会调查（上卷）[M]. 南宁：广西民族出版社，1992：568.
② 中南民族学院本书编辑组. 海南黎族社会调查（上卷）[M]. 南宁：广西民族出版社，1992：100.
③ 该碑1957年2月18日被调查人员发现于琼中县中共营根区委会门前，分两块，一碑高154.85厘米，宽46.62厘米；另一碑高142.19厘米，宽49.95厘米。两碑均厚6.39厘米。横题直书，楷字阴刻一千多字。碑刻全文见书后附录二：奉道宪严禁。引自：广东省编辑组. 黎族社会历史调查[M]. 北京：民族出版社，1986：243.

况且有黎峒凶徒偷盗牛马,如有人拿获,贼者竟然恃蛮凶殴;扭送公庭,反被怀隙禁人魂魄丧命不少,人人伤心切齿。……一查造魔克符咒诅杀人并下毒药害人,按律照依谋杀论□,嗣后□□务宜安分守法,如再敢学黎禁,忍下为毒以害人命,一经被人报有确切证□□告到官,立即向官□□到审问,照律□□,断不宽恕。

此外,关于这一时期的资料中还有这样的记载:

解放前,经道公指出是禁母作祟后,群众便疑惑起来,万一家里病人病更糟了,便迁怒于禁母,这时便暗地去报告给当地的首家或团董。由团董派士兵到被指为禁母的家里进行拘捕,也无需查证,不问情由地把禁母活活打死。打死以后,往往随之而来的是将其家财抢掠一空。杀禁母最多的时期,据说是在民国十六年(1927年)左右,毛淋村的地主黄朝安、黄朝辉、黄朝藩及石弄村头家黄那较等人经手杀害的禁母最多。

从解放前处理禁母事件来看,处理方法是采用通过当地统治阶级(如团董、头家)并且由这些统治集团去杀害禁母。这些人的目的是在抢掠剥削。他们是造成惨案的主动者。[①]

也有些黎族地区的情况与上述情况类似,所不同的是叙述的更加具体:

首先是由病者家属写一封控告信(多请有文化的道公来写),信中主要写某某人是禁公,曾禁死过谁,现在又在作禁等,暗中放在村边大路上,等村人无意拾着送到当时的乡公所,国民党乡长接到控告信后,就强迫被诬指的人一家属(哥哥或弟弟)盖手印表示同意将所谓的"禁公"捕捉杀头。这时由国民党乡长带刽子手两人(本村或邻村的黎胞,据说雇请的费用由被杀者的家属负担。杀头时,砍一小竹筒分开两边,由刽子手和被杀者家属分执。杀头后,由刽子手拿竹片向死者家属领款),将被指为禁公的人牵至本村一处名叫基茂岭的地方(据说这里已成为本村指定的杀禁公的刑场),用锋利的大刀(据说不用枪的原因是怕以后枪上附了鬼,打猎时不能击中猎物)把头砍下。禁公被杀后,由其家属掩埋了事。[②]

不难理解,在朝廷如此的鼓励和积极支持下,黎族首领兼有民族头人与国家官员的双重身份,黎族"禁"习惯法与国家法在某种程度上合二为一,黎族"禁"习惯法的兴盛也就在情理之中了。

---

[①] 中南民族学院本书编辑组.海南黎族社会调查(下卷)[M].南宁:广西民族出版社,1992:545-546.

[②] 参见:中南民族学院本书编辑组.海南黎族社会调查(上卷)[M].南宁:广西民族出版社,1992:569.该处的说法与本书前面的对国民党的描述不一致(民众不敢杀禁公,怕有人到国民党那里告发)。到底国民党是支持杀禁公、禁母,还是反对杀禁公、禁母?笔者认为这两处记述并不矛盾,因为当时国民党政府管理混乱,不同的官员做法可能明显不同。尽管在政府的法律层面上国民党的官员不应该支持杀禁,但天高皇帝远,处于社会基层的乡长(很多是黎族首领出身)却完全可能会单纯从维护黎区秩序的角度出发支持杀禁。

## 四、"禁"习惯法逐渐走向衰落的预兆

随着黎族社会的私有制兴盛，贫富悬殊，官民对立逐渐显现，其社会形态逐渐转变为阶级社会——与国家社会类型相同的封建社会及民国时期的资本主义社会。在这一过程中"禁"习惯法正处于鼎盛，但物极必反，同时这时也已经露出了衰落的预兆，我们认为这主要是由于下列三对矛盾不断斗争的结果。

### （一）黎族宗教阶层内部矛盾的出现

查禁和除禁的白巫术与禁术黑巫术，二者都是巫术，对立统一，相互以对方的存在为前提，以相互斗争为自己的使命。随着理性认识水平的提高，人们越来越无法容忍没有正当理由，随随便便就把人杀死。由于禁术非常神秘，禁包也无法证明其确实是禁公或禁母所为，以及很难解释禁包到底是如何害人的，这样"查禁"也就没有什么道理可讲了。不仅如此，"除禁"往往也是劳民伤财，没有什么医疗效果，因此，人们越来越对巫术产生一种不理解、不信任的感觉，因为巫术根本无法用理性来解释说明，也无法分清哪是白巫术，哪是黑巫术。黑巫术与白巫术没有截然的界限，关键是用途，不是技术本身。任何一种巫术都有一种与它相反的巫术，可以解它。解铃与系铃往往是同一个人，道公往往就是禁公。他们往往学一种治病的巫术，也学一种相应的致病的巫术。民众怀疑：用禁术害人的人和查禁、除禁的人可能就是同一帮人，娘母、道公可能就是禁母、禁公，因为只有他们才确凿无疑懂包括禁术在内的巫术，而一般人根本不懂。查禁的是娘母、道公，施禁的也是娘母、道公，解禁的还是娘母、道公，他们这类人既是好人也是坏人，不由不令人疑窦丛生。有这样的记述：在抗日时期白沙县南溪乡什甫村有一禁公，他是一娘母。村人延其查鬼作法总是查到大的鬼，而且多说该鬼要求杀牛或猪（按：凡杀牛猪，娘母分得一腿肉作酬），村人质之，谓常杀牛猪弄至家贫如洗；他听村人质询后，怒而不言，返家后遂"禁"村人，因而被禁死的达35人之众。[1]

在人们的认识发生改变的情况下，不难理解这时娘母、道公查禁，最后往往就查到其他的娘母、道公，结果娘母、道公与禁母、禁公的斗争就变成了娘母、道公宗教人士内部的斗争。尽管有人认为这是由于娘母、道公等宗教人士内部出现经济利益冲

---
[1] 中南民族学院本书编辑组. 海南黎族社会调查（下卷）[M]. 南宁：广西民族出版社，1992：292.

突，出于排挤对手，独占查禁和除禁的业务，以争取获得尽可能多的报酬的考虑（做一次这样的法事可以获得一条牛）。[①]一个道公打击另外一个道公最直接的手段就是指控对方为禁公，这样做的好处是一则至少除掉了一个同道，个人的业务范围得以推广，增加较多的客户；二则如果不能除掉对方，那么也可以得到做一场法事的报酬。进一步来讲，这是宗教人士之间争夺神权的方法。

但我们认为，这里关键还不是某些娘母、道公的主观上想要垄断祭祀业务的问题，而是百姓认可的问题。说到底，宗教人士内部的斗争是宗教阶层与民众斗争的一个体现。在一个大众对娘母、道公笃信不疑的环境下，查出他们为禁母、禁公显然是不可能的。只有大众认可，也就是对道公、娘母不再信任而是心存疑虑，认为他们可能就是禁公、禁母的时候，娘母、道公才可能被查出为禁母、禁公。

单纯性的内部的矛盾和斗争不一定会导致"禁"习惯法的衰落，关键要看这种矛盾的性质是不是不可调和的，而宗教人士内部的这种矛盾恰恰是决定"禁"习惯法基本性质变化的不可调和的矛盾，因为这种斗争极大地损害了宗教人士的权威，进而动摇了巫术及原始信仰在人们心中的不可替代的崇高地位，而信仰是"禁"习惯法的本质所在。

## （二）黎族社会内部世俗权力与神权的矛盾出现

随着社会的阶级分化，阶级矛盾进一步加剧。黎族社会明显地分为几个地位不同的阶层。一个是少数有权有势的龙公等人组成的富裕阶层，一个是占大多数的一般民众组成的平民阶层，一个是少量贫苦的龙仔等民众组成的弱势阶层。有学者认为，这时黎族地区处于父权奴隶制阶段。[②]

这一时期，查禁和除禁已经被第一阶层所实际控制，甚至成为他们压迫和剥削其余两个阶层的工具。如20世纪20年代，世居五指山南麓水满峒牙排村的土豪王文清，与毗邻的番也村、冲门口村因土地械斗，继而造成王文清到红毛峒请援相助，久争不息的局面。王文清不仅平时为人霸道，而且经常为非作歹，残害无辜。比如有一次到附近的毛苗村收租催债，佃户卓上清没钱交付且与其发生争执。此后不久，王文清的大儿子无故病死，便诬称是卓上清"禁死"的，于是派人在卓上清的家中用枪把其打死。此事引起毛苗村民的极大愤慨，遂群起攻之，围阻牙排村。王文清多次向番阳、

---

① 中南民族学院本书编辑组.海南黎族社会调查（上卷）[M].南宁：广西民族出版社，1992：665.
② 参见：陈立浩，陈兰，陈小蓓.从原始时代走向现代文明：黎族"合亩制"地区的变迁历程[M].海口：南方出版社，海南出版社，2008：57-63.

红毛、太平等地搬兵求援，实施报复。因此，毛苗村轮番遭到烧杀抢掠，就连支持毛苗村的毛脑、毛那、番响等村也未能幸免，致使几百人流散在外，居无定所。这次大规模的械斗，震动了五指山腹地，事过三年，经岭门扶黎局汉族官员符理胜来调处，始告平息。①

这时，被查出的禁公、禁母的身份再也不是毫无取向的任何民众，而往往是孤苦伶仃的社会弱势群体人员，尤其是无依无靠的老寡妇以及其他受人歧视的人。自然，不难理解在这种情况下，首领及其家人也就不会被查出为禁公、禁母了，实际上是查出了也没有娘母或道公敢于说出（或暗示）。这应该也是导致在一次查禁活动中娘母或道公往往要多次占卜，甚至更换另一个娘母或道公占卜的一个潜在的基本原因。②相应地，受人歧视以及与首领不睦的人则越来越可能成为禁公禁母（娘母、道公指出或暗示这些人为禁公、禁母最保险）。这时，信仰的力量已经无法胜过世俗的力量。

不仅如此，"查禁"、"除禁"的仪式开始出现了"走过场"的趋势。如在上例中其实"在未举行此仪式之前，病人家属已和道公商量好，要指定谁是禁母，所以到时只是履行形式而已，被指为禁母的家庭在事前也略有所闻，但在这种情况下是不能反抗的"。这说明宗教活动在后期已经形式与内容分离，往往被人利用来作为使处罚所谓禁公、禁母的正当化的工具，而公开的宗教活动徒有形式，失去了实际意义。"禁"习惯法的神圣性相对减弱而呈现出以世俗性为主的态势。

道公和娘母在"禁"习惯法中，依附于传统势力、权力、财富，滥用神权，歪曲神的旨意，这实际上意味着宗教人士阶层的堕落和异化，意味着神权本身力量的削弱，神权成为被世俗力量控制的工具，成为附庸，而神权就其本身来说应该是公正、无私、无畏、客观中立的。

需要说明的是：虽然神权在"禁"习惯法中的地位已经开始下降，而世俗权力大大上升，神权在与世俗权力的冲突中逐渐败下阵来。但这并不意味着在黎族文化中神权整体意义上的没落。它仅仅表明，随着世俗权力地位的进一步上升，神权将会逐渐退出"禁"习惯法这一领域，而这也就预示着"禁"习惯法的解体。

### （三）封建社会国家法与黎族"禁"习惯法的内在冲突产生

黎族地区原来没有国家法，随着国家对黎族地区控制能力的增强，国家法开始在

---

① 五指山地方志编纂委员会. 通什市志[M]. 北京：方志出版社，2008：849.
② 上个世纪30年代在乐东县三平区番阳乡抱隆村，王明东的父亲说峒头王公清的妻子有鬼，被王公清知道后，罚了王明东的父亲1口猪和1个大缸。广东省编辑组. 黎族社会历史调查[M]. 北京：民族出版社，1986：149.

黎族地区实施。因为二者的作用范围出现重叠，国家法要站稳脚跟就必然要挤压原有习惯法的生存空间，这自然就导致了二者产生冲突。首先，国家法是明确性、普适性，属于公力救济，具有国家强制性，内在地要求垄断暴力使用权，排斥地方上的各行其是，滥用暴力进行私力救济，而"除禁"是属于民间私刑，靠传统信仰来维持。其次，国家法依靠国家官员，包括国家任命的民族官员来贯彻实施，它与宗教人士利用民族巫术来"查禁"以及民族首领主持"除禁"具有内在的冲突。第三，国家法是统治阶级的意志的体现，目的是保持统治阶级的地位和利益，而黎族"禁"习惯法是黎族百姓长期生活中形成的习惯，表面上体现鬼的意志，目的主要是维护原有的社会平等秩序，与阶级性没有必然的联系。第四，国家法的主流指导思想是"敬鬼神而远之"的儒家思想，而这与黎族的传统宗教思想明显不同。

实际上，黎族的原始信仰很早就被汉文献称为"淫祠"而受到打击。据清道光《琼州府志·宦绩》载：永乐间，吴定实知定安县，"革黎人杀人祀鬼之俗"。[①] 清道光《广东府志·宦绩录》载：成化间，罗杰守儋州"黜淫祠，正风俗"；清道光《琼州府志·宦绩》载，嘉靖间，秦志道任澄迈县，"斥毁淫祠，以其田资诸生膏火"。清光绪《定安县志·宦绩》载：永乐间，定安知县吴定实，善扶黎，"淫祀浇风，洗涤殆尽"；后来佛教传入黎区。清道光《广东府志·宦绩录》载：宣德间，徐鑑守琼，为革除黎人杀牛祭鬼之俗，乃倡行佛教以代替之。其中写到："费鑑以佛老虽非正，然不害物命，犹善于此，乃许巨室修饰寺观以移积习。自是有病者不杀牛而民用稍纾。"

民国二十一年（1932年）扶黎专员陈汉光到琼"剿共扶黎"时，凡他所到之处，都曾强令革除黎族妇女文身文面和男人佩戴耳环的习俗，并极力提倡改着汉装。[②] 此外，国民党政府曾无辜杀害了乐东县第一区南筹乡南只纳村查鬼道公一人，把他所有的法具全部焚毁，当时群众甚为愤慨。[③]

尽管朝廷对黎族地区存在的与巫蛊类似的禁术也给以严重关切，采取了严厉制裁的态度。如在清朝光绪年间在黎族地区所立的《奉道宪严禁》碑中就有"造魔克符咒诅杀人并下毒药害人，按律照依谋杀论"这样的规定，并且把这一规定排在碑文的第一条。这与"禁"习惯法的思路看起来是完全一致的，但实际上却有很大的不同。国家法处理方式与习惯法不同，国家把禁人行为列入犯罪的范畴，剥夺了习惯法基本运作方式的合法性。官方在规定严禁用巫术害人的同时，把禁人行为与一般的下毒害人

---

① 该处"杀人祀鬼"的记载令人心惊，但遍查其他文献并没有关于黎人杀人祀鬼的记载。在"禁"习惯法中，黎人可能杀人（禁母或禁公），同时也"祀鬼"（"解禁"及"除禁"），但二者并不存在内在的因果关系，更非用人来祭祀，严格来讲应该是"杀人驱鬼"。本处的记述应该是对黎族风俗的误解所致，抑或是"杀牛祀鬼"的笔误。
② 参见：符兴恩.黎族美孚方言[M].香港：香港银河出版社，2007：2.
③ 中南民族学院本书编辑组.海南黎族社会调查（下卷）[M].南宁：广西民族出版社，1992：70.

行为结合起来,①这表面上是支持了"禁"习惯法,实际上却削弱了禁人犯罪的特殊性、独立性,降低了该处罚与原始信仰的密切关系,削弱了其神圣性,增强了其世俗性。不仅如此,国家法律中还设有诬陷罪,②而诬陷罪的规定与"查禁"内在地有冲突的一面,因为"查禁"并没有科学上的依据,很容易被认定为诬陷。③至于在这些案件中,到底是娘母、道公在诬陷好人(这里的前提是人们对娘母、道公已经不再那么笃信),还是查出的确实是害人的禁母、禁公,群众也是真假莫辨,莫衷一是。

国家法与"禁"习惯法的这种冲突现在还不明显,但已经埋下了纷争的种子,这颗种子在下一历史发展阶段就要生根发芽。实际上后来我们会看到,"禁"习惯法消亡的直接原因就是国家法对其的强力压制,尽管那时的国家法已经与现阶段的国家法相距甚远了。

---

① 从现有历史资料中,我们一直没有发现在黎族地区存在用草药等下毒来害人的案例,不过在田野调查中我们了解到确实存在这样的案件。一个不典型的例子是这样的:建国初期,一位黎族电影放映员因为汉族领导只把不大好看的影片给黎区放映,而采草药撒到办公室,结果汉族官员身上发痒难忍。这位放映员主动提出给以治疗,结果汉族官员意识到是他搞鬼,因为害怕黎族的巫术,后来就不再歧视黎族。
是否黎族在蒙昧时期把"用巫术害人"与"用草药等害人"混为一谈?用草药害人的人是否也被称为"禁公"或"禁母"呢?我们了解的答案是:至少在解放初期,黎族把二者明确区别开来,因为前者是不直接接触被害人的禁术害人,而后者是直接接触被害人的一般毒药害人。那么对于用草药害人的人以前如何处罚呢?我们尚不十分清楚,有待于进一步调查研究。

② 我们迄今也没有找到黎族地区习惯法中有对于诬陷的处罚的具体处理方法,尽管有关黎族诚信的事例有很多。据历史记载:"(黎人)与省地商人博易,甚有信而不受欺给。商人有信,则相与如至亲,借贷有所不吝,岁望其一来,不来则数数念之。"见:[宋]范成大.桂海虞衡志[M].

③ 遗憾的是,我们现在尚未找到解放前娘母或道公因诬陷罪而入狱,或受村庄内部处罚的具体案例。

# 第五章
## 建国初期黎族"禁"习惯法的急剧衰落

五指山深处的"黎家第一村"

  病魔缠我身,灾难何时了?

  为驱邪祭鬼,把大颈牛杀了,把粗脚牛杀了,把刚生下的小牛也杀了,可是病鬼还不跑。

  牛杀光了,无牛去耕田;牛杀光了,田园荒芜了;牛杀光了,亲人病未好。

  只好买牛宰,病鬼啊还不散,生活呵实难熬。

——黎族民歌①

  "禁"习惯法的第四阶段主要是指1950年5月1日海南全岛解放以后至1978年改革开放之前的阶段。这一阶段国家以强大的权力,有效控制了包括五指山腹地在内的整个黎族地区,②全新的意识形态全面渗透到黎族社会生活的各个方面并实施绝对控制,整个黎族社会剧烈转型,在外部因素作用下急速进入崭新的社会主义阶段。这使得黎族地区各个方面都发生了亘古未有之大变化,可谓"一步跨越数千年"。社会主义社会的政治、经济、文化、教育等各个方面都与黎族原有的社会状态迥异,对黎族地区形成了巨大的冲击。

  马克思和恩格斯曾经指出:"随着每一次社会制度的巨大变革,人们的观点和观念也会发生变革,这就是说,人们的宗教观念也要发生变革。"③黎族传统"禁"习惯法本来就已经出现了衰落的征兆,现在突然又遭此重大社会变故,可谓"屋漏偏逢连夜雨",因而急剧衰落。

---

① 参见:陈立浩,陈兰,陈小蓓.从原始时代走向现代文明:黎族"合亩制"地区的变迁历程[M].海口:南方出版社,海南出版社,2008:102.

② 1947年5月琼崖独立纵队创建了五指山根据地,处于五指山腹地的合亩制地区被解放,早于海南全岛解放约三年。

③ 马克思恩格斯全集(第7卷)[M].北京:人民出版社,1972:240.

# 一、建国初期黎族地区的社会基本状况

解放后,黎族人民像全中国人民一样成了国家的主人,过上了生产资料公有、人人平等的幸福生活。1952年7月民族自治政权——海南黎族苗族自治区人民政府正式成立(1955年10月改成自治州),黎族人民的历史翻开了崭新的一页。

## (一)物质生活条件的改善

解放初期黎族人民的生活还很艰苦,可以说用"吃不饱,穿不暖"来形容一点也不过分。过去黎族人的生活可以用一首民谣来概括:"一间茅房三石灶,一条野藤担家当,一把钩刀砍大山,一碗谷种养全家。"同时,在黎区还有这样的说法"种一坡,收一箩",由于每亩只能产几十斤稻米,粮食产量很低,根本无法靠粮食养活自己,只能每年有数月靠采集野果及打猎等充饥。当时人们的生产工具落后,种植技术也比较原始。[①] 1950年初,政府开始从汉区为黎、苗各族人民购置了一大批铁制生产工具。全岛解放后,向外采购更加方便。1951年一些汉区人民又无偿地赠送了一大批铁制工具给五指山区。自治州成立后,国家更将大批的钩刀、步犁、双铧犁、铁耙、锄头、长柄小铲等工具,无偿地发放给民众。同时,国家又积极帮助黎族群众掌握犁耙、选种、施肥以及中耕、防病虫害的技术及方法,再就是兴修水利。这些使得黎族地区的农业有了很大的改观,粮食产量达到平均每亩200斤左右,人们再也不会吃不饱肚子了。在物质生活条件改变的同时,黎族人民精神面貌也发生了很大的变化。

## (二)科学医疗知识的宣传和普及

1950年海南岛解放是广大黎族人民原始宗教思想发生变化的一个转折点,导致这种变化的是新中国的民族政策。这主要包括两个方面:普及科学医疗知识和发展教育文化事业。此外,还有海南岛上国营农场的示范及带动的影响。这里主要探讨第一个方面。

---

① 中共琼崖纵队领导海南人民于1947年在五指山周围建立了革命根据地,当时纵队中平均每五个人中就有一名少数民族战士。解放后周恩来总理给以高度评价,称"海南人民坚持了二十三年红旗不倒,黎族人民斗争很坚决,对革命贡献很大。"(参见:高泽强,文珍.海南黎族研究[M].海口:海南出版社,南方出版社,2008:325.)革命力量之所以顽强地坚持到解放,其中一个不可忽视的原因就是当地的经济发展落后,交通闭塞,反动派统治力量薄弱。

历史上黎族地区因为常年高温多雨,潮湿炎热,蚊虫容易繁殖,各种疾病常年流行,是有名的"瘴疠之地"。据史书记载:"生黎峒中草木郁气不舒,时有瘴疠,乡人暴如其地,感成寒热,重者或发黄肿,经年乃愈,谓之黎病。"这里根本没有什么医疗卫生设备,缺医少药情况非常严重。"夏秋谷子黄,疟鬼爬上床,十有九人病,无人送药汤"成为当时黎族地区的真实写照。解放前,乐东黎族自治县三平乡兴塘村在一次疟疾流行中,就有420多人染病,死亡105人,有30多户人家全部死绝。1945年琼中县黄竹村流行恶性疟疾,全村几十户人家中除1人外逃外,全部死光。这个村从此变成"无人村"。疟疾对儿童的危害尤为严重,许多地方的婴儿成活率仅有50%左右。①

1943年,台北帝国大学医疗团在黎族地区对300名黎族成人的调查发现,脾肿率达82%,原虫感染率为23.8%,其中恶性疟占81.2%,间日疟为18.8%。② 1959年,政府对毛阳地区进行了全面调查,当时毛阳有10个生产队,50个自然村,居民4300人。调查发现,居民疟疾年发病率和原虫感染率均超过50%,其中恶性疟占68.7%,混合感染率占17.7%,间日疟占13.3%,三日疟占0.3%,未满周岁婴儿疟疾感染率更高,达66.3%,儿童脾肿率达81%。③

在这一阶段,一方面国家大力宣传科学卫生及医疗知识,教育及鼓励人们解放思想,学科学用科学,树新风,移风易俗,破除迷信,宣传有病去看医生,不要相信巫术,否则耽误病情;另一方面国家多次派出医疗队深入黎区,为百姓免费送医送药,大大地解除了病人的病患。同时,国家又大力发展医疗事业,建立了不少医疗卫生机构。④

1951年夏,中央访问团进入五指山区对黎族、苗族人民进行亲切慰问。随行的有一批医疗工作者为黎族人民治病。尽管当时黎族人民由于传统意识关系,不相信医学,有病不愿求医,只有黎族干部与医疗工作者打交道,但毕竟增强了对医学的一些感性认识。1952年春,中国红十字会医疗队深入五指山区,在乐东、保亭、白沙等一些偏僻的县份设立医疗点。那时广大黎族民众对此仍抱着怀疑的态度,认为医生只能医"假病",只有道公和娘母才能医"真病"。后来由于医务工作者多年的耐心宣传,不断向群众讲解卫生知识,展示医疗效能,政府严厉禁止屠杀耕牛,同时各县极力发展巡回医疗事业,把医药送到门口。到了1955年群众才有些相信医学,有病主动到医疗机构求医,并劝导有病的人就医。事实胜于雄辩,有这样一个例子:1955年毛或村一位

---

① 王学萍.五指山五十年[M].海口:海南出版社,1999:276.
② 台湾总督府外事部.台北帝国大学第二回海南岛学术调查报告[R].转引自:王会均.日文海南资料综录[M].台湾:台北文史哲出版社,1993.
③ 参见:陈立浩,陈兰,陈小蓓.从原始时代走向现代文明:黎族"合亩制"地区的变迁历程[M].海口:南方出版社,海南出版社,2008:167.
④ 高泽强,文珍.海南黎族研究[M].海口:海南出版社,南方出版社,2008:321.

村民王又新，劳动期间腿部碰伤，伤口感染、化脓，腿部变得又红又肿，痛苦异常。于是他循旧习请鬼公前来杀牛祭鬼，牛杀了，钱也花了，伤口反而更严重溃烂、肿痛到无法忍受，日夜呻吟。在束手无策的情况下，其家人经过干部的多次规劝，由村民用竹枝扎成一副担架把他抬到六十里外位于通什镇的自治州人民医院。住院十几天后，完全痊愈，他自己竟能跑六十多里山路返回乡村来。这件"抬出去，跑回来"的事，成为村民的佳话。

解放前在黎族地区，疟疾（黎族认为是天狗鬼作祟）、痢疾最为流行。为此，医疗卫生部门大力宣传痢疾不是什么"肮脏鬼"在作祟，而是一种细菌侵入肠胃所致，并宣传"不饮生水，要饮开水"。但当时群众仍然请鬼公印符箓，或者画符，张贴在大门上以防鬼。后来群众才慢慢对各种疾病有了新的认识。1968年开展了一个扑灭疟蚊的运动，人人动员，填平山里积水的洼地，消灭丛生着蚊子的死水沟，疏通了流水道，治理效果非常明显。事后有群众讲："过去，我们认为天狗鬼是在天上的，原来它住在水洼里，在大树底下的枯叶堆里，我们一下子捣掉它的老窝，使它无处藏身，无法害人，好极了。"①

黎族奥雅念咒

尽管如此，黎族地区的原始信仰还是比较牢固的，人们仍普遍相信存在各种恶鬼，认为它们会作祟于人，对之充满了恐惧。不仅一般群众信鬼，就是基层干部也信鬼。1963年据万宁县大茂公社召开的三级干部会议上统计，相信禁公能禁死人的干部占三级干部总数约400人中的80%。不仅如此，有的公社机关干部也害怕禁死人，甚至有的干部参加降公（即当道公），有的共产党员入了道士，积极参加迷信活动。② 上个世纪50年代在乐东县四区永益乡什益村的调查中有这样的记载："这些鬼以'抱昌鬼'、禁鬼、难产鬼为最凶，群众平日都不敢提到这些恶鬼。例如我们到什益村访问时，与容国光老人（70岁）坐在一起谈话的还有纪民新（约50岁）和容亚有（约25岁）两人。当我们提到'抱昌鬼'（一种使人上痛、腹泻的恶鬼——作者注）的时候，纪民新、

---

① 参见：张寿祺，黄新美.海南岛乐东县番阳区黎族群体变化的研究[M].海口：海南大学图书馆，1986：69-73.
② 参见 1963年《万宁县大茂公社集训迷信职业者试点工作总结》.海南省档案馆全宗号27，目录号2，卷号60.

容亚有连忙跑出屋外,并向我们解释道:'你们和这老人谈吧,老人是不怕死的。'(意思是说老年人行将就木,谈及恶鬼也不怕,一般人若是谈了,恐怕恶鬼会作祟使他生病)。"①

解放初期,做鬼很普遍,即使是在国家严厉禁止迷信活动后,做鬼活动也没有消失,只是不再杀牛而用猪、鸡代替。道公们对做鬼活动往往应接不暇。有时刚在这家做鬼完毕,别村又有人来邀请。有时一去就是10多天才能回家,家里的生产只得让妻子和儿女去干。虽然对生产有所妨碍,但碍于群众的请求又非去不可。群众认为道公有时深夜还要去给别人做鬼,而且时常能医好疾病,所以对他们是相当尊重的。

## 二、建国初期黎族"禁"习惯法的状况

### (一)"禁"信仰在人们心目中的地位有所动摇

随着医学知识和技能在黎区的迅速普及,黎族百姓逐渐认识到疾病完全是由细菌、病毒等引起的,而不是禁公、禁母的禁术造成的。医生可以通过仪器的检查,采用手术以及中西药来有效地治好疾病。同时,人们也认识到查禁捉鬼那套神秘的做法完全没有依据,是迷信,不值得信任。因为这样不仅治不好病,还会使无辜的人蒙受不白之冤,再就是这样做还可能被别有用心的人利用来诬陷好人。民众愈来愈不相信宗教迷信。

黎族百姓通过自己的切身体会认识到,医院能够有效地医治疾病,因而对医学越来越信服,"有病看医生"成了人们的自觉行动。有病请道公的人越来越少,且处于半公开的状态。也有些黎族百姓在有人生病时,一面去请医生,一面偷偷地去请道公"查鬼";还有些人在医生医不好病后,再去请道公。但道公查出禁公或禁母后一般也不敢直说,只是在旁观的众人面前默默地进行"解禁"的祭祀活动,然后私下告诉病人。尽管群众没有直接获知禁公、禁母是谁,但他们相信这样的俗语:"牛吃禾苗单吃一块田,禁公禁人也不单禁一个人。"谁过去被人指为禁公,以后还是一直被人怀疑的。当然毕竟时代不同了,即使人们从道公的某些语言的暗示中获知某人为禁公、

---

① 中南民族学院本书编辑组.海南黎族社会调查(下卷)[M].南宁:广西民族出版社,1992:140.

禁母，一般也不再敢于公开说出，只是尽量疏远、提防他们。如万宁县大茂公社大林大队吴开汉，在上个世纪40年代他家有一小牛身上生虫子。吴开汉听到人家说"经常念一首收牛虫歌，牛身上的虫子就会全都死了"，于是他回家后，右手持刀，左手拿米，面向太阳念："日出东方照红红，请得金鸡收牛虫，虫公姓苏，虫母姓鲁，以请兵马收牛虫。"群众听到他念这首歌后，就怀疑他是禁公。一直到解放后的60年代有些群众还怕得不得了，不敢接近他。①

冰冻三尺非一日之寒，积习难改，"禁"习惯法的根源在于传统信仰，而信仰的变化是比较困难的。列宁曾说过："宗教偏见的最深刻的根源是贫困和愚昧。"② 这固然有一定的道理，但贫困和愚昧是一个不好度量的概念，从某种意义上来讲人类始终是处于贫穷和愚昧之中的，同时宗教的根源也不限于贫困和愚昧，当代西方相当多的人信宗教就是明证。③ 这一阶段黎族传统宗教活动仍相当活跃，有病只祭鬼而不求医者大有人在，查禁捉鬼的现象仍有不少。如在白沙县第二区毛栈乡番满村解放后仍有"禁母"的事情发生，在1950年和1954年曾用"洗澡改名"的方法处理过6户27人；受处理后全家的人都改名，但不改姓。④ 1958年大跃进时，开展破除迷信、取缔做鬼活动的运动，此后迷信活动一度大为减少，但到1961年后迷信活动又趁整风整社之机，借着恢复民族习惯为名，有所回潮。总的来看，这一时期杀害禁公、禁母的事情，已经比建国前大大减少了，但仍时有发生。至于一般性的伤害禁公、禁母，驱赶他们出村，歧视他们的现象乃是司空见惯。如1957年万宁县长安公社溪头大队村民林树雄因被怀疑为禁公而上吊自杀，其妻子林下园后来也因为被怀疑为禁母，而被无辜殴打致死，可群众却对打禁母的人表示理解和支持，眼看所谓"禁母"被活活打死也不施救。不仅如此，林下园被打死后，转业军人林树强还组织几十名社员联名捏造林下园禁死6名群众而畏罪服毒自杀材料，向公安局控告，想为凶手林尤标推脱罪责。又如，1962年8月同一公社长丰大队农民许志民被怀疑为禁公，山架大队生产队长带领多人闯进许家把其打成重伤，昏迷不省人事，并声称要捆绑扛去河里淹死。不仅如此，1962年10月据官方了解当时长安公社还有不少准备杀死禁公禁母的事件。⑤

---

① 参见：1963年《万宁县大茂公社集训迷信职业者定点工作总结》，海南省档案馆全宗号27，目录号2，卷号60。
② 列宁．在全俄女工第一次代表大会上的演说[C]∥列宁全集（第28卷）．北京：人民出版社，1963：163．
③ 实际上就当今世界来说，大部分人是信教的。同时，从纵向的历史角度来看，在人类历史的大部分时间里的大部分人也是信教的，只是人们所信仰的宗教多种多样。
④ 中南民族学院本书编辑组．海南黎族社会调查（上卷）[M]．南宁：广西民族出版社，1992：344．
⑤ 参见：1962年万宁县人民检察院《关于长安公社迷信禁公禁母引起殴打死人事件的调查报告》，海南省档案馆全宗号27人，目录号2，卷号55。

可以说，这时的"禁"习惯法虽然在表面上受到了政府的强力压制，但在黎族人的心目中仍具有难以替代的重要地位，对人们的日常生活仍产生着巨大的影响。

## （二）社会主义新文化与"禁"习惯法在理念上的对立

社会主义新文化与"禁"习惯法在理念以及处理方式上都完全相左，国家反对一切形式的迷信活动，并且认为封建迷信活动实质上是封建残余势力复辟的具体体现，是敌我性质的矛盾，是当前阶级斗争的重要方面，必须采取坚决的措施，予以取缔。这时的官方理念不是仅仅反对黑巫术，而是反对巫术本身，包括白巫术等在内。这正如建国后不是反对国民党的六法全书，而是反对法律本身一样。尽管有些落后地区的人们可能还有此种画符念咒想置人于死地的妄想，但国家已经不再对此行为进行追究，法律上将此称为"不能犯"，就是说这种行为只是一种人的主观想法，不可能对现实世界的人造成真正伤害。对于黎族的施巫术禁人，国家认为：首先，禁包很难证明是所谓禁公或禁母所为；其次，即使存在射禁包等禁术行为也根本不会产生实际效果，人们生病完全是由于自身的原因。对于用巫术查禁，国家却认为这是明显的违法行为，如果伤害禁公、禁母更会构成犯罪。

"禁"习惯法与社会主义新文化冲突的原因主要在于以下方面：

1."禁"习惯法的理念是万物有灵论等唯心主义思想，笃信巫术，而新文化坚持唯物主义，反对任何宗教迷信，认为信禁鬼就是搞封建迷信，就是反科学，甚至就是反革命。"禁"信仰属于陈规陋习，应该彻底铲除。

2."禁"习惯法认为有些疾病是施了禁术的结果，要由道公、娘母来查禁和除禁，而新文化坚持生病需要找医生医治，根本没有巫术这回事，道公、娘母完全是在装神弄鬼、造谣中伤、挑拨民众之间的矛盾，希望借此敛财，禁鬼完全是封建统治阶级拿来欺骗人民、毒害人民、麻痹人民、剥削人民的一种手段。

3."禁"习惯法坚持"除禁"是制止和消除坏人害人生病的必要措施，而新文化认为这是严重侵犯公民人身权利的违法犯罪活动。

4."禁"习惯法认为"除禁"可以打击坏人，恢复社会秩序，而新文化认为这是诬陷好人，破坏安定团结的大好局面的行为。

5."禁"习惯法认为杀猪宰牛祭祀是治病的基本途径，祭祀后的聚餐是民族习惯，而新文化则认为用牲畜祭祀是对人力和物力的极大浪费，"求神做鬼，财尽命亡"，同时由于是集体经济，牛都是共有的，杀牛未经批准，这是典型的破坏社会主义生产的行为。此外，这还容易造成"一人生病，全家误工，一家做鬼，全村喝酒"的不良风气，聚众饮酒也可能直接影响社会治安，严重妨碍社会主义秩序的稳定。

上述二者在观念上的对立，显而易见是本质上的，不是细枝末节上的，双方都没有多少回旋的余地，国家法与"禁"习惯法的激烈冲突，进而生死较量在所难免。

## 三、国家法与"禁"习惯法的激烈对抗[①]

建国后，国家法与"禁"习惯法在现实中的对抗主要表现在以下方面：

### （一）国家法全面压制"禁"习惯法

1949年中国人民政治协商会议通过新中国第一部具有临时宪法作用的《中国人民政治协商会议共同纲领》第五十三条明确规定："人民政府应帮助各少数民族的人民大众发展政治、经济、文化、教育的建设事业。"1951年的《中华人民共和国惩治反革命条例》规定："第八条 利用封建会门，进行反革命活动者，处死刑或无期徒刑；其情节较轻者处三年以上徒刑。""第十七条 犯本条例之罪者，得剥夺其政治权利，并得没收其财产之全部或一部。"此后颁布的重要法律和宪法，除1975年宪法外，均重申了少数民族有"保持或改革其风俗习惯及宗教信仰的自由"的原则。1952年的《中华人民共和国民族区域自治实施纲要》第三十四条规定："上级人民政府应利用各种适当的方式，向各民族自治区人民介绍先进的政治、经济和文化建设的经验和情况。"1967年1月13日中共中央、国务院《关于在无产阶级文化大革命中加强公安工作的若干规定》（简称"公安六条"）中发（67）19号中包括："（四）地、富、反、坏、右分子，劳动教养人员和刑满留场（厂）就业人员，反动党团骨干分子，反动道会门的中小道首和职业办道人员，敌伪的军（连长以上）、政（保长以上）、警（警长以上）、宪（宪兵）、特（特务）分子，刑满释放、解除劳动教养但改造得不好的分子，投机倒把分子，和被杀、被关、被管制、外逃的反革命分子的坚持反动立场的家属，一律不准外出串联，不许改换姓名，伪造历史，混入革命群众组织，不准背后操纵煽动，更不准他们自己建立组织。这些分子，如有破坏行为，要依法严办。"

实际上，当时针对民族习惯的民族政策偏重的是"改革"民族风俗习惯，甚至是

---

[①] 有必要说明，建国初期我国法律很少。本文所指国家法也包括当时的国家政策、行政规定等。

对其"革命",而不是"保持"民族风俗习惯。官方的基本理念是:少数民族习惯法基本上是与国家法对抗的、野蛮、落后的东西,一切习惯法都应该绝对服从国家法。在"文革"中包括黎族"禁"习惯法在内的一切原始宗教统统都被当成"四旧"(旧思想、旧文化、旧风俗、旧习惯)而成为被清除的对象,在"横扫一切牛鬼蛇神"的运动中遭受重创。① 当时斗争的残酷景象给黎族百姓留下了难以忘怀的深刻印象。② 他们甚至利用谜语的形式来反映这一现象:"一日三场戏,专听台上喊斗批;台下观众活受罪,不是打锣就斗死。"谜底是"文化大革命"。③

## (二)国家对道公、娘母进行强制的教育改造

建国后,黎族地区政府大力宣传唯物主义观念,严禁包括"查禁"、"除禁"等在内的一切迷信活动。当时黎族地区开展了反偷盗、反赌博、反道公、反保甲长等活动。如在1953年,因黎族地区部分道士违反人民政府宗教管理条例,他们信奉的"道教"被划为反动会道门而被取缔,道堂大多数被没收或拆除,有组织的道教活动基本停止。④ 不仅如此,国家还要求各地开展社会主义教育运动等一系列的群众运动以"破旧立新"。为此,黎族地区各级政府按照中央的部署,积极开展活动,通过写家史、村史、开诉苦会等方式对一般干部及群众进行思想教育。⑤ 与此同时,政府还强制把各村的娘母、道公等迷信职业者组织在一起到县里办培训班,对他们进行专门的教育、改造。下面让我们来看一份集训报告。⑥

---

① 在"左倾"错误思想及后来的"文革"的影响下,党的民族政策遭到严重践踏,少数民族干部也受到严重的冲击。1967年一大批黎苗族干部被诬陷为"民族主义分裂集团"、"地方主义翻案集团"和"叛徒集团",受到迫害。一些德高望重的少数民族代表人物,如白沙起义领导人王国兴、王玉锦就是在十年浩劫中受尽折磨而先后去世的。参见:王学萍.五指山五十年[M].海口:海南出版社,1999:39-40.

② 笔者在2010年8月份去黎族地区调查采访道公时,还听到有几名老人在一旁窃窃私语:"有麻烦了,要倒霉了。"他们认为笔者是代表政府在调查迷信活动的情况。

③ 参见:王学萍.中国黎族[M].海口:海南出版社,2004:428.

④ 当时广东省政府按照中央的部署,全面开展清剿土匪和镇压反革命斗争,狠狠打击土匪、恶霸、特务、反动党团骨干和反动会道门头子等五方面敌人。现在看来对黎族道教的处理可能有些"过火",但当时黎族百姓并没有与官方严重对抗,更没有造成类似1975年云南沙甸事件(参见:刘树生.脚步的回声:70年风雨历程见闻杂忆[M].北京:中国文联出版社,2002:890-912.)那样的状况。这一方面说明黎族的道教信仰远没有达到很深入的程度,另一方面也说明黎族百姓并不认为道教与政治关系很大,更没有想到要以道教对抗国家政权。

⑤ 有关这方面的情况,读者可以参见书后附录三。

⑥ 资料来源:海南省档案馆,档案全宗号:27,目录号:2,卷宗号:60。

## 海南黎族苗族自治州保亭县保城公社
## 集训"道公"、"娘母"情况报告

　　从我县保城公社社会主义教育运动试点中暴露的问题看，当前道公、娘母在农村中大力恢复封建迷信活动，很为猖獗，情况确实严重，它不但造成广大群众大量地屠杀生猪、三鸟、浪费粮食等铺张浪费，而且有些还聚众喝酒，大量浪费劳力，直接影响了社会治安和各项生产的顺利发展。因此，为了彻底搞臭封建迷信活动，提高广大群众的社会主义觉悟，破除迷信，相信科学，坚决打垮封建首子的非法活动，我们在结合农村社会主义教育同时，集中了该社的道公、娘母进行集训，现将集训过程的情况报告如下：

### （一）

　　这次集训工作从 5 月 3 日开始，至 14 日为止，历时十一天，计参加此次集训的道公娘母有 32 人，其中道公 22 人，娘母 10 人，男 22 人，女 10 人（内地主 1 人，富农 5 人，上中农 3 人，下中农 2 人，贫农 21 人），在参加集训的 32 人中有老的，也有新的，有师傅，也有徒弟，有年老的，也有青年人，有群众也有干部，甚至共产党员也有，当道公娘母时间最长的有 44 年历史，最短的是从 1961 年开始学习搞迷信活动。

　　从这次集训暴露出来的问题看，封建迷信的复辟情况是严重的，活动范围普及全社七个大队，阴谋是恶毒的。例如毛介大队道公首子王石书，自 1927 年起一直干道公出身，欺骗人民至现在，因此，在我们政府提出，改革落后习惯，破除迷信后，还在群众中说："国民党领导时，没有医院，做鬼也能医好人，现在共产党的医院是医死人的"，并且在群众中散布说："现在搞的不是鬼，鬼就把谷子收回去，我是医生亦会做鬼，有病只要我做鬼就会好。"此外，他还到处传授求神拜鬼学徒。又如石岗大队娘母黄恶妈（地主）污蔑我说："共产党叫人不要做鬼，是为了他们医院的副业收入。如我们有病做鬼，不到医院去医，他们的医院就关门。"道公娘母以迷信欺骗人民群众的手段，在这次集训中也彻底地暴露了。其表现在，他们利用各种鬼神名称，迷惑群众借以骗取广大人民财产。例如，小孩拉稀尿就说是被"猴子鬼"禁了；大人染上了病，左边脉搏跳动了，就说是被"天狗鬼"禁了；如果脉搏转回右边跳动，就说是"岭主鬼"所禁。以上这三种鬼都必须杀鸡一只，米一斤，酒一斤以祭禁，才能使病人好转。除此之外，还有什么所谓"天山鬼"、"雷天鬼"、"天佛鬼"、"水鬼"、"五刀枪鬼"、"祭煞鬼"……等等。他们经常在不同的地方，向群众进行不同的欺骗。部分道公、娘母不但自己进行迷信活动，而且还把它传授给别人，从这次集训的32人中向别人传授迷信的就有5人，共传授11人。

"做茂"是封建迷信中浪费最大的一种，做一次"茂"不是杀牛也要杀猪，并且还用三鸟、大米、白酒等。西坡大队"娘母"黄恶尾有一次被什玲公社巡亲村叫去"做茂"，除了杀猪一只、白米20斤、酒50斤外，还骗7元，并且还用四个劳力用木头架扛去扛回。从集训暴露的问题，当"道公"的不但在农村有，在我们机关里也有。现任公社招待所主任（公社党委委员），也曾三番四次到农村去当"道公"，骗取群众财物。公社妇女主任黄桂英曾二次请"道公"祭神。公社组织干事梅亚乐也曾二次请"道公"陈文高作鬼，杀了二只小猪，并给"道公"几元钱，还亲送"道公"返家。

封建迷信的复辟，给广大劳动人民的确带来了很大危害，有些社员由于受封建迷信蒙蔽，有病不求医，做鬼祭神，不但浪费了钱财，还死了人命。例如西坡大队在1962年间普遍出现了麻疹，又因信了迷信，不很好治疗，只请"道公"、"娘母"做鬼，并把小孩抱起来四处逃走，结果不但浪费了财物还使8名小孩不医致死。

这次集训中不完全统计的材料看，从1961年起共做大鬼小鬼591次，杀掉耕牛一头，杀掉生猪358头（其中母猪18头），杀三鸟509只，狗4只，浪费大米276斤，酒3千多斤，现款573.20元，同时由于有病做鬼而不及时送医院治疗致死掉了17人，其中小孩11人，成年6人。

通过这次集训，参加集训的绝大多数"道公"、"娘母"都向我交代认为"鬼"是一种骗人的东西，但他们为什么又要做呢？通过阶级教育回忆对比，挖根找源后，一是有个系农村中的懒汉分子，长期怕参加劳动，避免参加生产。如春天大队陈文高，原是军队中的少尉军官，转业后怕参加生产，便到处流浪，学了道公，并开始进行了封建迷信活动；二是有个四类分子以迷信活动来破坏生产，如石岗大队黄恶好这次暴露说："我所以进行迷信活动是因为队里多派我做生产，因此我为了避免参加劳动才进行迷信活动"；三是为了混骗人民的财产，做鬼不但得肉吃，得酒喝，而且还收入一笔人民币和粮食，不劳而获。总之，通过集训大家一致认为从古到今都不见过什么鬼，所谓有鬼是欺骗人民的工具，都提出保证，回去后坚决向人民低头认罪，并且承认赔偿以前骗过人民的一切东西，同时交回做鬼用的一切道具，共计有道袍2条，道经2本，道巾5条，道印5枝，道剑3把，道令8支，木刻公7个，道杯16个，

道 ×7 条等。

(二)

在集训"道公"、"娘母"过程中,我们是采用如下办法的:(1)首先,进行大会动员报告,说明此次集训的目的和要求,交代党的政策,我们着重于说明了党的"抗拒从严,坦白从宽"的政策,启发他们不管过去搞过多少次迷信活动,骗取人民的财物,只要大胆暴露出来,并保证今后不再搞,政府就会从宽处理。在动员报告后,组织讨论,讨论的主要目的,是要达到揭发问题。揭发的形式主要是以自我坦白为主,别人揭发为辅,只有这样才能达到彻底暴露问题,揭开迷信盖子的目的。

但在讨论中,我们发现了这样的情况,即普遍出现"三怕"、"一顾虑"。"三怕"是:一怕是讲小不讲大,怕讲大问题后,被政府逮捕坐牢;二怕是不愿全部暴露,怕全部讲后政府要赔偿而赔不起;三怕是不愿交代做鬼后致人命死,怕被苦主报复。"一顾虑"是:顾虑集训时间长,不得参加生产,不得工分,将来分配收入少,生活更加困难。我们采取了三、五个动员和个别谈话的方法,反复地把党的政策对他们进行教育,并且针对个别典型的人思想,进行启发教育。通过这样耐心的反复交代政策后,绝大多数人都比较轻松地把自己的问题暴露了出来。例如番文大队"娘母"黄×择因为阻止人不要求医,要病人给她做鬼,结果不但使人杀了猪,而且还死了人。这个问题在初时不敢暴露出来,怕暴露后,被群众斗,被政府捕。又如毛介大队"道公"首子黄石书,仅1961年来进行迷信活动后,共骗取人民群众的人民币达400元之多,并叫群众杀了38头猪,怕讲出来后,赔不起。以后通过个别启发动员,也把问题全部讲出来了,并且自己承认回去后逐渐赔给群众。

二、内外结合,分化瓦解敌人。我们在一边集中集训"道公"、"娘母"的同时,一面还利用当前在农村中搞社会主义教育运动的工作队同志,在各队充分发动群众,揭发封建迷信活动分子各种问题,共同搞垮、搞臭各种迷信活动的真相。同时借此教育广大群众,提高社会主义觉悟,认清封建迷信的危害性。通过这种方法,同广大群众对当前封建迷信首子的活动情况纷纷进行了检举和揭发。如毛介大队社会林天儒说:"我的孩子生了病,听了道公首子黄石书的欺骗,不送去医院,杀了一头猪做'鬼',结果孩子也死去了。这是道公首子给我带来的恶果,以后要是叫我去信神,除非砍头刮头,否则是不可能的了。"又如石岗大队的群众揭发娘母黄媒妈说:"去年我们地方的小孩普遍生小毒病（麻），娘母黄媒妈说雷公给我们放下了尿而染上的，要使小孩的病好得快，除我做鬼外，别无其他办法，医院也是医不好的。结果我们就叫她做鬼，杀了8头猪，90只三鸟，浪费了很多财物，但小孩又不见好，很多人去上山，使小孩的病很重，后来死了四个人，如这样的'娘母'，政府应该捕去法办。"

在通过发动群众的同时，我们也同样地在集训的"道公"、"娘母"中也作个别分化瓦解工作，启发他们开展互相揭发，互相检举。这样，大家都除了暴露自己的问题外，还纷纷开展互相揭发问题。如陈文高揭发西坡大队"娘母"黄恶尾说："恶尾在去年去什玲公社巡亲大队做鬼时，不但要人很多肉、米、酒和人民币等，而且还叫四位社员把她扛来扛去，如过去贫人扛国民党的太太一样。这样不但剥削了人，也压迫了人。"又如毛介大队"道公"吉青揭发同村道公首子黄石书说："黄石书的道公活动是破坏生产的，如说'现在不鬼，天公就会把谷子收回天上去，我们（把社员）就要同我死'，害得群众人人不安，生产做不好。"还有很多人也同样揭发了一些人不敢讲出来的问题。通过这样的分化瓦解工作，从中揭发了部分人企图混过去，不把问题彻底交代的把戏，同时也搞垮了迷信首子狡猾抵赖的阴谋。

三、在集训将近结束的时候，利用部分道公首子、骗人较重的分子到农村中去向广大群众进行"表演"，现身说法，进一步把道公娘母的丑恶面目、骗人民的把戏在广大群众面前彻底地暴露出来。通过这样表演之外，使在当场的群众都认清了封建迷信首子的本来面目，都齐声说"我们以后决不会信鬼了"，从而把封建迷信首子真正的搞了个身败名裂。

（三）

通过这次集训，虽然在政治上、经济上把封建首子都搞了个身败名裂，并且收了许多道具，初步搞垮了它的复辟活动，教育了广大群众，但也存在不少问题。首先是全社的"道公"、"娘母"没有全部来齐，未受集训的还有一定的比例；其次是在集训过程，在揭发问题时，未能彻底追究封建迷信分子的活动阴谋，有些重大问题未得到彻底暴露；再次是由于事前没有掌握好迷信分子活动的材料。

根据以上存在问题，我们认为，在集训结束回去后，要充分发动群众对这些人进行严格的监督，同时以大队为单位，继续集中这次未参加集训的道公、娘母，在大队继续进行集训。对那些有重大问题的（主要是有破坏活动的），要继续发动群众进行检举、揭发，彻底追究，务求达到彻底搞垮、搞臭一切封建迷信分子的丑恶面目,更进一步教育广大干部和群众,保证各项生产的顺利发展。

1963 年 5 月 14 日

这样的教育活动对搞迷信活动的人形成了一种强大的外部压力,但有些道公、娘母经教育后,不思悔改,仍然私下从事祭祀活动,被告发后乡干部对他们进行严肃的批评教育,还要他们当众做检讨。此外,政府还大力宣传这样的思想:娘母、道公不少是借查"禁公"、"禁母"为名来诬陷好人以及个人敛财,这具有阶级压迫和阶级剥削的性质,是统治阶级压迫被统治阶级的具体表现。以前在黎族地区受人尊敬、帮人驱鬼的宗教人士现在成了政治上及道德上的坏人,甚至有成为阶级敌人的危险。道公娘母之间相互攻讦,以及自己承认"禁包是假的"、"做鬼是为了骗吃骗喝"等,这些都极大地损害了道公、娘母作为一个群体在民众心目中的形象,自然其权威也大打折扣。这大致达到了政府搞集训道公、娘母活动的目的:"把封建迷信分子真正搞了个身败名裂,……彻底搞垮、搞臭一切封建迷信分子的凶恶面目,更进一步教育广大干部群众,保证各项生产的顺利发展。"①

## (三)国家对严重危害社会的迷信活动给以刑事打击

"教育不是万能的。"除教育改造外,国家还对娘母、道公的迷信活动造成严重后果的,予以刑事打击。建国后,针对黎族地区迷信盛行的特点,政府为了维护社会秩序,宣扬社会主义新文化,刑事处罚了一批大搞迷信,危害社会的首要分子。如保亭县的黄文祥就因为搞迷信活动,迷惑群众,害死人命等被判处管制两年。② 保亭县黄明经也因为搞迷信活动,造谣破坏等被判处管制三年。③ 乐东县罗和荣因为解放后仍在搞迷信活动,骗取群众钱财,严重破坏社会治安秩序,影响生产,一审被判处有期徒刑三年。④ 乐东县龙介毛因为搞迷信破坏,被一审判处有期徒刑五年。⑤ 下面让我们来看一份刑事判决书。⑥(欲了解更多的迷信案例,读者可参见书后附录四。)

---

① 1963 年保亭县《保城公社集训"道公"、"娘母"情况报告》,海南省档案馆全宗号 27,目录号 2,卷号 60。
② 参见:《保亭县人民法院刑事判决书》(66)保刑字第 23 号,海南省保亭县人民法院档案室。
③ 参见:《保亭县人民法院刑事判决书》(66)保刑字第 26 号,海南省保亭县人民法院档案室。
④ 参见:《乐东县人民法院刑事判决书》(63)乐刑字第 13 号,海南省乐东县人民法院档案室。
⑤ 参见:《乐东县人民法院刑事判决书》(63)乐刑字第 44 号,海南省乐东县人民法院档案室。
⑥ 2010 年 3 月 23 日收集于海南省乐东县人民法院档案室。

# 乐东县人民法院刑事判决书
## (63) 乐法刑字第47号

公诉机关：乐东县人民检察院

被告：洪亚道，女，现年43岁，家庭成分贫农，本人巫婆，黎族，乐东县抱由公社坡拉大队乙丙村人，个人历史从26岁开始进行迷信活动，至解放后，无前科，现在押。

上列被告洪亚道进行迷信破坏一案，业经本院审理完结，现查明犯罪事实如下：

被告洪亚道为了骗取群众钱财，于1961年、1962年先后偷杀乙丙生产队水牛2头、猪一头来自己家做鬼祭神，迷惑群众，并引诱迷徒洪亚科、陈亚黄等三人到乙丙、只丈、冲同、坡拉、只能等村进行迷信活动。从1951年至1962年止，和乙丙村等五个村73户社员做鬼，先后叫群众杀水牛仔7头、猪22头、鸡73只，并骗取群众钱财有人民币23元、大米116斤、木棉被三张。被告在做鬼期间里，对病者误了治疗时间致使三条人命死亡，被告在去年9月还对群众陈亚斤、符亚生等人造谣说，冲同等村有鬼携电线，鬼设有指挥部，有鬼连长、排长，到处都有鬼，叫群众夜间不要随便外出，如碰到电线鬼会死人，引起附近村庄群众人心惶惶，晚上不敢出入，影响很坏。

据以上事实，本院认为被告洪亚道巫婆，进行封建迷信复辟破坏活动，骗取群众钱财，煽动群众大量杀害牲畜，甚至使群众被迷信误了及时治疗时间，致使三条人命死亡，并严重破坏社会治安，已构成犯罪。本院为了维护社会治安，保障人民生命财产的安全，发展公社集体经济，巩固人民民主专政，特判决被告洪亚道有期徒刑五年（自1963年6月30日起至1968年6月29日止）。

如不服本判决，可于接到判决书的第二天起，五天内向本院提出上诉状及副本上诉于海南黎族苗族自治州中级人民法院。

（公章）

审判员　朱开光

人民陪审员　林诗梅　陈爱莲

1963年7月18日

书记员　华学文

这些迷信活动并不完全属于"禁"习惯法的范畴，但对娘母、道公的处罚极大地削弱了"禁"习惯法的根基，动摇了宗教人士的权威。

### （四）国家严惩伤害所谓禁公、禁母的犯罪行为

建国后，黎族地区殴打，甚至杀死所谓禁公、禁母的案件仍时有发生。一方面政府通过批评教育，及时制止了不少伤害禁公、禁母的事件。如1954年陵水县四区丹绿乡有一妇女被群众抓来诬她为禁母，当时区长马上赶到，立刻制止，该妇女遂免严刑逼供，否则会被拷打到血肉模糊，最后还遭杀祸的。① 另一方面教育不是万能的，为了保证人民的人身安全，维护社会主义生产、生活秩序，政府对利用封建迷信，伤害所谓禁公、禁母的犯罪行为给予了严厉打击。这方面的案例有不少，下面让我们来看一桩刑事案件的一审和二审两份刑事判决书。②（欲了解更多的案例，读者可参见书后附录五、附录六。）

保亭县人民法院刑事判决书
（62）年度保刑字68号

本院于1962年10月29日受理保亭县人民检察院提起公诉被告王国川为首，黄大条为凶手以迷信"禁母"为名杀人一案。业经本院审理完结，现查明。

被告王国川，男性，现年24岁，保亭县保城公社西旌大队大坡村人，家庭贫农，本人农民，文化初小二年，黎族。1956年参加共青团，1958年当团支书，1959年当团总支书记。1961年当大队长，无前科，因主谋杀死人1962年10月27日逮捕，现押保亭县看守所。

被告黄大条，男性，现年35岁，保亭县保城公社西旌大队大坡村人，家庭贫农，本人农民，文盲，黎族。1948年参加我部队当战士，1952年回家生产，1962年2月当生产组长，无前科。因以迷信为名行凶杀人于1962年10月27日被捕，现在押。

被告王国川因亲生孩子病，存在严重的封建迷信思想，不愿请医诊治，而从今年5月份以来到处请道士黄玥礼等多人，求神拜公，偏听道士的胡说

---

① 中南民族学院本书编辑组．海南黎族社会调查（二卷）[M]．南宁：广西民族出版社，1992：103．
② 2010年3月25日作者收集于海南省保亭县人民法院档案室。

八道，就认为孩子病是村中黄奵念、黄奵金等人"禁"病的，[①] 因而对被怀疑为禁母的人怀恨在心，加上村中王定符孩子于9月下旬死亡，就信以为真，则认为真是黄奵念"禁"死的，于9月30日晚就在定符家召集二个生产队队长卓天明、陈文秀、王定符、卓春梅等五人会议进行商量，借以生产消极为名，通过非法斗争黄奵金、黄奵念二人的决定。在会上被告王国川说：要趁国庆节放假时间，没有工作队下队的机会，否则工作队来了就无法斗争。并说斗争时当场不要打死，可打重伤，回后慢死，无人知道，这样政府就不会追究责任等话，同时还决定由生产队长陈文秀再召开二个生产队所谓小组会议布置斗争。于10月2日晚上便召开二个队的社员斗争大会，由生产队长陈文秀、卓天明、王其文及大队副队长陈金兰（女）等人主持。在斗争会开始时，对黄奵念有怒愤的黄大条（生产组长）带头社员用尽残忍的恶毒手段对黄奵念活生生的当场殴打致死。死后，害怕政府追究责任，便将死者抬回家中，由陈金兰、卓天明等人用老鼠药伪造现场，说是服毒自杀死的，而王国川知道后又与陈金兰等人以大队名义伪造材料并盖上大队公章向公社报告说：黄奵念因生产消极，不服从领导，经社员辩论后而畏罪服毒自杀等话，企图埋没罪责，嫁罪死者。在10月2日非法斗争打死黄奵念后，于次日（10月3日）被告王国川又为首主持召开二个生产队的所谓小组会议布置10月4日晚再斗争被怀疑为所谓"禁母"的黄奵金。幸好事情发生后，被我公安机关及时发觉，赶赴现场出动，未致斗争黄奵金。据此，被告王国川虽没直接主持斗争打人，但身为大队队长，因孩子病而怀疑死者"禁"的，因此，与生产队长陈文秀等人商量主张斗争。打死人后不但不吸取引起这血的事件的教训，而是企图隐瞒罪责，并次日还主持召开会议布置准备10月4日再斗争所谓"禁母"黄奵金。干出这样严重违法乱纪，造成人命死亡事情，被告王国川应负全案的主要罪责。

被告黄大条自己孩子生病，同样存在封建迷信思想，就认为孩子病是黄奵念"禁"病的，因此，经常与死者相骂，而怀恨在心，于10月1日被告黄大条参加所谓核心小组会议时，表示在斗争时先下手打，所以在10月2日晚斗争会开始时，被告黄大条第一个就用脚从黄奵念腰背部踏，倒伏在地

---

[①] 此处的"奵"，案卷原文为单字"嫨"，左边为"女"，右边为"恶"，查词典无此字，而且其中的"恶"也给人以不舒服的感觉。为此，笔者专门查阅了有关资料并询问了多位黎族研究专家，获知：黎族人起名，为了区别性别，在名的前面冠上"老"或"荷"。如男子的名，称"老×"或"亚×"；女子的名，称"荷×"或"阿×"。同时，专家认为此字应为黎语的海南话的译音，大致可以写作汉字"阿"或"奵"。因为"奵"字是"女子仪态美好"的意思，且不少黎族人名字中有"奵"字，如黎族著名歌王王奵大等（甚至海南白沙起义领导黎族人民领袖王国兴，原名就叫"王奵兴"），所以笔者在此采用了"奵"字，如果写做"阿"字应该也是可以的。

上,后又用脚板从腰背踏上几次。续后对黄奸念有成见的某些社员也随而拥上,殴打当场致死。事情发生后的第二天(10月3日)晚上被告黄大条参加以王国川为首的所谓小组会议时,仍然表示很凶地说"你们不敢打,我再下手先打"等话。这说明被告黄大条是有蓄意打人的主要凶手,应负杀人的凶手之罪责。

综上所述,案经公安机关侦查,经过法医勘验死者尸体做出鉴定,事实确凿,在审被告人也直认无讳。本院认为被告王国川、黄大条习迷信杀人亡案,已构成犯罪,而且手段又十分残忍,惨无人道地活生生打死人,其情节恶劣,后果严重,本院为保障人民生命的权益,特依法分别判决如下:

判处被告王国川有期徒刑肆年。

(刑期从1962年10月27日至1966年10月26日刑满)

判处被告黄大条有期徒刑贰年。

(刑期从1962年10月27日至1964年10月26日刑满)

如不服本判决,可于接到判决书后次日起十天内向本院提出上诉状及副本上诉于海南黎族苗族自治州中级人民法院。

(公章)

审　判　员　蒙美兵

人民陪审员　陈献江

人民陪审员　黄文华

本件与原本核对无异

一九六二年十月卅日

书记员　邱关柄

## 海南黎族苗族自治州中级人民法院刑事判决书

(62)州二刑字第032号

上诉人(受害人亲属):黄进堆、黄英花

被上诉人(被告):王国川,男性,现年二十五岁,系保亭县保城公社西坡大队大坡村人,家庭成分贫农,本人农民出身,初小二年文化程度,黎族。1956年参加共青团,1958年当团支书,1959年当团总支书记,1961年当大队长,无前科,现在押。

被上诉人（被告）：黄大条，男性，现年三十五岁，系保亭县保城公社西坡大队大坡村人，家庭成分贫农，本人农民出身，文盲，黎族。1948年参加我部队当战士，1952年复员回家生产，1962年当生产队长，无前科，现在押。

被上诉人（被告）：陈金兰，女性，现年二十七岁，系保亭县保城公社西坡大队大坡村人，家庭成分贫农，本人农民出身，黎族，无前科。

上列被告因以迷信杀人一案，受害人亲属不服（62）保刑字68号判决，提起上诉，业经本院审理完结。现查明：

1962年夏天，保亭县保城公社西坡大队大坡村有些小孩患麻疹病。以王国川为首的陈金兰、黄大条等病者的父母携带孩子上山，杀鸡杀猪，求神拜佛，以至于3月27日王国川的孩子死亡。被告偏信道士胡说八道，认为孩子是由于黄妚念做禁母禁死的。因此被告王国川分别于9月29日和10月2日召集黄大条等人开会，做出斗争黄妚念的决定。10月2日召开群众大会，进行斗争黄妚念。以黄大条为首的在斗争时，把黄妚念活活打死。黄妚念被打死后，陈金兰又以老鼠药（毒药）配稀粥倒入死者的口中，假造现场，并威胁死者的女儿不要说是他们打死的。王国川、陈金兰还捏造材料向公社报告，企图逃避罪责等罪行。

上述事实，经查明确凿，被告王国川是由于迷信怀疑被害者为"禁母"而有计划、有步骤地布置凶手杀害人命，罪恶严重。被告黄大条是行凶杀人的凶手，把黄妚念活活打死，手段恶劣，惨无人道。被告陈金兰系主谋人命之一，亲身主持斗争会议，毒打黄妚念致死，并假造现场，企图逃避罪责，手段恶劣，情节严重。为严明法纪，保障人民生命安全，原审在量刑上是畸轻的。据此撤销保亭县人民法院（62）年度保刑字68号判决，改判如下：

判处被告王国川有期徒刑壹拾年（刑期从一九六二年十月二十七日至一九七二年十月二十六日止）

判处被告陈金兰有期徒刑柒年（刑期从一九六三年二月二十日至一九七零年二月十九日止）

判决被告黄大条有期徒刑伍年（刑期从一九六二年十月二十七日至一九六七年十月二十六日止）

本判决为终审判决。

海南黎族苗族自治州中级人民法院公章
（审判员姓名等内容由于是手写且年代较久字迹不清无法辨认）

在判决之时，黎族地区"禁"的观念还非常强烈。判处杀"禁"的人（而不是施禁的人！）徒刑，这在黎族民众的心理上无论如何也不能接受，但慑于政府强大的制裁力量，即使不理解判决结果，也对此无可奈何。

## 四、国家法与"禁"习惯法的妥协

尽管有国家法的强大外部压力，但是由于黎族"禁"习惯法在黎族民众的精神生活中根深蒂固，所以它并不会一下子消失，而是要顽强地表现出来。这主要在于"禁"习惯法仍能够满足人们的某些现实需求，具体来讲体现在以下方面：首先、道公或娘母同时是巫医——黎族传统的乡土医生，他们懂医术，会采草药和治疗一般的疾病，有一定的治疗经验，有些还疗效显著。[1] 具体来说，黎族原始宗教，不限于其中的"禁"信仰，主要是采用巫术与中草药结合，以为病人解除疾病及心灵上的痛苦为目的，是巫与医结合的体现，这可谓黎族宗教活动的一大特点；[2] 第二、现在医学也不能包治百病，这时巫医可以作为医学的补充，至少起到一定的心理抚慰作用；第三、巫医生活在民众中间，随叫随到，服务热情，且大多只收取少量的赠予；第四、被指为禁公、禁母的人往往有这样或那样的缺点，本来就不受大众的欢迎；第五、巫术具有客观性，权威性，人们认为这样的"神明裁判"不会冤枉好人；第六、用道公、娘母的善巫术来对抗禁公禁母的恶巫术，人们认为这是社会正义的体现；第七、在纠纷处理中，国家法具有成本高，不针对思想等局限，而"禁"习惯法恰恰可以起到弥补的作用；第八、最后也是最关键的，当时官方把道公、娘母当作阶级敌人看待，把他们不仅说成是统治阶级的工具，而且看成是统治阶级的一部分，但黎族百姓并不这样看，[3] 他们根本不认为病人的死亡是道公、娘母的迷信活动造成的（病人家属央求道公、娘母来驱鬼，人家是不辞辛苦前来），从经济状况来讲大多数的道公和娘母是穷人，也根本没

---

[1] 巫医是黎族最早的医药知识积累者，他们具有丰富的医药及医疗知识和经验。黎族医药具有重要的医学价值。参见：高泽强，文珍.海南黎族研究[M].海口：海南出版社，南方出版社，2008：130-142.
[2] 中南民族学院本书编辑组.海南黎族社会调查（上卷）[M].南宁：广西民族出版社，1992：100.
[3] 实际上黎族百姓连政府把地主称为统治阶级也不以为然。黎族地区所谓地主一般分两种：一为黎族本身的地主（又称奥雅），穷人可以投靠他们，受到他们的帮助和保护。二为剥削别人的地主，即通常语义中的地主。在土地改革时政府将这两类人"一刀切"，所以伤害了很多黎人心目中的"好地主"。

有人专靠查禁捉鬼等祭祀活动来谋生，更不用说发财致富了。（见下表）说道公、娘母是统治阶级，大家难以接受。尽管政府采取了很多措施，但现实中百姓仍有求于道公、娘母，总的来说对他们仍是非常尊重的。

显然，在这样的群众思想基础上一味强调国家法的力量效果不仅不会很好，还会适得其反。这就为国家法与"禁"习惯法进行妥协，以更好地解决黎族地区的社会纠纷，提供了必要前提。

表 5-1 建国初期黎区参加集训的迷信职业者的阶级成分关系表 [①]

| 集训所在地区 | 总人数 | 地主 | 富农 | 中农 | 贫农 | 地主富农所占比例 |
|---|---|---|---|---|---|---|
| 保亭县保城公社 | 32 | 1 | 5 | 5（上中农3人，下中农2人） | 21 | 18.75% |
| 万宁县大茂公社 | 22 | 1 | 3 | 其余18人（其中反革命分子1名） | | 18.18% |
| 万宁县北坡、环城、长安三个公社 | 34 | 4（含已摘帽1人） | 1 | 其他29人 | | 14.71% |
| 昌江县七叉公社 | 20 | 2 | 2 | 4（上中农） | 12 | 20% |
| 东方县 | 98（含汉族42人） | 9 | 9 | 中农22 | 55（含城市贫民） | 18.37% |

说明：1. 东方县的集训人数中还包括反革命2人，坏分子1人。
2. 东方县和万宁县的迷信职业者除包括道公、娘母外，还有降公、看风水者、算命、巫婆、制造迷信工具者等，其余地区的迷信职业者仅包括道公和娘母。
3. 从表中可以看出，道公娘母中地主和富农的比例并不高，而且相当稳定，大致为18%，这应该和全黎区中地主和富农占全体民众的比例基本一致。

进一步来看，因为国家法中含有"尊重民族风俗习惯"这样的政策及相应的规定，对民族习惯法一定程度的妥协也具有了现实的可能性。前面提到的《共同纲领》及《宪法》中都有"保持……自己的风俗习惯的自由"的内容，如1954年《中华人民共和国宪法》第三条第三款："各民族都有使用和发展自己的语言文字的自由，都有保持或者改革自己的风俗习惯的自由。"第八十八条："中华人民共和国公民有宗教信仰的自由。"以后国家制定的宪法以及其他法律及法规也基本上坚持了这一立场。当然，由于国家制定法的统一性、权威性以及稳定性，国家法的妥协主要还是体现在法律的具体实施方面，而不是立法方面，更不是在理念方面，前面已述理念方面的对立是根本无法调和的。

此外，国家法虽然表面上强大，但由于"天高皇帝远"以及实施成本高昂等原因，在黎族地区的黎族干部中推行都会受阻，在基层群众中推行阻力更大，其真正施加到

---

① 参见：海南省档案馆档案，全宗号27，目录号2，卷号60、63、65。

具体案件上的力量远不是想象的那么大。① 在某些地区的某些方面，国家法与"禁"习惯法两种力量可谓势均力敌，甚至后者要强于前者。这也使得国家法与"禁"习惯法在现实中的妥协成为无奈的选择。这种妥协具体表现如下：

## （一）因势利导，证明巫术无效或禁鬼已经全部消除

黎族长期处于原始社会末期，生产力极端低下，人们的生产、生活方式是钻木取火、刀耕火种、牛踩田、手捻稻、穿树皮衣、住船形屋。② 黎族民众根本无法真正理解：人为什么会生病及死亡，各种不同的疾病其内在机理是什么，以及进一步应该如何预防和治疗疾病。在这样的情况下黎族百姓"病不求医，惟事巫觋"具有一定的合理性。

黎族利用原始思维来思考和解决问题，他们笃信并广泛实施巫术，巫术在他们的日常生活中占据重要的位置。上个世纪 30 年代到黎区调查的德国人史图博有这样的记述：③ 黎族人第一次见到他这个白种人时，觉得很神秘、很恐怖，认为他是魔力的持有者。黎族人往往要求他把当地老人罹患的慢性气管炎等病一夜治好，还向他要一种巫术，使他们能发觉偷水田或旱田地种子的小偷，再其次还要求他施法下雨。黎族把衣服的布片或他们本身所使用的东西卖给史图博等人时，常常把这些物品放在火上烘，这是把物品与他们的身体的关系用巫术加以破坏。很明显，这样做无非是为了使买者即使对这些物品施行巫术，也不能对他们起什么作用。同时，黎族还生怕史图博知道自己的名字，害怕他会用不好的巫术使自己及家人生病。正是由于巫术的发达及广泛的应用，催生了"禁"习惯法。

对于黎族人的这种思维方式及对巫术的信奉程度，通过一个刑事案件我们可以看得很清楚：一个人卖给同村的道公一条裤子，几天后便生病，于是患者的父亲便怀疑是该道公施禁，后来请该道公做鬼，病情仍不见好转。之后又请多个外村道公来做鬼，都说是其本村道公所禁。于是患者家人更对该村道公是禁公确信不疑，最后合谋杀死了该道公。（详情见书后附录八：乐东县人民法院刑事判决书（57）乐改字第 6 号）

由于民众普遍笃信巫术，一味强求大家理解科学、医学是不现实的，最适当的方法就是因势利导，表面上承认"禁"的信仰，然后利用"禁"的观念内部及外部矛盾

---

① 其实，这种状况并不限于落后的少数民族地区，即使是在比较发达的汉族地区国家法律实施的阻力往往也很大（这与中国近代的社会转型的大背景以及国家法主要反映西方的思想观念的现状有关），这也就是当代官方积极推进"送法下乡"的基本原因。有兴趣的读者可以参见 朱苏力．送法下乡：中国基层司法制度研究[M]．北京：中国政法大学出版社，2000．

② 王学萍．中国黎族[M]．北京：民族出版社，2004．107．

③ [德]史图博．海南岛民族志[M]．广州：中国科学院广东民族研究所，1964：135-136，35-36．

来消除"禁"的思想。如解放初期,乐东县四区区长黎大才为了教育群众,请崖县四

传统黎族村落

处其仅仅三年有期徒刑。还有1954年罗亚夹因儿子病死而伙同他人杀死所谓"禁公"罗亚崖案,一审判处其死刑立即执行,而二审则改判其十年有期徒刑。(参见书后附录八:乐东县人民法院刑事判决书(57)乐改字第6号)还有,本文上述残忍杀害所谓"禁母"黄妚念的案件没有像对待一般杀人案件那样判处死刑或无期徒刑,而仅仅判处主犯十年有期徒刑(一审甚至只判处主犯四年徒刑,并漏掉一名主犯?!)也体现了这一点。

此外,对于被怀疑为禁公禁母的人往往是因为自己搞迷信活动,引起群众误解,政府也对其进行批评教育。这也可以看做是在某种程度上对"禁"习惯法的的妥协。如:在一篇分析黎族地区万宁县出现杀禁现象的调查报告中,就指出:"被怀疑为禁公的人有的是自找麻烦,该社被怀疑为禁公的33名中,大部分都是自讨苦吃,刻造神鬼使群众误会,怀疑为禁公。如溪头大队刘启明、吴藤寮等每天早上都烧香念经,以他自己来说是拜神捧鬼,但群众知道后就认为他是搞'禁鬼'的,一传十,问题就传遍几个大队,群众便产生对他害怕讨厌,以至要赶他走。"同一报告中在谈到采取的措

施时，提到"对被怀疑为禁公的人以队为单位召开会议，叫他们谈原因，并进行排队，分别进行教育。对确实自己搞鬼神烧香拜佛，引起群众误会的必须指出是自食其果造成群众反对，讲清利害关系，动员他们向群众承认错误，停止迷信活动，以资有效地教育群众，破除迷信，解除顾虑，团结一致，迎接明年生产大高潮。"①

### （三）对于与"禁"有关的祭祀活动一般不予制止

不少黎族百姓一方面生病会去医院治疗，但另一方面也往往为了获得自己的心理安慰，同时请道公来查"禁"、除"禁"。尤其是在病情特殊或在医院医治无明显效果时更是如此。有时人们会在地下秘密传播某人是禁公禁母的消息，尽管不会直接伤害禁公禁母，但也往往导致对他们的有形无形的歧视。更有甚者，在查出是某个禁公禁母施禁术的时候，患者及家属往往还自己请道公或娘母反过来利用禁术来主动"搞"对方，"以其人之道还治其人之身"，试图使其生病。

一般这些活动是半公开的，也有少量公开进行。尽管这严重违反了国家法的基本精神，甚至可以说已经构成了违法行为，但因为一般"情节轻微"，不具有明显的社会危害性，对此，国家一般无论是从司法上还是行政上都不予干预，尤其是不会强力干预，而是任由黎族基层自治组织自己内部处理。一般这些问题都是通过村干部靠批评教育解决，促使民众觉悟；有些问题则在其未进一步引起社会纠纷的情况下，大家都视而不见，听之任之。

此外，这些祭祀活动还往往要杀鸡宰牛，这对生产活动明显不利，但政府一般也主要是采取说服教育的办法，除非由于杀牛导致生产活动严重受到影响，也不会采取强力制止的措施。

综上，黎族传统"禁"习惯法是黎族人民在自己世代生活的特有时空条件下形成的，是他们历史经验的积累和凝结，尽管在新的历史条件下已经越来越成为社会发展的障碍，但它仍在黎族地区具有重要的社会功能。建国后，国家法一方面对黎族"禁"习惯法进行了全面的压制，另一方面也对"禁"习惯法采取了一定程度的妥协措施。事实表明，这既有效地解决了社会纠纷，同时又维护了社会的稳定。

---

① 参见：1962年万宁县人民检察院《关于长安公社迷信禁公禁母引起殴打死人事件的调查报告》，海南省档案馆，档案全宗号27，目录号2，卷宗号55。

# 第六章

## 当代黎族传统"禁"习惯法的消亡及其残留

  从前，黎族社会中没有"禁"。黎族人一直以为山喜鹊就是"禁鬼"的化身，于是就把山喜鹊捉来，用锤子敲打着它的头，想消灭禁鬼。但山喜鹊不承认自己是禁鬼，推说屎壳螂才是。于是黎族人又把屎壳螂捉来，用铁针插在它的头上，把禁鬼钉死。现今屎壳螂头上的一对犄角，据说是黎族人在消灭禁鬼时给它钉上的，而山喜鹊头上长的一团羽椎也是黎族人用锤子敲出来的。

——黎族传说《禁鬼与山喜鹊》①

  1978年改革开放后，神州大地发生了历史巨变。这突出地体现在国家改革了不适合生产力发展的制度，实施了市场经济制度，坚持了以经济建设为中心，使我国人民的生活水平上了一个新的台阶，人们的精神面貌也焕然一新。和全国其他地区一样，黎族地区在新时代也有了翻天覆地的变化。

# 一、当代社会物质及精神生活的巨大变化

  改革开放以来，尤其是1988年海南建省，设立全国最大的经济特区以来，黎族人民的生活可谓变化巨大。建省的同时，海南黎族苗族自治州撤销，设立7个民族自治县，同时三亚市和通什市②继续享受少数民族地区各项优惠政策。2010年国家批准海南建设国际旅游岛规划，海南的社会建设更是如虎添翼。

## （一）物质生活条件大为改观

  现在黎族地区的物质生活条件大为改观，生活一天比一天好。自1992年海南省实施民房改造工程以来，黎族地区人们的居住条件得到根本的改变，传统的船形屋越

---

① 五指山市福关村黄老困讲述，海南民族研究所黄友贤整理，转引自：张跃，周大鸣.黎族：海南五指山福关村调查[M].昆明：云南大学出版社，2004：535.

② 2001年7月5日通什市正式改名为五指山市。"通什"黎语原称"冲山"，"通什"二字是以黎话语音用汉字海南话音注写的，发音为"tōng zhá"。"通"为"树下"，"什"为"田地"，合起来的意思是：高山上许多古树包围着一片田地，系山高水寒。当时不少人对通什市改名持反对态度，因为"改变一个地名就是掐断一段历史，消解一种文化"，本来名字具有鲜明的历史渊源和民族特色，改名后就失去了原有的民族文化底蕴。

来越少,[①] 很多人家在政府的帮助下盖起了小楼。人们不仅用上了电,而且多数人家都购买了电视机,其中不少还用上了卫星接收设备。人们除了种地之外,还搞起了副业,如种植槟榔、芒果、香蕉、橡胶等经济作物,家庭收入大大增加,生活逐步富裕了起来。与此相适应,黎族地区的医疗卫生条件发生了重大变化。国家新建了不少医疗机构,配备了众多的医生和护理人员,医疗设备也大大增加,且不断更新,可以治疗以前难以治愈的疾病。黎族人民的身体健康状况大大改善,这突出表现在婴儿死亡率大大下降以及人们的预期寿命大大增加。同时,黎区的教育状况也发生了根本的变化。重视教育成了黎族人的基本信条,不少山村培养出了自己的第一个大学生、研究生。

## (二)黎族传统风俗活动部分恢复

"文革"中黎区所有的宗教活动都受到很大的压制,但它们并没有彻底消亡,而是处于蛰伏状态。改革开放以后,国家拨乱反正,1979年2月11日对自治州的"叛徒集团"、"地方主义翻案集团"和"民族造反团"三个假案给予彻底平反,为王国兴等一大批在历次运动中被错误批判、受到迫害的民族干部恢复了名誉,实施了更加适合民族地区特点的民族政策。这突出地体现为更加尊重黎族的民族风俗,不再简单粗暴地对待黎族传统文化,动辄就把黎族的风俗习惯当成封建迷信而予以严厉打击,片面强调宗教文化的反动性、欺骗性和危害性,改正了以前把娘母、道公作为斗争对象的过激的做法,不再把黎族原始信仰问题作为"反动会道门",与政治问题联系起来。

为此,中共中央制定了一系列的政策,国家制定和实施了一系列的法律制度,一方面保障民众的信仰自由。另一方面保障民众不受迷信思想等伤害的自由。1982年中共中央印发《关于我国社会主义时期宗教问题的基本观点和基本政策》的通知(中发[1982]19号),阐明了对待宗教的基本政策:"这要求我们各级党委,对宗教问题,一定要采取如列宁所指出的'特别慎重'、'十分严谨'和'周密考虑'的态度。"我国现行宪法第三十六条规定:"中华人民共和国公民有宗教信仰自由。任何国家机关、社会团体和个人不得强制公民信仰宗教或者不信仰宗教,不得歧视信仰宗教的公民和不信仰宗教的公民。国家保护正常的宗教活动。任何人不得利用宗教进行破坏社

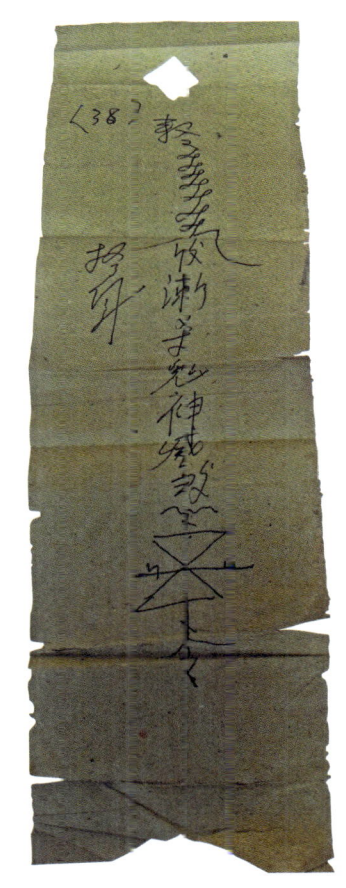

道公的鬼符

---

[①] 因为船形屋具有民族特色,承载着民族文化,但随着人们住房条件的改善,船形屋的消失不可逆转,很多人为此而感到深深的遗憾。值得欣慰的是,现在黎区政府已经越来越注重对这种民族文化遗产的保护了。

会秩序、损害公民身体健康、妨害国家教育制度的活动。宗教团体和宗教事务不受外国势力的支配。"2005年实施的《宗教事务条例》第三条规定："国家依法保护正常的宗教活动，维护宗教团体、宗教活动场所和信教公民的合法权益。……任何组织或者个人不得利用宗教进行破坏社会秩序、损害公民身体健康、妨害国家教育制度，以及其他损害国家利益、社会公共利益和公民合法权益的活动。"尽管黎族原始信仰是否属于官方所说的"宗教"的范围还是一个问题，但毫无疑问其基本精神是完全适用于黎族原始信仰的。

1980年以后，随着人民公社制度的废除，国家对乡村控制力的弱化，黎族地区的传统风俗逐渐恢复，传统舞蹈、歌曲、民间传说等又开始被人们所重视和宣传。其中不少原始宗教活动也开始从地下转向地上，如婚丧嫁娶中的宗教祭祀又回到了从前，娘母、道公更加活跃起来（他们从来都没有真正消失过）。黎族地区的道教及原始宗教活动也逐渐恢复，虽然笃信者较少，但在民间民俗中仍有较大的影响。

现在一般黎族人家对民间信仰还是很在意，通常在生病、丧葬、盖房、求子嗣、寻找丢失牲畜、小孩出生的时候都会请人做鬼，每年少则一两次，多则十多次。娘母或道公一般作法不会主动索取报酬，但是主人出于对他们的感谢往往会给钱给物作为酬劳。如果用猪做祭品，那么主人一定会把一只前腿和肠子、肝等各一点作为答谢，而且还会再给一些钱，多少则由主人自己决定。一般给的钱是根据自己的经济状况以及做鬼的难度而定，多则一二百元，少则二三十元。除了给钱给物外，主人家还会请喝一顿酒。类似请人祭祀的例子在黎族地区可谓举不枚举。①

人们对宗教禁忌还非常重视，认为一些人的突然死亡是由于触犯了禁忌的缘故。如有这样的例子：② 1.道公的小孩随意动用道公的法器，小孩几个月后就死了，最后大家认定是由于他亵渎神灵，犯了禁忌的缘故。2.曾有一位小学老师多次在校园里见到野猫闯进来。一般野猫是不会闯进村来的，这本身有些蹊跷，但这位老师没有想太多，有一次就去捉野猫，没有捉到。一个月后在一次上早课的时候就发现他的嘴歪倒一边。开始他还不去祭祀，后来去了，道公认为是雷公鬼作祟，如果不做鬼，雷来了会被劈死。由于做鬼有些晚，最后症状减轻不少，但还是留下了后遗症。3.一位过路的外村人经过一个村庄，正好赶上祭祀活动，恰好一个祭祀用的鸡头就落在其面前。村里人劝告该过路人参与祭祀，在仪式场所绕着"天桥"走三圈，这样可以免除灾祸，

---

① 不仅如此，黎族的做鬼还影响到黎区以外。2004年海南大学一名黎族学生突发心脏病死亡，在是否允许道公进学生宿舍为死者招魂的问题上，学院与死者亲属之间产生了难以调和的冲突。最后校方不得不妥协，允许道公半夜进入宿舍。参见：孙绍先，欧阳洁.黎族女性文化专题研究[M].海口：南方出版社，海南出版社，2008：114.

② 下述例子都是我在于我的黎族学生交谈时获知的，令人感到奇怪、神秘。

他称不相信迷信，未按照劝告的要求去做，后来遇到"文革"，他被杀死了。

此外，人们在日常生活中的一些小事上也常常进行祭祀活动。身在外地，感觉自己眼皮总跳，就要给家里打电话要求请人查一查是什么鬼在作祟，要祭祀一下。如果晚上总睡不好觉，也要查一查，请人做鬼。甚至发生了交通事故，无论是受伤者还是撞人者也都要查鬼祭祀。家里有蚂蚁窝，以及轿车上突然出现一些不明的脏东西等等，也要做鬼。

## 二、当代"禁"习惯法的残留及其影响

改革开放以后，与黎族其他传统文化风俗逐渐恢复有所不同，"禁"文化虽然也有所回潮，却没有，也不可能再回到从前了，其中的"禁"习惯法则因为受到致命的打击已经很难再被称为习惯法。黎族"禁"习惯法经过剧烈的各种各样的政治运动以后，已经是面目全非，甚至可以说已经走进了历史，但作为一种民间信仰，它不是一天形成的，自然也不大可能在短时间内彻底消失，"禁"习惯法的消亡是一个过程，而不是一个瞬间，其残余还可以轻易地被看到。

### （一）"禁"观念仍普遍存在

在21世纪的今天，黎族地区的"禁"信仰已经严重削弱了。这突出地体现在道公、娘母的活动越来越受到理性的质疑，神叉遭受挑战，以往他们那种高高在上的地位自然也就不复存在了！现在黎族人对道公、娘母与以前相比，尊重程度更加下降，其中一个重要的原因就是道公和禁公的区别越来越小，往往就是一回事。

在琼中县的调查中，一位年轻的道公就这样告诉笔者，20%的道公就是禁公。在其他地方的调查中，有的认为道公都是禁公，也有的说这完全是两回事。从调查地域的相对位置来看，以五指山腹地为中心，越向外部地区则人们认为道公与禁公是一回事的比例越高。此外，现在有些道公，没有本事，好吃懒做，本身在社会上就没有地位，靠做鬼来补贴家用，生活勉强维持，所以人们对其的敬畏很少。笔者在田野调查中就曾见到一个被嫂子认为"头脑不大清楚"的光棍，50岁左右，家里一贫如洗，靠社会救济来维持生活，不料他却是一个道公！

尽管如此,"禁"观念还在一定的程度上一定范围内存在着。一位道公就曾说过这样的话,可以说反映了一般黎族百姓的典型的心态——"既信医生,也信道公":"有时查鬼后,建议病人去医院打针,最后病好了。谁也搞不清,到底是道公的功劳,还是医生的功劳?!"现在黎族百姓还普遍相信这样的事情:有人与某人在路上相遇,突然间感觉不舒服,从此一病不起;某人从一棵树旁路过,这棵树会在这个人走后掉光树上的叶子。这样的现象就是"禁",能够使人生病、树掉叶的人就是禁公或禁母。

实际上,黎族百姓有病请道公祭鬼现在仍是一种重要的选择。据 2003 年在五指山市福关村的调查,现在人们就医主要有三种方式:去医院、请道公以及自己找草药吃。①

表 6-1 福关村村民就医方式表

| 就医方式 | 吃草药 | 去医院 | 请道公 |
| --- | --- | --- | --- |
| 人数 | 3人 | 13人 | 3人 |
| 所占比例 | 20% | 86.7% | 20% |

注:抽样总人数为 15 人,其中两人既选了看医生,也选了请道公。

在不少山区农村,不少黎胞仍明确认为自己村中某某人是禁公或禁母,尽管这并没有什么现实的根据(实际上也不可能有什么根据),甚至都没有经过道公或娘母的查禁程序,但黎族百姓却在一定的程度上普遍公认。这也许应归因于黎族人的思维方式,如他们认定禁公或禁母的基本思路是禁公或禁母本人或其家庭有一些与众人及家庭不一样的奇怪现象:大家都在路上走,也没有人挑逗路边的狗,可是偏偏狗就猛然冲出来,咬住其中一人不放,而其他那么多的人它都不咬(这有点类似独角兽);别人家的狗平时都不咬人,而有那么一个人家,他(或她)家的狗则从来都是见了别人就咬。

人们对禁公、禁母怀有极大的恐惧感,表面上事事尊重他们,诚惶诚恐地对待他们,可是骨子里时时处处保持警惕,生怕一不小心得罪了他们,导致他们禁自己或家人。尽管在国家法律的强制约束以及自己理性的控制下,黎族群众根本不可能主动采取行动,去伤害禁公、禁母,甚至不敢公开指认某人为禁公或禁母。如果这样做了,人家就反问:"你说禁公、禁母有什么依据,看见没有?"这样就只能是杀猪、杀牛赔不是,和解了事。关于禁公或禁母的问题,在黎族地区是一个很敏感又很严肃的问题,处理不当会引起纠纷、械斗,甚至发生人命案。有人生病,只能怀疑是禁公或禁母禁的,具体是谁,谁都不敢点禁公或禁母的名。道公、娘母做法事时,念祖先的名字大声地

---

① 张跃,周大鸣.黎族:海南五指山福关村调查[M].昆明:云南大学出版社,2004:520.

念，毫不畏惧，当念到禁母或禁公的名字时，马上把声音降低，声调都变了，不让人听清禁母或禁公的名字，以免惹祸上身。两家不和吵架，骂什么都可以，唯独不能骂人家是禁母，这是犯忌的。假如这样做了，那么被骂禁母的人马上回娘家，告诉娘家人。娘家人知道后，认为这侮辱了他们全家，甚至整个家族，个个义愤填膺，摩拳擦掌，马上放下手中的活，几十人甚至几百人前去问罪。到了骂人的人家，他们看见猪就抓猪杀，没有猪就到他的兄弟或叔叔家抓大猪杀，把他们家的酒拿出来喝，叫当事人当着大家的面赔礼道歉，重罚他赔偿。赔偿的数额双方协商解决，直到心满意足为止。每当这个时候，全部派出所干警、当地武警都没有办法制止事态的扩大，只能让双方当事人和各家族的长老坐下来协商解决。①

总的说来，黎族百姓对禁公、禁母的厌恶和憎恨之情一直很强烈。传说，曾经有一个人为道公，后来发疯而死，结果被人认为是禁公，因为他干坏事被人报复，也即遭其他被人请的道公的攻击。在调查中一位学生告诉我，听家人说以前他的爷爷曾经被人认为是禁公，刀都架到脖子上了，所幸的是后来没有被杀害。对此，笔者很感兴趣，专程到他家去了一趟，但令人不解的是，他的父亲讲："我们这里以前有禁，现在已经没有了。"根本不愿意谈论自己家的事。看来黎族人还是比较相信禁的，他们的考虑应该是：自己家的人被人说成是禁，不管实情如何，这本身就不是一个好事，所以要尽量避免谈起。②

在笔者的调查中，一位黎族女干部声称自己并不相信有"禁"，但在谈到"禁"的时候仍赶紧把办公室的门关上，因为"让别人听到不好"。还有，不少黎族朋友在谈到"禁"的时候吞吞吐吐，觉得不好讲。在谈话中涉及到村里人认为某个人是禁公或禁母时，不仅不敢说出他或她的名字，而且一再问笔者"你要把他写到书里吗？是吗？"等到笔者给他们解释半天，表明：第一，自己根本不信这些，不认为所谓的禁公或禁母是坏人，更不想传播出去给被认为是禁公或禁母的人带来任何不利的后果；第二，至于写不写到书里去，写到如何程度，完全尊重他们的意见。尽管如此，不少人仍是心有余悸，不敢多说。当笔者一再问他们"为什么"时，他们的回答概括起来主要是三方面的原因：一是表面的理由，政府会认为他们在搞迷信活动，从而对他们不利；二是根本的理由，因为禁公禁母魔力无边，在这里一讲，尽管没有直接说到名字，更没有人传播出去，他们也可能知道了在说他们是禁公、禁母，从而背后搞鬼，施禁于自己及家人；第三是附带的理由，禁公、禁母可能因为笔者在书中写了他们的事而

---

① 参见：海南省民族学会. 黎族田野调查[M]. 海口：海南省民族学会，2006：59-60.
② 忌讳谈论"禁"的问题是黎族地区的一个普遍现象，而对外越是宣称"这里以前有禁母，现在都死光了"，往往本地的禁母问题就越严重。参见：中南民族学院本书编辑组. 海南黎族社会调查（下卷）[M]. 桂林：广西民族出版社，1992：180. 该黎族地区的"禁"习惯法真实情况到底如何，还有待于进一步调查研究。

施禁于笔者，对笔者不利。①

信仰的力量如此之大，实在出乎笔者的意料之外。这时不由想起一位教授在与我谈到黎族信仰时说过的一句话："黎族人的信仰是非常虔诚的。如果不让动，他就在原地一动不敢动；如果说他明天死亡，他可能就第二天死了，吓死的。"②这些话也许有些夸张，或者只是针对黎族中的少数人，但包括"禁"信仰在内的传统信仰对黎族百姓的影响力却是绝不能低估的。③

## （二）各种"禁"文化的现象仍俯拾即是

现在黎族地区还存在不少"禁"文化现象，这里仅举几例：

1. 小孩有病，家人拿一碗米给娘母看，娘母通过点一枝香，有时候米成串地与香足连在一起，好像磁铁一样。娘母通过看米后，认为小孩给"禁母"禁了，所以才病，要治好小孩病，需要杀一只小白鸡解禁。小孩的家人请道公或高公举行赶"禁母"仪式。道公或高公用稻草扎一个稻草人，杀一只小白鸡，用碗装鸡血，煮半熟，用两枚铜钱筊杯三次，拿稻草人到村边，嘴里大声喊"砍禁母，砍禁母"，用刀猛砍稻草人。用此方法来驱赶"禁母"，达到消灾去病的目的。④

2. 在乐东黎族自治县的山荣、千家等乡，人们认为禁母能吃人，当发现禁母后必须请道公捏一个泥人，有头，大乳、鼓肚子，象征贪得无厌的禁母，然后做模拟驱

---

① 类似禁的巫蛊在苗族地区也普遍存在，现在常被大人用来吓唬淘气的小孩："别这样，否则会中蛊。"但在黎族地区，笔者留意观察及调研中却没有发现这样的现象，一位黎族朋友解释说："禁是一个忌讳的话题，同时这样说就有些过于厉害了，所以不能这样说。"这说明黎族笃信禁信仰，其程度超过苗族，人们根本不敢拿禁来开玩笑。

② 笔者确实找到一个类似的例子：万宁县红星大队巫婆郑东旧散布她家有"李三娘"，会医病，她以前的神经病就是"李三娘"医好的，群众信以为真。1961年6月份在一次喝酒过程中就对陈有章说"你以前打坏过深崛公（指其参加过革命，打坏过香火炉——笔者注）"，现在深崛公叫你死，我三娘看到你的名字在玉帝那里了，你一定在1962年11月份死亡。"她还说："你想不死就'招香火'，改名换姓，搬家，同时斩一株芭蕉树，用你的衣服包起来，晚上拿到十字路口丢掉，这样就可以不死了。"本来陈有章身体好好的，但因为笃信禁文化当即吓得不得了，不得不按照郑东旧的说法进行祭祀活动。但几个月后，最终还是因为极度的恐惧而得病，死亡时间是1963年1月份。（参见：1963年海南万宁政法工作组《万宁县大茂公社集训迷信职业者试点工作总结》，海南省档案馆档案全宗号27，目录号2，卷号60。）这本来应该是证明巫婆的话不可行的证据，因为死亡时间不符，但却往往被黎胞认做是巫婆的话灵验的证明，因为毕竟好好的人很快就如巫婆所言莫名其妙地死了。

③ 据笔者了解，对于黎族的禁文化一些汉人也坚信不疑。如不少黎族的道公就被广东的汉人请去搞祭祀及驱鬼活动。在调查中有一位琼中的年轻道公就告诉笔者，他经常去广东电白一带"作法"，因为距离遥远，时间有限，作法仪式繁杂，"很累人"。

此外，还有这样的一个例子：在陵水县曾经有一个汉族下乡干部傍晚到村里去，碰到一个黎族妇女。因为该妇女怕见生人，就一下子躲到树林中去。这引起该干部恐慌，连忙说："我是汉族，不怕禁公禁母，你不要来吓我"。这表明他还迷信，后来被调走了。

④ 海南省民族学会.黎族田野调查[M].海口：海南省民族学会，2006：59.

作者在五指山南圣镇与道公交谈

鬼状，把泥人丢到村外，砍去四肢，让禁鬼永世不得复活，从而村内才能安宁。①

3．黎族举行婚礼，第五个环节是婚宴。先是招待新娘和女客人吃饭。女客包括女方的来宾，新娘村寨中嫁到新郎村寨中的妇女，以及嫁过来尚未落夫家的妇女，吃饭前有人用芭蕉叶盛少许饭放在屋子墙角边供"禁鬼"吃，这些禁鬼吃饱不再来打扰新娘。②

4．人们在受到伤害后，往往要请人施禁于伤害人，尽管实际效果如何不得而知。如：乐东的一位中学老师被人偷了东西，感到很气愤，于是该老师就请道公使巫术害小偷。道公劝他不要这样，把人害死不好。最后只好不了了之。还有，一位朋友开车，车窗玻璃被人砸了，非常上火，于是就请人对砸玻璃的人施禁，试图使坏人生病，以进行报复。

5．因为对方是禁公或禁母而离婚的案件也有不少。如：万宁一女子生病，查出其丈夫是禁公，后来请人除禁。病好后要求离婚。因为庭上讲的离婚理由不充分，该女子私下对法官讲了离婚的理由，最后才获得了法院的支持。

6．人们对禁公、禁母仍然很恐惧，轻易不敢招惹他们。如：在乐东县，一个人学做道公（往往就是禁公）还没有出师，去偷牛被人发现，但因为牛的主人怕他施禁报复，不敢声张，因为以前曾有失主去找偷牛的道公理论，结果该道公以施法术来威胁。还有，有的道公为人祭祀，本来要一只鸡就可以了（其他道公事后告诉病者），但非要一只羊、一头猪，甚至一头牛不可，这完全是为了骗吃骗喝，惹得群众很不高兴，但也是"敢怒而不敢言"。

7．2008年11月在陵水县就有这样的一起外甥诬舅母为禁母的事件。小孩生病，舅母来看望，后孩子病重，道公认为来看望的人就是禁母。舅母知道后非常生气，仅

---

① 禁婆是什么 [EB/OL]．[2010-10-13] http://zhidao.baidu.com/question/107455620.html.
② 陈立浩．黎族"合亩制"研究 [M]．海口：海南出版公司，1994：114.

讲和不行，还要求让外甥登门来赔礼道歉，后来外甥携带礼物来道歉。孩子当时1岁多，后来就医治好，最后两家和好如初。①

此外，还有这样一个例子。1982年或1983年琼中县乘波镇（现在和平镇）一位妇女生病，去医院也看不好，时间拖了很长。道公查出是禁母作祟。孩子看母亲一直不好，花钱很多，一时激愤就去砍禁母。后来他被判刑了，稍使人安慰的是其母亲后来病好了。②

上述这样的活动已经不属于"禁"习惯法，因为它们或者不直接处理人与人之间的关系，尤其是不具有强制性，或者只是个案而没有群众的共同的理念支撑，而只能归于"禁"文化或"禁"风俗的范畴。

## 三、当代"禁"习惯法消亡的原因

上一章我们提到，在第三阶段"禁"习惯法已经表现出衰落的征兆，而在这一阶段这些征兆充分展现出来，其内在及外在的矛盾斗争越来越激烈。最终，"禁"习惯法走上了解体的不归之途，走进了历史。具体说来，"禁"习惯法的消亡，从人们思想转变的内在的角度来看是由于科学，尤其是医学的发展取代了传统巫术的作用；从社会行为规范的外在的角度来看则是由于国家法，尤其是关于民族宗教方面的法律全面战胜了"禁"习惯法。

### （一）科学战胜了迷信③

禁的起因在于生病现象的普遍存在。黎族民众为了解释及应对这一现象而产生了"禁"原始信仰。随着由汉族地区传入的科学知识的广泛传播，尤其是解放后国家大

---

① 这是笔者与林鸿邦同学2009年8月14日在陵水英州镇新坡村委岭脚村采访村支书黎亚民时获悉的。
② 这是笔者与方中飞同学2010年2月5日在五指山市南圣镇调查时高文林所讲。遗憾的是由于种种原因未能在琼中法院确证此事。
③ 有必要说明：某种具体的科学知识和理念可以战胜某一具体的迷信观念，而就其整体而言，科学却很难说会战胜迷信，因为迷信从科学的角度来看，尽管无法证实，但往往也无法证伪。科学与迷信属于不同的领域，二者各自具有其社会价值，难以相互替代。那种认为"科学是好的，对的，迷信是坏的，错的"的观念至少是不全面的，我们不应该坚持科学万能论，进而"迷信科学"。

力宣传学科学用科学，医学知识和技能的迅速普及，人们科学认识水平显著提高。

现在黎族群众对疾病的认识更加清楚了，疾病完全是由细菌、病毒等引起的，与禁术无关。生病一定要去看医生，医生可以通过仪器的检查，采用手术以及中西药来有效地治好疾病。所谓的禁鬼根本不存在，只是人们自己头脑中虚幻的产物，世界上并没有会禁术的禁公、禁母。射禁包完全是子虚乌有，查禁捉鬼等等那些神秘的做法完全都是没有理性根据的。所谓娘母"降神附体"不过是生了癔病，发生了心理学上所谓的"人格转换"，要进医院进行治疗。这些人不仅没有超能力，而且在精神错乱下智力还远远低于常人，希望作为病人的他们去治好别人的病是根本不可能的。道公没有经过系统的医学训练，只会用草药医治一些简单的病症，仅此而已。不仅如此，人们也认识到查禁、除禁，一方面不仅治不好病，而且还会使无辜的人蒙受不白之冤；另一方面这样做还可能被别有用心的人利用来诬陷好人。民众愈来愈不相信宗教迷信，鬼神在人们心中的地位自然发生了动摇。① 这对于"禁"习惯法来说，无异于釜底抽薪。通过上面的分析，我们可以有把握地预测：即使没有国家法的强制干预，"禁"习惯法也会逐渐偃旗息鼓。

究其根本，巫术与科学是势不两立的，社会发展的过程在某种程度上来讲就是二者不断斗争的过程。社会发展的趋势就是巫术范围及作用逐渐减少、减弱，而科学的范围及作用不断扩大、增强。马林诺夫斯基对巫术与科学的关系进行了深入的研究。他认为：咒、仪式和术士三者的结合是巫术的基本结构。巫术是简单、实用的技术，形式与科学类似，实质则相反，是伪科学。科学的信念是：经验、努力与理智是真实的，重视逻辑；而巫术的信仰是：希望不会失败，而欲求不会骗人，重视联想。对于巫术与法律的关系，霍贝尔有这样的论述："巫术是一种隐患。法律是巫术的天然敌人，所以要用法律来战胜巫术，使之逐渐枯萎和减少，但几乎所有的原始人都没有这个概念。而把超自然观念使用于道德目的的魔术，是法律的长期残留的侍女，在法律未到之处，还能起一定的作用。"②

## （二）国家法全面战胜了"禁"习惯法

改革开放以后，我们陆续颁布了一系列的法律，其中与"禁"习惯法有关的条目引述如下：

---

① 与用禁术害人在形式上比较接近的行为可谓是下毒害人，而这已经由国家法律所明文规定，如果有人下毒，会以投毒罪被国家严惩，根本不存在禁习惯法消亡后下毒行为无法追究处理的问题。也许，这也应该算是禁习惯法消亡的原因之一。
② [美]霍贝尔.原始人的法：法律的动态比较研究[M].严存生等译.北京：法律出版社，2006：254.

1979年《中华人民共和国刑法》规定:"组织、利用封建迷信、会道门进行反革命活动的,处五年以上有期徒刑;情节较轻的,处五年以下有期徒刑、拘役、管制或者剥夺政治权利。"(第99条)"故意杀人的,处死刑、无期徒刑或者十年以上有期徒刑;情节较轻的,处三年以上十年以下有期徒刑。(第132条)"神汉、巫婆借迷信进行造谣、诈骗财物活动的,处二年以下有期徒刑、拘役或者管制;情节严重的,处二年以上七年以下有期徒刑。"(第165条)

现行《中华人民共和国刑法》(1979年通过,多次修订后)规定:"组织和利用会道门、邪教组织或者利用迷信破坏国家法律、行政法规实施的,处三年以上七年以下有期徒刑;情节特别严重的,处七年以上有期徒刑。组织和利用会道门、邪教组织或者利用迷信蒙骗他人,致人死亡的,依照前款的规定处罚。组织和利用会道门、邪教组织或者利用迷信奸淫妇女、诈骗财物的,分别依照本法第二百三十六条、第二百六十六条的规定定罪处罚。"(第300条)

现行1982年《中华人民共和国宪法》(修正后)规定:"各民族都有使用和发展自己的语言文字的自由,都有保持或者改革自己的风俗习惯的自由。"(第4条第4款)"国家保护正常的宗教活动。任何人不得利用宗教进行破坏社会秩序、损害公民身体健康、妨害国家教育制度的活动。"(第36条第2款)

按照国家法的基本理念进行推理,可以认为黎族"禁"习惯法就属于"邪教"的范畴,类似于给社会造成巨大危害的法轮功,因为它也同样是"反科学,反社会,反人类"的。[①] 在国家法律的强大威慑力和强制制约下,本来就已经是羸弱不堪的"禁"习惯法可谓在劫难逃。时至今日,在黎族地区作为有组织的伤害所谓禁公禁母的事件已经消失了,尽管偶有因为被指为禁公或禁母而引起的纠纷,但一般都是民事纠纷,不是刑事案件,通过民间调解都得到了很好的解决。同时说明,即使存在因为杀禁引起的刑事纠纷,因为其为偶发事件,已不具有普遍性,且并不被黎族百姓普遍认可。这样的事例也根本无法归于"禁"习惯法之列。

综上,"禁"习惯法的消亡既有内因,又有外因,是内外因综合作用的结果。内因是演变的根据,外因是演变的条件。首先,从内在方面来看,"禁"习惯法的演变是人们理性思维能力逐渐提高的结果。人们学科学,用科学,有病去医院看医生成为人们的理所当然的选择,人们满意于医生的医疗效果,切身感受到医学相比巫术更有效果。黎族不再笃信巫术,认为它们毫无根据。人们不再像以前那样尊敬娘母或道公,甚至认为他们不过是骗吃骗喝的家伙,同时由于他们还相互攻击,令人作呕。对所谓的禁公禁母,人们抱着同情的眼光,不再认为他们对自己及家人的安全构成威胁。历

---

① 由于"禁"信仰对整个社会的影响微弱,国家没有,也根本不需要专门下文明示其属于"三反"之列。

史上其他民族的巫术文化也走向衰落和消亡，黎族"禁"文化也不例外。"禁"习惯法，可谓黎族人为自己编织的一张意义之网，但后来成了"作茧自缚"，意识到这一点后黎族人当然会"破网而出"。

我国有些少数民族的传统文化在"文革"后复苏或称"卷土重来"，包括对社会有积极作用的，也包括有消极作用的，但黎族"禁"文化并没有复苏而是仍然慢慢凋零，退隐。这也说明了"禁"习惯法已经不适应社会的发展需要。其次，从外在方面来看，"禁"习惯法的演变是受到黎族地区世俗文化、外部汉族文化以及不同时期的国家法强烈影响的结果。国家禁止任何巫术的活动，尤其是对于依据迷信而伤害所谓禁公禁母的行为给与严厉的打击。这使"禁"习惯法失去了存在的外部空间。

黎族文化柱

"禁"习惯法现在可以说已经基本消失了，但这不是绝对的，其残留还在，影响犹存。尽管它在与国家法的对抗中全面落败，但其在不少黎族人的观念中仍根深蒂固，不容轻视。同时，从另一个角度来看，黎族的传统信仰文化仍在，道公或娘母仍在活动，人们请道公、娘母解禁，甚至施禁于他人的事情仍时有发生。这些事件尽管影响不大，但在群众中具有普遍性，且群众一般对此持理解和同情的态度。

通过对"禁"文化的研究，我们可以深刻认识原始信仰对黎族法文化的影响状况。进一步，在黎族地区建设法治社会、和谐社会的过程中我们要对症下药，循序渐进，逐渐消除"禁"文化产生的不良影响。在和谐社会的创建中，我们应认真对待黎族的传统民族风俗习惯，包括"禁"文化在内。"禁"文化中有不少的糟粕，应该予以清除，但是文化观念上的东西并不是一天两天就能够转变的，对此我们要保持耐心。一方面积极地宣传科学观念，一方面对黎族的传统观念也予以理解和一定限度的尊重。不能采取强制的办法，那样也没有实际的效果，而是相信群众自己具有解放自己的能力和智慧。力图通过简单粗暴的办法，如"文革"中那样，焚烧道公、娘母的法器、限制甚至禁止娘母或道公的活动来消除"禁"文化是徒劳的，因为娘母、道公不仅仅是"禁"文化的一部分，同时还是黎族传统文化的一部分，具有一定的历史必要性。

最后，需要指出的是："禁"习惯法作为一个整体已经消亡了，但"禁"习惯法中的一些优秀的精神因素并没有消失，只是已经融进了黎族民众的现代社会生活之中隐而不显，如：不要报复别人，不要下毒害人，不要嫉妒人，不要随口乱说，不要欺负弱者，要信守承诺，要处事公正，要用证据说话，等等。

# 第七章

## 黎族传统"禁"习惯法的功能、作用及价值

陵水黎族自治县

"即使是谎言,也是会生小孩的女人。"

——西班牙谚语①

"禁"习惯法的基础是巫术,而巫术是迷信,是反科学的东西,为什么还要研究它,何况现在法律中已经不存在巫术,黎族"禁"习惯法如笔者所述也已经不复存在,研究这些还有什么价值呢?相信读者在看到本章的题目时,可能会有这样的疑问。确实,按照现在的眼光,"禁"习惯法基本上是迷信,不符合科学,不符合常理,甚至是野蛮、落后、荒谬的东西。然而,这只是问题的一个方面。我们往往都是从自己的、现代的眼光来看待"禁"习惯法,而很少从当时当地的黎族百姓的角度出发,用他们的眼光来观察和体会这一习惯法。这往往导致我们的分析和看法表面化。对于包括"禁"习惯法在内的黎族习惯法,我们应该持"同情式理解"的态度,尽量从他们的立场和视角来看待和分析问题,只有这样才能对其有深刻的理解。

对于一种民族文化,尤其是相对比较落后的、比较原始的民族文化,我们应该持这样的态度:不用是否符合现代科学观念来简单判断文化的好坏;不能简单地评价一种文化相对于其他文化的优劣,因为不同的文化都适应了当时的社会环境,具有自己

---

① 泰勒[英].原始文化:神话、哲学、宗教、语言、艺术和习俗发展之研究[M].连树生,译.桂林:广西师范大学出版社,2005:230.

特有的价值,从根本上来说文化根本就没有高低之分、好坏之分;不应站在无神论的立场,居高临下,认为原始信仰是一种迷信,错误的东西;不应认为无法用经验证实的东西就是假的,就是错的,因为有些东西也往往是无法证伪的。

法律是一种地方性的知识(吉尔兹语),黎族"禁"习惯法也不例外。它扎根于黎族传统宗教文化的土壤中,随着黎族传统信仰的产生而产生,变化而变化,同样也随着其消亡而消亡。这时我们不由地就想起黑格尔的名言:"存在的就是合理的。"我们在研究之前就应该有这样的信念:"禁"习惯法就其产生的土壤来说,它的存在是有价值的,不容忽视的,甚至可能在当时的社会起到了不可替代的重要作用。没有任何社会价值的制度是根本不可能存在的,尤其是不会存在这么长的时间!在法律发展史上,这样现在看来没有价值或极不合理的规定的例子举不胜举:中国的"刑忌"、"官当",西方的"决斗"、"宗教审判"、"初夜权"等等。①

"任何时代及任何地区都有自己特有的犯罪类型。"黎族"禁"习惯法就是在黎族地区传统社会这种特定的历史条件下产生的,禁人犯罪就是特有的一种黎人犯罪类型。这种制度之所以存在,自有其特有的规范功能、社会作用及价值。②

# 一、"禁"习惯法的规范功能

## (一)行为及思想的指引功能

"禁"习惯法的宗教及道德色彩浓厚,不仅包括对行为的指引,也包括大量对思想的指引的内容,具有宗教教化及道德感化的作用,③ 同时它的内容主要由义务性规

---

① 在美国,中国人看来搞笑甚至荒谬的法律比比皆是。如爱荷华州规定,给情人送巧克力必须不低于50磅重,否则情人可以上告;任何人接吻不得超过5分钟;等等不一而足。但是我们有理由相信:这些法律在当初制定的时候是肯定有自己的道理的,"绝不是荒唐的玩笑"(德沃金语)!

② 研究社会学中的功能,这是马林诺夫斯基的理论,然而这种理论也有其局限,因为并不是所有存在的东西都有自己的社会作用,有一些社会存在物仅仅因为是传统,是习惯而存在,并没有现实的社会作用了,或者其虽然仍存在,但其社会功能已经完全发生了变化。如:"握手"本来是为了表明手里没有武器,现在则是一种表示友好的形式;"接吻"本来是男人嗅一嗅女人身上有没有酒味的方法,现在成了增进男女情感的方式。尽管如此,我们认为,结构—功能方法仍是我们研究社会的基本方法之一,尤其是在一种社会现象处于产生及发展时期的时候。

③ 著名的《摩西十诫》中有六诫是具有鲜明的宗教含义的内容。

范组成。"禁"习惯法的指引作用包括实体性指引以及程序性指引,包括针对一般民众的指引,也包括对娘母、道公等人的指引。这里主要谈实体性的、对一般民众的指引。以下以条文的形式给以简单的阐述:[1]

首先是行为层面的指引,这体现典型的"禁"习惯法指引方面的功能。

一是:要信奉万物有灵论,崇拜各种鬼。

二是:尊重娘母、鬼公、道公以及他们的各种法术。

三是:要遵守"天上怕雷公,人间怕禁公,地下怕祖公"的古训。

四是:不要背后报复别人,尤其是不要用禁术以大家看不到的方式来害人。

五是:禁人生病,甚至死亡,是为社会所绝不能容忍的行为,会受到严厉的处罚。

六是:要信守诺言,喝了鸡血就要承认查禁的结果。进一步,禁公禁母在被查出后,一旦对天发誓,做了保证就要承担责任,以后再禁人就甘愿处置。

七是:禁公或禁母的亲属做担保就要履行义务,一旦禁公或禁母再禁人,作为亲属不要阻拦,而允许杀死他们。

其次,禁忌的指引功能。

禁忌在黎族习惯法中占有重要的地位,这种指引都是确定性的指引,也即属于强制的义务性规范的范畴。这种指引一般没有对违反行为的处罚,表面上处罚是由鬼来实施的,而现实中往往是在自己遭受灾祸后,或内心恐惧后,请人祭祀消灾。

这主要包括:不能夜间在家里吹口哨,否则会招来禁鬼作祟于人;不要在夜里剪头发;衣服不要晾在户外,怕招禁;不要把鱼和肉放在日光下晒干,因为会被使禁到食物上,使人食后发生激烈的腹痛等等。

黎族船形屋

第三,隐含的指引功能。

有必要进一步指出的是,"禁"习惯法除了具有显性指引功能外,还内在地具有以下的隐性指引功能,这些指引往往带有一点对禁人行为避让,而非直接对抗的特点。以下简单列举几种隐含的行为指引及思想要求:

一是,不要招人生气,与人发生纠纷。黎族一般教育自己的孩子:不惹人家生气就好,斗嘴不好,要与人和睦。否则可能被人施禁。

二是,不要随便讲人的坏话,更不要偷盗别人的东西。凡被认为是"禁公"或"禁母"的人,黎族群众都既害怕又恭顺,不敢讲他或她的坏话,不敢偷他或她的东西,害怕被他或她禁病或禁死。

---

[1] 这里只是指出其中的最基本的几条,详细的规范可见书后附录一。

三是，行为举止上不要标新立异。否则容易使人误认为是"禁公"或"禁母"，受到严厉的处罚。不要"神叨叨"的，不要嫉妒人，要"随大流"，遵守社会一般的行为规范。具体来讲，一般不要乱串门，不要乱讲话，要切记"祸从口出"等等。

## （二）社会强制性的处罚

在黎族传统社会，自然也会有偷牛、通奸、人身伤害等事件发生，对此人们的处罚也是相当严厉的，但人们一般认为这些是私人性质的犯罪，因为它们对社会的影响较小。然而，一般情况下对偷牛贼并不处死，至少可以通融，如果拿出足够的牛只或其他财产可以"赎命"；[1] 对于通奸犯则也往往以赔钱了事，如果要杀害也是在通奸现场，捉住"双头双脚"的情况下当即杀死，并不具有公开示众侮辱的因素。有时甚至即使是杀人这样的严重犯罪，也认为是私人之间的事，不一定对罪犯实施死刑，而是完全可以以"赔命价"的方式通过"私了"来处理。[2] 而对于禁公禁母，则要严肃认真得多，因为往往是"不杀不足以平民愤"。这里根本不存在类似现代社会那样"以罚代刑"的问题，也不适用通过讨价还价式的"调解"来解决纠纷的问题。

马林诺夫斯基认为：土人最大的犯罪是乱伦。但在黎族地区似乎并非如此。同（黎）姓不婚是一种重要的禁忌，违反这一禁忌可以说是乱伦最重要的一种。但黎族人对待同姓结婚的行为除了竭力禁止外，就是驱逐出村，还有让黄蚂蚁咬，以及强迫吃草，在脖子上挂牛轭、牛铃铛游村等，但没有处死之说，[3] 而对禁公、禁母则基本上是处死。

在黎族地区，人们认为用禁术害人对社会的危害比直接杀人行为还严重，因为禁术的实施不分时间、地点和人的身份，也不分情由，不可预知且无法控制，具有神秘性，又具有超自然力，无法预防和抵抗，也就是说对不特定人的健康及生命构成了现实的威胁，危害极其严重。这也就是为什么人们有时会采取残酷的暴力行为来杀死禁公、禁母的原因。对禁公、禁母的施禁行为给以最严厉的处罚，表明了黎族社会维护社会秩序的坚强决心。

这种处罚在某种意义上相当于对患有严重传染病的人的处罚，因为这种病人会使别人生病，而当时无力给以控制和治疗，所以人类历史上有不少杀死患者的例子。如公元846年，在入侵法国的诺曼人中间爆发了天花，并一发而不可收拾，势不可挡，

---

[1] 参见：广东省编辑组.黎族社会历史调查 [M]. 北京：民族出版社，1986：58-59.
[2] 据说明洪武年间，石弄村一女子被两个男子看上了，其中一位陈姓男子杀死了另一个男子。后来经协商，陈姓一半村址的土地割给死亡男子的家族作为赔偿。从此两个家族结拜为兄弟，互不通婚。参见：海南省民族学会.黎族田野调查 [M]. 海口：海南省民族学会，2006：37-38.
[3] 王学萍.中国黎族 [M]. 北京：民族出版社，2004：112.

人们对此惊慌失措，极端恐惧。当时的首领最后只好下令，杀死所有的病人以及看护病人的人。这实在是一出人间悲剧，但在当时这也许是"最好"的办法。①

当然，"禁"习惯法还具有评价、预测及教育的功能。人们可以以是否真诚信鬼、做宗教仪式、进行祭祀等作为自己的行为及道德评价的标准。具体来讲，人们对施禁行为给以否定性评价，要求人们和睦相处，不要伤害别人。同时该法还有这样的功能，教育人们不要轻易招惹别人，尤其是自己觉得行为举止奇怪的人，要心存怵惕，而这在客观上具有某种程度的保护以非主流的生活方式生活的人。"禁"习惯法可以在生活中合理地预测自己及他人的行为，以达到调节人们之间的关系目的。

## 二、"禁"习惯法的社会作用

习惯法是一种社会控制手段，在传统黎族地区甚至是最重要的一种社会控制手段。这里的社会控制指通过社会力量使人们遵从社会规范，维持社会秩序的过程。它一方面是指整个社会或社会中的群体、组织以习惯法为依据对其成员的指导、约束和制裁，另一方面也是指社会成员间在认可习惯法的基础上相互影响、相互监督、相互批评。

### （一）解决社会纠纷

任何习惯法，与国家法一样都具有解决社会纠纷的作用，"禁"习惯法也不例外。解决纠纷就是利益协调，民法固然如此，刑法也莫不如此。包括黎族"禁"习惯法在内的任何法律都是博弈及妥协的产物，这类似于马林诺夫斯基所讲的"互惠"，也即原始习惯法中包含着平衡及对称的原则。② "禁"习惯法中主要涉及几个法律关系的主体——病人及其家庭、娘母道公等宗教人士、黎族首领及官员、禁公禁母、社会大众，再就是禁鬼及其他鬼。"禁"习惯法的基本作用就是处理这些主体之间的纠纷，

---

① 令人遗憾的是，就在2003年我国发生"非典"疫情的时候，网上也有传言"一名患者在试图进入一座大楼的时候被众人活活打死"，尽管后来被证实这只是谣言，但也确实反映了一般民众极度恐慌的心理以及潜在的可能采取极端举动的应激反应。

② [英]马林诺夫斯基.原始社会的犯罪和习俗[M].原江译.北京：法律出版社，2007：29-31.

其主要内容如下：

### 1. 人与禁鬼之间的纠纷

乌尔比安指出：法律是关于神和人的学问——是关于公正和不公正的科学。在宗教规范中这一点非常明确。"禁"习惯法既是法律规范，也是宗教规范，自然它也要处理人与鬼的纠纷。这种纠纷实际上是人与自然之间冲突的反映。也许这严格说来不属于社会纠纷，但因为它与社会纠纷紧密联系在一起，所以这里一并阐述。

"禁"习惯法表面上主要是为了解决治病的问题，属于调节人与自然的关系。这表现在人们对禁鬼的既斗争又妥协。一方面，人们要"查禁捉鬼"，然后驱禁鬼，与禁鬼做斗争；另一方面又要对禁鬼给以足够的尊重，杀鸡，杀猪，甚至杀牛给以祭祀，以"讨好"它们，满足其贪欲，从而使它们不再禁人生病。禁习惯法对解决人与自然的关系实质上作用不大，现在我们谁都明白用巫术无法治好疾病。但这有利于人们树立正确的自然观：对自然要有敬畏，但同时也不要一味服从自然，而要积极地影响及改造自然。

### 2. 患者与所谓的禁公、禁母之间的纠纷

"禁"习惯法主要目的在于调整人与人之间的社会关系，其中第一位的就是要解决病人与所谓禁公禁母之间因为禁术致病引起的纠纷。

首先，"禁"习惯法对查出的禁公、禁母予以严厉的处罚，以保护患者。对"禁"的处理是黎族民众的一种自我保护措施。禁公禁母因为与人有仇或不睦，利用禁术无端地害人生病，甚至导致患者死亡。这严重触犯了大众的情感，必须得到严惩。它表明了病人的利益不可侵犯，如果侵犯将受到严厉的制裁，同时要求大家相互不要怀有恶意，而应该与人为善。同时，它还彰显了恶有恶报，正义必将战胜邪恶的理念。

其次，"禁"习惯法内在地要求患者在患病前应对被怀疑为禁公、禁母的人尊敬有加，不轻易招惹他们。禁术本身是所谓禁公、禁母的一种自我保护措施。对禁的惧怕可以起到一定的保护所谓禁公、禁母的作用。黎族地区的汉族老人经常告诉自己的孩子："不要得罪黎人，小心被禁！"据说，曾经有一汉族小伙殴打一黎族小伙，黎族小伙去叫他爷爷"禁"那汉族小伙，结果汉族小伙突然变疯，流落街头，不成人样。这样的传说当然不可信，但它说明了一个问题：在日常生活中不要随意欺压或侮辱他人，尤其是少数民族及弱者。

在现代科学意义上，"禁"习惯法对于解决病人与所谓禁公、禁母的关系作用不大，因为二者实质上本来就没有什么矛盾或纠纷（所谓有矛盾或有仇仅仅是一个怀疑为禁公或禁母的因素），只是因为娘母或道公查禁才人为地间接建立了联系。同时即使有

仇也要分清是非，不能一概处罚无病的对方。对根本没有施禁的人来说，处罚他对于协调他与患者之间的关系，解决他们之间的纠纷（如果真有的话）并无助益。除非是把禁公或禁母杀死，那样确实所有的纠纷就"一了百了"了。

### 3．所谓禁公、禁母与整个社会之间的纠纷

这一作用可谓"禁"习惯法的基本作用。所谓的禁公、禁母，如前面所述多为社会中的弱势群体，或行为举止与众不同，人们感觉其神秘和可怕的人。处罚他们实际上是在维持社会传统秩序，因为他们是异类，对社会生活构成了挑战，影响了社会的稳定。而对被怀疑为禁公、禁母的人敬而远之，则可以保护社会弱者及行为怪异的人。这在一定的程度上有提倡社会宽容的含义。

另外，从某种程度上来讲，懂得（被认为懂得）禁术之人一般不受别人欺压，且能护身保家。禁术作为一种防御及反击手段，有利于禁公、禁母的社会正当利益的维护，免于他人的侵犯。正如在苗人巫蛊习惯法中，人们害怕女人"放蛊"，这其中包含有警告及威慑天下男人不要抛妻弃子或"第三者"插足的作用。① 进一步来讲，"禁"习惯法也有保护黎族免受汉族等外民族欺压的作用，可以预防纠纷的产生。

### 4．一般违法行为人与社会大众之间的纠纷

在调查中，笔者了解到"禁"习惯法还有这样的隐含的作用，这可以说是上述第三种纠纷的扩展：处理禁公禁母，实际上是变相地处罚因为偷盗等行为危害社会治安的人员。因为黎族地区的偷鸡、偷狗、偷猪等其他一些不良行为也存在不少，但往往因为证据不充分而无法处罚，尽管人们有足够的理由怀疑某人是小偷。人们对偷盗等行为恨之入骨，同时联想到偷盗及禁人的人都是危害社会的坏人，于是就在查禁时往往把目标锁定在他们这些社会的渣滓身上，通过道公把他们查出来，然后以禁公、禁母的名义给以处罚。以这种方式可以使社会正义得到伸张，尽管是"以曲线的方式"。②

---

① 据说湘西的"蛊"，分三种类型，一是恨蛊，二是情蛊，三是怕蛊。这三种蛊，都是湘西女子独占爱情，维护家庭稳定的法宝。"恨蛊"一般是在丈夫被别的女人抢去的情况下，妻子万般无奈，对丈夫放的一种蛊，其用意是想通过蛊毒，迫使丈夫回心转意。中了恨蛊，短约半年见效，长的要两到三年，有的男人中了恨蛊，回心转意，回到妻子身边，便可以得到解救。也有的虽中恨蛊，仍不肯离开新的女人，到最后便只能蛊发而死。参见：张大强．蛊婆[J]．档案时空，1996（4）：33．

② "现在也有小偷小摸，大家恨，称为'禁'的。"这是笔者2010年7月17日下午在琼中县上安乡新丰村采访时，王大成夫妇所讲。这已经是在使用"禁"的引申义了！

## （二）凝聚社会群体

### 1．防止社会分裂

任何人都有本能，但仅仅靠本能生活那是动物的特征，其生活也只能是动物的生活，不是人类的。人类要过文明的生活，有理性的生活，就不得不对某些影响群体生活的本能予以控制。人类最重要的本能之一就是防御本能，没有这一本能的人类自然就会消亡，但在防御过程中的报复（报复本身是进攻，但就其实质是防御性的）则是人类社会所无法承受的。它会导致"冤冤相报何时了"，恶性循环，也正因为如此，在任何社会中制止报复是一个基本的社会规范要求。马林诺夫斯基说："法律最基本的作用就在于约束人类某些自然的癖好，限制和制约人类的本能，强化一种非出自于本能的义务性行为——换句话说，就是保证人类为了共同的目的而建立一个互相让步和相互奉献的合作基础。为此，一种不同于固有的、先天赋予的新兴力量将承担着完成此任务的使命"①这句话的意思是指，法律的功能在于转化人的自然倾向，抑制本能且控制之，促使人们朝向非自发的强迫性的行为，换句话说，使共同生活成为可能。纯粹的自发的本能行为，如报复之类，不是法律，而法律恰恰是为了避免这类事情的发生。在未开化的民族，复仇永不止息。黑格尔对此也有自己的阐述。他坚决反对报复，但同时认为国家的刑罚是对违法犯罪的报复。这也就是说，如果对某种行为需要给以报复的话，也是国家有权报复，而剥夺个人的私力救济。②包括报复在内的私力救济与习惯法所代表的公力救济是完全相悖的，甚至可以说，习惯法就是为了防止及制止私力救济才出现的。

"禁"习惯法在有意禁人阶段，禁公、禁母之所以要禁人，就是因为他们与人有仇要报复别人（姑且不说原先结仇的过程中谁对谁错），处罚禁公、禁母很大程度上也就是处罚报复行为，而这对于防止社会分裂，凝聚社会具有重要的作用。

### 2．增强群体意识

"禁"习惯法中的查禁驱鬼等，尽管就其直接目的来讲是为了治病，但它的疗效究竟如何？其实对这个问题黎族民众自己也是很有体会，比较清楚的，那就是疗效很有限或者说基本没有多大效果。但即使是这样为什么还要查禁驱鬼，且都是公开的，在大庭广众众目睽睽之下举行，为什么又总是与聚餐活动相伴随呢？

涂尔干对宗教活动有下面的阐释，我们认为用在禁习惯法上也是合适的："无论

---

① [英]马林诺夫斯基.原始社会的犯罪和习俗[M].原江译.北京：法律出版社，2007：43.
② 本文不区别复仇与报复两个概念，而黑格尔把它们区分开来，认为复仇是私力救济，报复是公力救济。见：[德]黑格尔.法哲学原理[M].范杨，张企泰译.北京：商务印书馆，1996：107-108.

什么样的膜拜仪轨，都不是无意义的活动或无效果的姿态。作为一个事实，它们表面上的功能是强化信徒与神之间的归附关系；但既然神不过是对社会的形象表达，那么与此同时，实际上强化的就是作为社会成员的个体对其社会的归附关系。……无可否认，宗教推荐给人们用来影响事物的诀窍一般都是无效的，但是，这些挫折并没有产生什么深刻的影响，因为它们没有触及宗教的根基。"[1]我们认为，"禁"习惯法在增强群体意识方面具体来讲有以下的作用：

首先，通过标明及处罚危害社会的行为，巩固社会集体意识。一位学者从心理学的角度对此类现象给出了自己的解释："在日常生活中，其实人们多少都对于亲近的人有一种敌意，选择一个'放歹'的人是为了避免敌视所有亲近的人。"[2]"贴标签"的行为，通过想象，将洁与不洁、人和鬼、善与恶、邪与正、同类与异类分开，让大家批评、唾弃异类，同时确立自己在群体中适宜的行为方式，客观上巩固了社会集体意识，证明了个人的社会性存在，避免了社会僵化，促进了群体的整合。[3]

其次，通过举行集体活动，感受集体的利益。日本学者对此有自己的深入分析，他们认为：[4]

> 驱鬼仪式其实是一种强化他们彼此间关系的方法，同时带有慰问病人的意思。在驱鬼仪式中，重要的不是祈祷师的祈祷，而是患者家的亲戚朋友，乃至全村村民，借驱鬼之名聚集在一起会餐、饮酒。也就是说，亲戚朋友以及全体村民，共同分担患者家的忧愁，通过分担忧愁来达到相互扶助的效果，这才是驱鬼的意义所在。可以认为，其真正的作用在于，它是强化彼此间连带关系的方法。不用说，黎族自身也是在充分认识这一作用和效果的前提下，举行驱鬼仪式的。如果你向黎族请教："为什么必须驱鬼？"，他们注定会简单地回答："因为这是自古以来的习惯。"虽然驱鬼是自古以来的习惯，而且从过去一直传承至今，可是他们频繁地举行驱鬼仪式的理由，想必在于这种仪式具有强化彼此间关系的作用。

"禁"习惯法不是法条，也不仅仅是一种理念，而是一项制度性的活动。这一活动属于典型的族群公共活动，具有公共活动所具有的基本的社会作用。在黎族地区这

---

[1] [法]涂尔干.宗教生活的基本形式[M].渠东，汲喆，译.上海：上海人民出版社，2006：215.
[2] 朱和双.云南梁河阿昌族原始宗教中的巫蛊信仰[J].宗教学研究，2007（1）.
[3] 洪涵.巫蛊信仰与社会控制[J].云南大学学报法学版，2009（9）：124.
[4] [日]冈田谦，尾高邦雄.黎族三峒调查[M].金山等译.北京：民族出版社，2009：233.

黎族妇女田间劳作舞蹈

样的公共活动还有不少，如集体狩猎，集体祭祀，婚丧嫁娶中的集体舞蹈、聚餐活动以及集体审判偷牛贼、集体参与与外族的械斗等。这样的族群活动可以强化及加深群体内部相互之间的交流和理解，沟通相互之间的感情，使大家深深感受到大家是一个集体，每个人都是其中的一员，容易形成一种共同的信念和意识，也即族群认同意识。这对于族群的存在和进一步发展具有不可缺少的重要意义。

第三，通过"禁"习惯法的传承及发展区别于其他民族，以增强民族向心力。"禁"习惯法作为黎族传统文化的一部分，其实施又具有传承黎族文化，形成自己的特色以区别于其他民族的作用。这使得黎族在面对外来文化时，保持自己的自信与自尊，增强自己的民族向心力。有学者指出类似黎族地区这样的巫蛊习惯法还有体现群体划分，增强集体认同、民族向心力的社会作用。① 这实际上主要是从少数民族与其他民族的关系的角度来看巫蛊习惯法的作用。确实，"有蛊之地"与"无蛊之地"的区分，以及不同的"有蛊之地"内部巫蛊文化的荦荦大观，各种各样，也标志着"我族类"与"非我族类"的差别，这反过来对民族认同也具有积极的作用，正如国人到了国外，更加深刻感到自己的民族身份及精神归宿一样。②

进一步，"禁"习惯法还有保护本民族不受外来压迫的部分作用。因为外来民族了解及相信黎族有"禁"文化，进而在与黎族的交往中心存忧惕，不敢随意欺压黎族民众。这对外具有警示、威慑的作用，反过来也有利于黎族的群体利益。

## （三）社会心理抚慰

"禁"习惯法具有浓厚的原始信仰因素，巫术在其中占有重要的地位。恩格斯说："一切宗教都不过是支配着人们日常生活的外部力量在人们头脑中的幻想的反映，在这种反映中，人间的力量采取了超人间的力量形式。"③ 宗教确实是幻想的反映，甚至可以说是歪曲的反映，但是它毫无疑问是对人的内心世界的体验的物质性的反映，这种反

---

① 洪涵. 巫蛊信仰与社会控制 [J]. 云南大学学报法学版，2009（9）：124.
② 这也类似于以是否吃猪肉为衡量标准来区分回族与汉族等其他民族。尽管我们知道"吃猪肉"本身并不是回族民族文化的核心特点，但毫无疑问这是一个最容易区别的特征。
③ 马克思恩格斯选集（第一卷）[M]. 北京：人民出版社，1972.

映是有客观物象为基础的,是真实地存在的。包括巫术在内的宗教文化绝非空穴来风,并且是具有其内在的价值的。对当时的黎族社会而言,"禁"习惯法所具有的社会心理抚慰作用不容忽视,尤其是在其他的社会控制资源不足的情况下更是如此。

巫术并非是人身上的阑尾,除了会偶尔导致人生病之外,没有起到哪怕一点点好的作用。以巫术为基础的"禁"文化也并非是"有百害而无一利"。巫术的产生并不是偶然的和凭空想象的,而是具有一定的必然性,并且有事实的依据。某种自然界的实际的物理现象,总是人们虚构的基础。对于巫术,泰勒有一个评价值得我们深思:"巫术是建立在联想基础之上,而以人类的智慧为基础的一种能力,但是在相当大的程度上,同样也是以人类的愚钝为基础的一种能力。"①"事实上,这(指巫术)是真诚的,然而也是错误的观点体系,这种体系是由人类的智慧通过在许多方面对我们个人的智慧来说仍然是合理的那样一些过程所研制出来的。这也就构成了它的基础。虽然事实反对它,这些事实证据也只是不久前并且是逐渐地产生了破坏作用。"②

"有阴影的地方必有光亮。"巫术自有其积极的一面,不管我们是否认识到这一点。很难想象:历史上很长一段时期内无论中外,人们会都不约而同、愚不可及地相信毫无意义的巫术?一种只对社会的稳定和发展产生消极作用的东西会产生、发展并长期存在?!马林诺夫斯基对此有精辟的阐述:"巫术的功能在使人的乐观仪式化,提高希望胜过恐惧的信仰,巫术表现给人的更大价值,是自信力胜过犹豫的价值,有恒胜过动摇的价值,乐观胜过悲观的价值。"③巫术不仅可以促成个人人格的完整,对社会而言,它也是一种组织的力量。④巫术是在缺乏达到某一目的的实际手段的情况下的一种替代品,其功能是宣泄性的、激发性的,它给人以勇气、安慰和韧性。危险的无法把握的事情出现越多,巫术就越容易产生,其社会作用也就越大。

"巫术"时代是原始氏族必经的一个人类心智的成长阶段,并且对于人类的精神史来说是一个至关重要的成长时期。⑤在人类的历史上几乎每个民族都产生过巫术,

---

① [英]泰勒.原始文化:神话、哲学、宗教、语言、艺术和习俗发展之研究[M].连树生译.桂林:广西师范大学出版社,2005:93.

② [英]泰勒.原始文化:神话、哲学、宗教、语言、艺术和习俗发展之研究[M].连树生译.桂林:广西师范大学出版社,2005:110.

③ [英]马林诺夫斯基.巫术科学宗教与神话[M].李安宅译.北京:中国民间文艺出版社,1986:77.

④ 针对当时农民祷神求雨的迷信行为,我国著名社会学家潘光旦曾撰文指出:"第一,此种信仰并不完全是消极的。……不但心理上暂时可以得到一些安慰,工作上也可以引起一些兴奋。……第二,农民相信偶像和偶像所代表的神佛,不错,但此种信仰并不是无限制的,并不是绝对无条件的。……千求不一应的神佛也许会引起大众的公愤,因为受到相当的处罚,以至于撤换。……理想之于有智识的人,就等于偶像之于无智识的人。"参见:潘光旦.迷信者不迷[N].《华年》周刊,1934-08-25.

⑤ 按照弗雷泽等人的论证,整个人类的精神发展史包括三个阶段:巫术阶段、宗教阶段和科学阶段。参见:[英]弗雷泽.金枝(上下册)[M].徐育新,张泽石,汪培基译.北京:新世界出版社,2006.

即使是在当代的发达国家中巫术仍然有迹可寻，如各种各样的算命方法等。近代以来人们崇尚科学，贬斥巫术，认为二者是完全对立，水火不容的，始终处于你死我活的搏斗之中。然而，随着认识的深入，人们越来越明白：巫术与科学具有内在的不可分割的联系，尤其是从渊源上来讲更是如此。尽管神话、巫术看起来很荒谬，但它也的确是人类思维发展的一个阶梯，是科学思想的起源。它们都是反映人与自然的关系，都具有中立性。也难怪有人说，原始巫术就是当时社会的科学！巫术可能会出错，但这不是我们贬低巫术的理由，因为科学也同样如此。

我们认为，"禁"习惯法的心理抚慰作用主要体现在以下方面：

### 1. 揭示生病的原因

也许巫术不是理性的，但它绝不仅仅是对世界的虚幻的、歪曲的反映，实际上它只能是原始人类长期生产、生活经验的积累以及思想认识的产物。简单地说，巫术不是原始人凭空臆造的，而是以经验为基础的想象的产物，带有科学思维的萌芽。原始时代的巫术与医术密切相关，巫婆或黎族的娘母就是原始时代的医生，她们不仅确实懂医术，而且常常用草药来给病人医治。只是她们往往一边用草药，一边念咒语、挥动法器，这使人容易看到其宗教祭祀作用，而轻视其医疗作用。进一步来讲，祭祀本身也具有一定的心理治疗作用。说娘母既是黎族的内科医生，又是心理学医生，应该是不错的。①

依据"禁"习惯法的理念，生病有时是由坏人，尤其是与病人有仇的人下禁的结果，这与现代社会怀疑生病是由于有仇家下毒相似，是一种对案情的猜测，在黎族普遍相信禁术的情况下具有合理性的一面。

若把人类的行为截然划分为理性和非理性的两部分，这条分界线却不易划得出来。以技术知识和巫术之间的关系为例，我们会看到在各种类型的态度和活动中，理性和非理性两者的成分都有。有些治病的巫术所使用的物质，似乎确有治疗的作用。在这一点上，马林诺夫斯基说得好："巫术使人能够进行重要的事而有自信力，使人保持平衡的态度与精神的统一——不管是在盛怒之下，还是在怨恨难当、情迷颠倒或念灰思焦等等状态之下。巫术的功能在于使人的乐观仪式化，提高希望胜过恐惧的信仰。"②

### 2. 确信疾病能被治愈

黎族对"禁"的审理和判决，不存在娘母或道公查错了的问题（自然，也更没有

---

① 参见：高泽强，文珍. 海南黎族研究 [M]. 海口：海南出版社，南方出版社，2008：131-132.
② [英] 马林诺夫斯基. 巫术、科学、宗教与神话 [M]. 李安宅译. 北京：中国民间文艺出版社，1986：77.

因为差错而对所谓的禁公或禁母道歉，而改正错误的问题），因为人们坚信他们（作为鬼灵的代表）是不会错的。如果病人无痊愈，人们认为那就是由于娘母或道公的法力不够，不足以对抗禁鬼的禁术的法力，因此要请更高明的娘母或道公来除禁。人们根本不会怀疑这种查禁捉鬼的做法的妥当性。[①]

巫术思维，或原始思维在当时来看是完全有道理的。也许过了上千年后，后人看待我们今天的思维方式（我们现在认为这是完全正确，毫无疑义的）也是"荒谬和可笑的"，并且感到难以理解。人的思维是不断进步的，至少是不断变化的，没有理由认为，将来人类的思维与现在的思维完全一样。

黎族杀禁公或禁母以求病人身体恢复健康，是一种无奈的选择，尽管这一方法通常并不奏效，但舍此别无他法，何况这种方法按照当时的思维还是"有理有据的"，对于不奏效的问题，也有"合理的"解释，那就是道公的法力不足。

"禁"习惯法在这里似乎起不到规范人们行为的作用，因为没有人能实际上真正地施禁于别人，使其生病或死亡，进而也无法实际地调整社会关系，原有的社会关系仍处于稳定的状态。我们认为，因为"禁"习惯法同时也是宗教习惯法，它很大程度上是为了调整人与自然的关系，使人在面对疾病的时候保持自信和活力，而不是被困难所压倒。习惯法的主要作用未必是解决人们之间实际存在的纠纷，而是解决人们内心的困扰，进而解决人与自然的冲突问题。

### 3．找出施禁的坏人

已经知道是有人在施禁，这时就要找出他们。如果不能找出，那么人们就会时刻处于紧张状态，人心惶惶，人人自危，提心吊胆。这一方面在于，人们不知道谁是禁母，是否会施禁于自己或家人，如果施禁是在何时以及以何种方式出现，会造成何种结果；另一方面在于，人们忧虑自己及家人是否会被认为是禁母，从而受到别人的歧视，甚至被杀害。禁公或禁母一旦找到，人们就会"一块大石头落地"，心里踏实，心态恢复正常。

为什么一个群体中会有某些人如此不幸，被选中贴上禁公或禁母的标签呢？答案是：社会有这种需要！不论被贴标签者是否有恶劣行为，这并不是最重要的，关键是人们仅仅把某个具体的人查出来，认定他或她就是禁鬼附体的人，给他或她贴上标签——施禁害人的禁公或禁母，对其进行孤立，使其远离大众，突出出来，作为一个

---

[①] 这有些类似于人类早期在研究天王星时，经观察发现其运行轨迹与牛顿引力定律不符，限于当时思维的局限，人们在很长一段时间没有想到会是该行星外面另一个行星影响的结果，而是"顽固"地坚持原有的理论，认为该行星运行轨迹比以前认为的更加复杂，是由更多的螺旋运动造成的。只是后来人们才大胆猜测该行星外面还有一个行星，是它引起了天王星轨道的变化。这最终导致了海王星的发现。

靶子。有没有靶子，这本身是最重要的。这些被选中者可能是一般民众，也可能（更可能）是一些行为不端者，选中他们可以有的放矢谴责越轨行为，强化集体意识、集体行为规范。同时，这些被选中者被孤立后，往往会发生进一步的人格变异，越来越像人们所认为的那样"异类"。[①]这似乎也反过来进一步证明了查禁的正确。

这使人联想到"文革"，在那个疯狂的年代我们到处树立假想敌，给人贴标签，人为地把人分成"敌人"和"朋友"、"革命"和"反革命"，常常以莫须有的罪名把人打成"反革命"。[②] 当时没有神判，但有的是"群众评选坏人"，当时群众的意见和神意差不多（有的地方甚至采取抓阄的方法——可谓神判的一种？！）这类似于堂吉诃德大战风车，尽管选错了对象，但也同样对社会产生了重要的影响。不过当时的影响并不是如黎族"禁"习惯法这样，使人心理放松，而是通过不断地寻找敌人，使人们的心理像过山车一样长期无法平静，它不过是满足了当时官方政治斗争的需要！

### 4. 发泄内心的苦闷

"禁"习惯法包含私力救济的因素在内。首先，这可以发泄病人及其家属的情感，把禁公禁母（或其宗教替代品）作为出气筒，平衡其内心，减轻其焦虑的心情。其次，通过这种方式，人们可以发泄自己在不顺利的时候的情绪，如在"禁"习惯法发展的后期，人们请道公等来禁那些可能使自己处于不利处境的人，尽管这个人到底有没有，以及是谁、在哪里并不明确，禁的效果如何也无法评估，但这无疑却舒缓了人们内心的焦虑和不安。它作为一个减压阀或保险丝，化解了处于困境中的人们的不良情绪对社会的冲击，对社会整体秩序具有稳定作用。

当然，"禁"习惯法更主要是一种公力救济的手段。禁鬼可以说，就是一个沙袋，就是一个假想敌，[③]就是一个专门用来供人撒气的橡皮模拟人！在引起人们恐慌的疾病面前，查禁捉鬼及对禁公或禁母的处理可以发泄人们的不满和愤怒。在某种意义上来讲，对禁公禁母的处罚就是一种不可遏止的本能的宣泄，以保证心理的平静，同时表明了人们有力量对抗自然，可以增强人们战胜病魔及其他困难的信心。这类似于我们在发怒时，拍桌子、砸板凳、撕纸以及大喊大叫等，尽管我们大家也都明白：桌子、

---

[①] 这也符合心理学的规律，大家都把他当坏人的人往往就因而最后变成一个坏人，相反大家都把他当成好人的人往往就因而最后变成一个好人。

[②] 人为地造出一个假想敌，可谓一种管理"技巧"。我们常见现实中某领导在会议上对某不良行为大为光火，表示要严肃处理。事后大家发现他所谓的那种不良现象在本单位根本就不存在（甚至仅仅在理论上存在），但无疑当时领导的讲话对群众产生了惊怵的效果，使大家不敢实施该行为。

[③] 有学者指出，苗族的"草鬼婆"就是苗族巫蛊文化体系塑造出来的一个典型的反面形象，假想敌之一，可怜的牺牲品。参见：龙胜阳. 苗族巫蛊事象与文化阐释[J]. 黔南民族师范学院学报，2009（4）：25-26.

板凳及纸张并没有什么过错,这些行为对于问题的解决本身毫无助益,但这在一定的程度上舒缓了人们的心理压力。

在探讨黎族巫术的时候,有学者用的题目是"黎族民间信仰文化的巫术抗争",并在正文中解释道:"这里所讲的巫术抗争,主要指黎族利用各种巫术来对抗那些可知的和不可知的种种妖魔鬼怪和超自然力量。"[1]这里的"抗争"二字用得很巧妙和精到,突出地表明了巫术的作用。马克思在《黑格尔法哲学批判》导言中有一段名言:"宗教里的困难既是现实的苦难的表现,又是对这种现实的苦难的抗议。宗教是被压迫生灵的叹息,是无情世界的感情,正像它是没有精神的制度的精神一样。宗教是人民的鸦片。"[2]实际上这也指出了宗教的社会排遣功能,遗憾的是以往我们大都认为这段话仅仅指出了宗教的消极方面。

### 5．消除社会的恐慌

西方格言:首先在宇宙内创造神祇的乃是恐惧。列宁也曾特别指出:"恐惧创造神。"[3]套用这些说法,可以讲"首先在黎族生活中创造鬼的是恐惧",创造出鬼以后,恐惧就有所减轻了。[4]对此,涂尔干并不以为然,他认为,原始人认为自然和人一样,他们甚至以自然物(主要是动物,也有植物)为图腾。在涂尔干那里人与自然是平等的关系。[5]我们认为,人对自然的敬畏(不仅仅有"畏",还有"敬")才是宗教产生的原因。如果把自然当朋友及伙伴,则不会产生宗教,只会产生世俗的一般关系。[6]恐惧和希望是人的深切的欲求,在这一欲求中产生了巫术。巫术并不如我们以前所讲,就是封建迷信(实际上超越于封建社会之上),就是装神弄鬼,骗取钱财。巫术是人类对有限理性的认识,这与现代社会的"理性狂妄"是截然相反的,它甚至可以弥补理性的某些不足。

"禁"习惯法对于禁公、禁母是不公正的,但是从实际效果上来看,对于病人来说却是有一定程度的治疗作用:娘母或道公,亦巫亦医,具有民间医生的作用,他们可以利用草药来治疗病人,同时他们还类似于民间的心理咨询专家,可以使患者明确

---

[1] 高泽强,潘先锷.祭祀与避邪:黎族民间信仰文化初探[M].昆明:云南民族出版社,2007:94-95.

[2] 马克思恩格斯选集(第一卷)[M].北京:人民出版社,1972:2.

[3] 参见:论工人政党对宗教的态度[G]∥列宁选集(第二卷).北京:人民出版社,1972:378-379.

[4] 比较有意思的是,有人认为音乐也起源于恐惧。参见:宣科.音乐起源于恐惧[G]∥周文林.宣科与纳西古乐.昆明:云南美术出版社,1999:216-252.

[5] [法]涂尔干.宗教生活的基本形式[M].渠东,汲喆译.上海:上海人民出版社,2006:213-217.

[6] 当时,世俗与神圣的区分并不明确,尽管二者不同。"凯撒的归凯撒,上帝的归上帝"这样的说法及思维理念在黎族传统社会是根本不存在的,当时世俗可以讲是都归神圣"管"着。

自己的病因，以及通过处罚禁公、禁母可以使自己痊愈，从而减少病人的恐惧，通过心理暗示增强其战胜病魔的信心。"禁"习惯法的作用不在于减弱事实上的疾病带给病人的痛苦本身，而是减轻病人及其家属对疾病引起的痛苦的感受。

当然，"禁"习惯法的主要心理抚慰作用还在于大众方面。对于大众来讲，危害病人（并且可能在将来的某一个时间危害自己及其家人）的坏人被查了出来，并受到惩罚，自然也感到如释重负，内心愉悦和平静。"禁"习惯法的运行会减弱一般社会大众对疾病的恐惧和不安。比疾病更令人恐怖的是禁术，而比禁术更令人恐怖的是恐惧本身！在传统黎族社会中，一个人生病不是一个人的事，也不是一个家庭的事，而是全氏族或全村的事。查禁及除禁未必会对病人有多大的帮助，但对于减弱，甚至消除大众的恐惧心理却毫无疑问是非常重要的措施，实际上在当时这也是唯一的措施。而对于一个社会来说，消除大众的恐惧确实比一个人疾病的治愈要重要得多！"禁"习惯法，正如其他法律一样，其主要目的在于社会群体，而不是为了个人。

当然，我们现在知道"除禁"未必能够达到其效果，甚至可以说由于理念的错误基本上都不能达到治病的效果，但这仅仅是问题的一个方面。这里的关键问题不是现实中确实使病人痊愈，而是使大家相信这是有效果的，使人们达到心理的安慰和平和。确实，这正如现代法律的程序，其作用并非体现在它能保证"法律真实"与"客观真实"一致，而是使人们相信只有这样才是最好的选择，从而达到维护法律秩序的目的。

"禁"习惯法对于黎族百姓来说，似乎是"沙漠中的绿洲"，"大海里的灯塔"，也或是治病救命的稻草。从心理学上来说，即使是海市蜃楼，也比那没有目标，失去任何希望的孤寂要好得多。用超理性、超逻辑方式解除疑惑和困扰，有自己的价值，甚至是无可替代的重要的价值。科学以及其他一切手段都没有，甚至也永远不会取代宗教信仰。在人类未知的领域（人类永远不会达到认识清楚宇宙一切现象的程度，不仅如此，随着人的认识能力的提高，人们会发现更多的未知领域），宗教信仰还将发挥其独一无二的重要作用，给人提供终极的关怀，慰藉人的心灵。

# 三、"禁"习惯法的价值

"禁"习惯法的价值在于"禁"习惯法具有怎样的属性，对于黎族民众整体而言能够满足其怎样的价值目标的需求。我们认为这主要体现在以下两个方面。

## (一) 维护传统秩序

由于没有发达的公共机构和设施,没有强有力的公共权力,黎族历史上从来没有建立一个统一的国家。黎族传统社会缺乏对侵犯公共利益或私人利益的行为的强制约束力度,而社会秩序是任何一个社会维持下去所必需的基本条件。包括"禁"习惯法在内的黎族传统习惯法就承担了传统社会中维持社会秩序的基本职能。这包括预防秩序的混乱,也包括发生社会纠纷等导致秩序混乱后,强制恢复原有的社会秩序。

习惯法与成文法不同,它的主要价值不是积极地建构社会,促进社会的发展和进步,而是维护社会的秩序,保持社会的稳定。① 从这个意义上来讲,习惯法是一种保守(中性意义上的保守,不含贬义)的力量。② "禁"习惯法在黎族社会中其价值主要也在于保守传统秩序。尽管现在看来,"禁"习惯法是破坏社会秩序的因素,但这仅仅是针对与传统社会迥异的当代社会的秩序而言,而对其产生及发展于其中的社会环境来说,它则毫无疑问是有利于当时社会秩序的稳定的。

从表面上来看,"禁"习惯法维护秩序的价值在于查出并处罚禁公禁母的禁人行为,进而维护社会的正常秩序。然而这样的分析还是很不够的,因为我们知道根本就没有禁人这回事,那么"禁"习惯法的实施就成了"没有目标的冲锋"、"堂吉诃德大战风车"。前面我们已经谈到"禁"习惯法有社会心理抚慰的作用,这实际上也就维护了社会秩序的稳定。我们不会满足于这样的阐释,进一步我们要尝试分析"禁"习惯法的深层的因素对社会秩序的价值。

### 1. 彰显神圣的权威

任何秩序都是一定标准下的秩序,秩序的存在意味着一个共同的价值体系的存在。没有一个基本的价值体系来指导和控制人们的灵魂,一个社会是不会存在长期的稳定的秩序的。这个体系可以称为信仰体系或理想体系,它包含着对人们生存意义的解释和对生存目标的确定以及生存方式的选择,可以说,它就是一个社会的大脑和灵魂,人们须臾不可离开。它表征着一个社会,同时往往具有鲜明的时代及民族特色。在现代社会中这个理念体系就是自由、民主、法治、和谐等基本理念构成的体系,而在传统的黎族社会中,这个体系就是原始信仰体系。

---

① 也许对黎族传统社会来说,才是真正的"稳定压倒一切"!
② 苏力教授认为,任何法律(并不限于习惯法)都是保守的力量。他曾经谨慎地指出:"就总体而言,法学是一个比较保守的学科。法律的基本社会功能是保持社会秩序和行为规则的不变,使之制度化,……法学从来就不是以其新颖、玄妙、想象力而获得人们的青睐,而是以它的熟悉、便利和重复性而与人们相伴随。"参见:苏力.反思法学的特点[J].读书,1998(1).

黎族原始信仰体系是一个鬼的世界，巫术的世界，人们在各种敬鬼驱鬼的活动中规范自己的行为，从事自己的日常活动。这时凡是有利于人们坚定原始信仰，践行原始信仰的行为就是对维护社会秩序有力的，而"禁"习惯法恰恰在这方面发挥着重要的作用。

自然崇拜、祖先崇拜、精灵崇拜、图腾崇拜这些都与"禁"习惯法密切相关，他们直接约束人的内在灵魂。人们相信鬼判是公正的，是完全正确的。"禁"习惯法以巫术为核心，是巫术崇拜的产物，它丰富和强化了人们的巫术信仰。巫术具有超自然性，其内在的力量要高于世俗的、人为的社会力量。在黎族人看来，世俗的力量还不是最可怕的，只有巫术才是根本无法抗拒的、最可怕的力量。黎族遵守习惯法，主要也是由于对具有神秘、强大的超自然力的巫术的信仰和恐惧。即使是在现代社会，黎族人对巫术的恐惧也远胜过对法律惩罚的畏惧。这类似于我国藏族等少数民族的说法："地狱远比监狱更可怕！"

"除禁"是黎族人民历史经验的总结，是一定程度上维持社会秩序的有效手段。一方面"除禁"的存在威慑了禁公、禁母，使他们不敢用巫术害人；另一方面通过"洗澡"、"过火"等方式使禁母"从新做人"，以及通过杀死禁公、禁母把禁鬼赶走，也自然就消除了禁鬼对人们的现实威胁，使人们不再莫名其妙地生病、死亡。这里原有的社会秩序也就自然恢复了，人们又可以过自己平平安安的生活。

### 2．严惩扰乱社会秩序的人

前文已述，禁公、禁母是黎族的假想敌，处罚假想敌对于消除人们的恐惧，稳定社会秩序也有重要的作用。本文此处想深化对问题的认识，提出这样的问题：禁公、禁母到底都是什么样的人，找出并处罚他们仅仅具有社会心理抚慰的作用吗？我们认为并非如此。

黎族地区所谓的禁公、禁母，尽管表面上是通过"鬼判"查出的，可能是任何人，类似于人群中随机抽取的社会一般人员，但实际上却是一些特殊的人。依据现代心理学知识我们可以分析得出，实际上禁母不可能是绝对随机选取的。如：在泥包卜时，娘母口中喃喃念咒，心里想着可能是村中的某个大家认为不好或比较特殊、怪异的妇女（考虑到当时人们认为禁鬼贪吃，以及无法获得食物觉得不公平等因素，娘母脑中所想的应该是，因贫困饥饿等而偶尔偷食邻居的食物、身体瘦弱的妇女），而这时由于内心的紧张，手就可能会下意识地抖动。

进一步来讲，无论是通过泥包卜，还是筊杯卜，娘母或道公寻找禁公或禁母实际上都是从大众所通常认为的坏人（作为嫌疑人）中筛查，禁的查找过程实际上是一个寻找最佳答案的过程。最后确定具有最大的嫌疑的人就是禁母或禁公，然后处罚他们。

道公的法具：牛角、筊杯、法印、法索

尽管往往处罚了无辜的人，但确实是满足了大众的心理需求，维护了社会秩序。实际上在查禁前，某些人的行为已经触犯了大众的情感，而根据涂尔干的说法"严重触犯大众情感的行为就是犯罪"。这时关键就是一个通过什么方式处罚他们的问题了，借治病来查禁只是一个导火索而已。

"可怜之人必有可恨之处！"这句话用在禁公、禁母身上有些不近人情，但也必须指出：这些人往往是一些行为怪异，使当时当地的大多数人恐惧或惹人讨厌的人。如本书前述，有人总是一个人在早晨烧香祭鬼，被人怀疑是在施禁，就是一例，后来他受到了官方的教育，被要求向群众认错。他们的行为容易导致人们产生联想，依据原始思维中的"相似律"——"不同的行为导致不同的结果，怪异的行为导致怪异的结果"，所以就把氏族或村里的一系列灾害或不幸事件（主要是疾病）的起因归为他们的怪异（被称为施禁）的行为。尽管他们本人可能并没有任何恶意或做出不利于大家的举动，但大家确实"认为他们如此"，而这就足够了！

通过田野调查、查阅法院的案卷及有关档案材料我们可以发现，这些人大致可分为三类：第一类是小偷小摸，口无遮拦，贫穷无着的人；第二类是积极向上，心直口快，甚至爱打抱不平的人；第三类是外来人员。简单地说，禁公禁母通常就是这样三类人：一类是落后于社会的人，一类是超前于社会的人；一类是文化背景不同的人。而这些人显然都被认为是对当时社会秩序的稳定构成了"即刻的、现实的威胁"（套用西方关于限制言论自由的条件的一句话）。总之，所谓禁公、禁母往往都是社会中较特殊的、容易受人歧视、容易使人恐惧或讨厌的人。究其实质，处理禁公禁母是由于人们对于陌生事物及人物等的恐惧和恐慌，对原有秩序遭到破坏的畏惧以及在灾害（疾病等）面前的惊慌失措，是社会本能的自我防卫措施。对禁公禁母的处理可谓是黎族社会的"清洁"运动，因为它"清除"了社会的不稳定因素（尽管有些可能代表了社会发展的方向），恢复并进一步强化（固化）了原有的社会秩序。习惯法的保守性（中立意义上）在这里暴露无遗。

首先，处罚落后于社会的人。据笔者的调查中了解到的情况，确实有据可查的所谓禁母中有两个都是"嘴巴比较利索"的人。可以想象在一般民众的眼里，她们就是得理不饶人，无理搅三分，"恶语伤人六月寒"，容易得罪人的人。大家对她们既恨又怕，这自然在查禁的时候也就会首先想到她们，既然她们是坏人，那么不排除禁人这样的坏事也是她们干的。处罚她们这样的人，大家的反感最小，也最容易达成共识。

寡妇或贫穷的人也容易被怀疑为禁母或禁公，因为他们往往心理上有阴影，比较自卑，与别人沟通不多，一般少言寡语，把自己封闭起来，行为上也往往与众不同（如晚上一个人独自活动，见人就躲或遮住面部），有些怪异，还有他们不少人因为贫穷有偷东西吃的行为。这些人地位低下，受人歧视，被人们讨厌和反感。人们怀疑他们有嫉妒心以及仇恨社会的心态，把他们作为禁公禁母来处罚，容易得到大家的理解，阻力也很小。[1]

其次，处罚超前于社会的人。对社会稳定来说，落后于社会固然不好，但超前于社会也不好。因为大众的情感很难理解这些比较激进超前的人的想法和做法，"超越秩序半步就是混乱"，他们往往在不知不觉中严重触犯了大众的情感，而这当然就是犯罪。[2]

在本书前述杀害黄妚念的案件中，表面上看是"迷信惹的祸"，而被害人的子女在上诉状中则认为是由于：黄妚念没有借给凶犯王国川公鸡祭祀，得罪了他，同时黄妚念作为生产队长批评凶犯黄大条的妻子不参加集体劳动，使黄犯怀恨在心。我们认为这些都是表面的原因，但真正的内在原因在保亭县公安局的情况通报中揭示了出来：[3]"黄妚念，女性，年40岁，贫农，惯来生产积极，1962年被选当生产队长，生产工作表现积极关心，生平善于打抱不平，敢于同一切坏人、坏事作斗争，惹起了某些干部群众私蓄成见，加上部分干部对村中小孩患病，说是她作禁，招祸而积怨……"这也就是说，在当时的村民来看黄妚念是一个特殊的怪异的人（不知她是否党员，以及是否信仰无神论？），她的行为与黎族当地的传统秩序不符合，并因其积极的行为而对传统构成了严重的挑战。至于说她作禁，这仅仅是一个导火索。这也就是为什么一般民众并不同情她的遭遇的原因所在。

第三，处罚文化背景不同的外人。一个外人来到黎族某个氏族或村落生活，他或

---

[1] 社会歧视弱者是一个令人遗憾的普遍现象，这不由使人想起欧洲一些国家的流浪乞讨罪！如现行《希腊刑法典》第407条乞讨罪规定："因为懒惰或者唯利是图而乞讨，或者习惯性地进行乞讨的，处不超过3个月的监禁。"

[2] 这又不由使人想起火刑柱上的布鲁诺。因为宣传哥白尼的"日心说"，远超当时一般大众的理解能力，所以被认为是宣传"异端邪说"，尽管在现在这种观点是不证自明的常识。

[3] 参见：1962年《关于保城公社西坡大队大坡村黄妚念被诬为"禁"残杀事件情况的通报》，保公秘字第50号，2010年3月24日收集于保亭县人民法院档案室。

她必然会带有原来氏族的某些特征，这些往往与本氏族不同，容易使得大众看不惯，给以较低的评价。当时黎族人生活在一个几乎封闭的很小的范围内，对外界充满了陌生感和莫名的恐惧。对自然界如此，对外氏族也是如此。在某种程度上可以说当时黎族人有一种类似"非我族类，其心必异"的感觉，因为不了解、沟通不多而对外界具有"警戒心理"。[①] 他们对外族来的人不信任，与之相处有一种不安全感。这种感觉是普遍性的，没有首领与一般民众之分。一旦遇到灾祸等令人不知所措的异常情况，人们的这种不信任和恐惧就会急剧地集聚并爆发出来。[②]

"禁"习惯法是一种自我保护措施。因为人们之间，主要是本氏族与其他氏族之间，相互交流少，理解少，隔阂深，戒备心理重，相互丑化对方。这也就是往往把外地嫁过来的妇女（氏族内同黎姓不通婚）当成是禁母的原因，因为她是外氏族的人，文化背景不大相同，想法和做法也往往与众有所不同，人们对她——作为外族的代表，有一种恐惧心理。她们自然就成为了导致人们不安的根源之一。

在笔者的调查中有两个所谓的禁公情况是这样的：一个是村中的独姓，被认为是"禁"了自己的邻居村长家的女儿，使该女子发疯而死。村中别人家都是同姓，偏偏他们一家是别处搬来的外姓，比较穷，这本身就可疑。他又是村长的邻居，经常串门，同时时间长了也免不了与掌握着一定权力的村长有些小矛盾。村长家女儿离奇死亡，他自然难逃干系。另一个是外村来的入赘女婿，当小学老师的，人们容易认定他父母家孩子多，经济比较困难，往往也没有多少本事，同时他当教师，也爱训斥孩子以及发表言论，难免被人抓住把柄而招来祸根。

### 3. 以查禁捉鬼的名义严惩一般的犯罪行为

前文已述，黎族百姓也往往把偷盗等案件无意中"巧妙地"转化为施禁案件来处理，进而实质上达到处罚犯罪行为的目的。这一看法是笔者第一次提出，尚未见其他学者有类似的看法。目前来看这一看法的依据尚不充分，有猜测的成分，但并非毫无依据。

相信初次接触黎族传统习惯法的人都会有这样的体会：怎么黎族地区几乎没有刑事习惯法，一般只是"罚牛"、"罚钱"或"罚米、酒"，少有肉刑，同时，对越轨行为及严重危害社会的行为的处罚远不是我们想象的那样野蛮和残酷？这是为什么呢？一位研究生毕业论文的题目就是《黎族"刑事"习惯法研究》，结果写来写去也没有写出多少刑法的内容，主要写的是类似现代"罚金"的"罚牛、罚款"以及"以

---

① 参见：邢植朝. 黎族文化溯源 [M]. 广州：中山大学出版社，1993：61-70.
② 想想原始社会氏族之间的血族复仇吧，它典型地反映了氏族时代人们的普遍心理。另有兴趣的读者可以参见：朱和双. 明清以来滇中地区的巫蛊叙事与族群认同 [J]. 楚雄师范学院学报，2010（7）：48.

罚代刑"。我们有理由认为，这主要是因为相当一部分类似刑事案件，犯罪社会学意义上的而非司法意义上的，实际上是通过"除禁捉鬼"来间接地、以伪装的方式来处理的。① 这也就是为什么黎族地区杀盗牛贼的案件并不多，有关盗窃的习惯法的内容也不丰富，而相比而言杀禁公、禁母的案件很多，"禁"习惯法的内容也比较丰富的基本原因。

### 4. 警告一般不良社会行为

道公有变为禁公的可能，这警示道公行为要自我节制。有些道公查禁祭祀，动辄就要杀牛，好自己大吃一顿，往往惹得群众很不满意。这时如果病人久治不愈，或者病死，人们就怀疑是道公就是禁公，因为群众不满意而施禁。

禁鬼容易附体女人，这警示女人要注意自己的言行。有黎族女学生告诉我："为什么禁母比较多，而禁公很少？因为女人喜欢聊天呗！"这句话不能完全当真，但也反映了一点：妇女容易成为禁母是因为妇女容易多嘴多舌，所谓"长舌妇"、"泼妇"等等。北方有"三个女人一台戏"这样的说法，南方也有"三个女人一个墟"这样的谚语。喜欢聊天，交流思想，对别人评头论足，应该说是女人的天性，但是"口舌是非多"、往往也"说者无心，听者有意"，导致"祸从口出"。"禁"习惯法可以说也是对人，尤其是女性，言论自由的限制和规范：不要骂人、诅咒人，不要随口乱说别人是非，不要经常说一些没头没脑的话惹人生疑。②

还有，"禁"习惯法对嫉妒心也有一定的制约作用。在调查中我们了解到，人们认为禁母一般是因为嫉妒心强，别人有吃有穿，比她富，她看不惯，就恨别人，用禁术搞人生病。嫉妒心强的人容易被人怀疑为禁公或禁母，自然这也是一种警告。

美国学者布莱克在其《法律的运作行为》一书中指出：一个人越是符合常规，那么他就越是不容易受到指控！相反一个人越是超越常规，那么他就越容易受到指控。③ 实际上正是如此，在西方中世纪，当瘟疫流行时或出现其他天灾人祸之际，一些离群索居、行为异常的人往往会被人们指控他们搞巫术受到迫害，或者将这些人流放，也即出现"猎杀女巫的狂潮"。而在黎族地区，一个人越是超越常规，与众不同，则他

---

① 按照一般的逻辑，黎族地区也可以利用占卜等来查找或确认偷牛贼等罪犯。通过蛋卜来寻找丢失的牛的可能位置，以及通过雷公判来确定偷牛贼是黎区常用的方法。但不知什么原因，在田野调查及查阅资料过程中，我们没有发现（哪怕一件）利用"占卜"来审理偷盗案件的例子。到底是黎族压根没有类似的情况，还是有类似情况，我们尚未调查了解到？这个问题值得我们进一步的调查研究。

② 在调查中一个黎族女同学这样说："如果一个女的到别人家串门，看到别人家的猪说了一句'这猪长得真肥啊'，然而过几天这头猪就莫名其妙地死了，那么大家便会怀疑这个女的很可能是禁母，因为她嫉妒别人家的猪肥，日子过得好，于是就施禁于猪。"

③ [美] 布莱克. 法律的运作行为 [M]. 苏力, 唐越译. 北京：中国政法大学出版社, 1994：68-72.

或她就越有可能被认为是禁鬼。社会处罚禁公、禁母，也就是维持了常规，保护了大部分人所习惯的行为模式及生活方式，保证了社会秩序的稳定。

## （二）促进社会公正

"查禁"属于神明裁判的范畴，按照韦伯的分析，具有"形式非理性"的特点，但这并非意味着错误和不公正。实际上，占卜裁判恰恰是黎族群众，如当代人一样，力求公正、合理、及时、高效地解决社会纠纷从而做出的积极的社会实践活动。这当然是一种正义，尽管主要是程序正义，同时这也是一种看得见的正义，尽管有些神秘！

### 1. 神明裁判的公正

占卜裁判可以说是神明裁判一种特殊的表现形态。从现代科学的角度来看，占卜裁判把案件的是非曲直委诸偶然的情况或非人力所能控制的自然现象来决定，完完全全是一种迷信活动，对当事人来说全是凭运气。但是我们绝对不能简单地将其贴上野蛮、迷信、落后的标签而予以全盘否定，而是要根据历史唯物主义的观点对此给以客观的评价。实际上，必须承认：占卜裁判是维护和执行黎族习惯法的一种辅助而又具有强制性的手段，对黎族地区的社会纠纷解决发挥了不可替代的重要作用。正如法国著名法学家孟德斯鸠所论述的那样："我认为，在决斗立证，热铁与开水立证的习惯仍然存在的时代环境之下，这些法律和民情风俗是协调和谐的，所以这些法律本身虽不公平，但不公平的后果却是产生得很少的；后果比原因更为纯洁无垢；这些法律损害公平多于侵犯权利；它们的不合情理多于专制横暴。"①神明裁判之一的决斗是有合理性的，因为对于一个做了亏心事的人来说，由于心虚，难以集中精力来决斗，往往会败下阵来。梁治平先生对神明裁判也持相似的观点。②

同其他"神明裁判"方式一样，占卜裁判具有神秘性、权威性、形式客观性、高效性的特点，尤其是它把黎族地区无论高贵者还是卑贱者、无论富有者还是贫寒者、无论男女、无论与被害人关系的亲疏都置于占卜的天平上来裁决。这种"一断于占卜"、"占卜面前人人平等"的形式法治精神是值得今天的人们所称道的。③

当然，我们现在很清楚这里的公正并非真正的公正，因为这冤枉了很多人，但毫

---

① [法] 孟德斯鸠. 论法的精神（下册）[M]. 张雁深译. 北京：商务印书馆，1997：234.
② 梁治平. 神明裁判 [G] ∥ 法意与人情. 北京：中国法制出版社，2004.
③ 实际上，现代社会打牌前掷骰子、体育比赛前掷硬币挑边、考试时抽试题签、西藏确定转世灵童时的金瓶掣签以及分配福利房时的抓阄等这些都是神明裁判的遗存，也被人们认为是客观公正的。

无疑问这是法律的公正,是形式的公正,符合韦伯所谓的"形式理性"。对此,我们不应该强求古人做到我们今人才能做到的事情。

### 2. 发誓的公正①

在公开查禁及除禁活动中,众人在查禁前要喝血酒,保证认可查禁的结果。②还有,禁公或禁母发誓以后不再害人,否则会遭雷劈,以及其亲属担保一定使其不再害人,否则一定不阻拦杀害他们。

发誓,在一般不信教或没有信仰的人看来并没有什么特殊的意义,而对于黎族百姓来说则是一件天大的事,它可谓人与鬼之间签订的神圣契约。一旦发誓,人们相信这事就一定会做到,不会有任何其他可能。这和西方人作证时手按圣经以及汉族在列祖列宗前宣誓是一个道理。③黎族的这种发誓也是公正的一种体现,一般认为属于广义的神明裁判的范围。这里单独拿出来着重阐述,是为了提醒读者在禁习惯法中不仅仅有占卜这样的鬼判方式,还有起辅助作用的发誓这样的鬼判方式,且有两种类型的发誓方式:沉默的行为方式喝血酒和口头方式雷公判。这里家属的"担保"在某种程度上也可以认为是一种"发誓",因为当时世俗与神圣并非截然分开,尽管表面上并没有任何宗教信仰的因素,而完全是一种世俗的交易中的承诺。④不仅如此,这里发誓的主体不仅仅是所谓的禁公或禁母,而且还有一般参与仪式的民众以及起担保作用的禁公或禁母的亲属。

### 3. 善巫术战胜恶巫术的公正

"法律是地方性知识。"⑤任何一个社会都会有自己的纠纷需要解决。不同时空下解决纠纷的方式是不同的。每一个时代以及每一个民族都有自己特有的社会纠纷解决

---

① 严格来讲,发誓与赌咒是不同的,本书所指的发誓主要是指赌咒。有兴趣的读者可以参见:张永和.信仰与权威[M].北京:法律出版社,2006:13-33.

② 喝血酒发誓在各地普遍流行,如1935年5月22日长征途中红军先遣司令刘伯承与彝族首领小叶丹在凉山歃血为盟等。黎族地区比较有名的例子是:1943年8月12日白沙起义后,王国兴派人与共产党人联系共同抗击国民党。9月份的一天在临高县革命政府县长符英华同志面前,两位黎族代表歃血饮酒盟誓:"共守盟誓,如有背信,则雷打火攻,……生同红军,死同红军"。参见:中南民族学院本书编辑组.海南黎族社会调查(上卷)[M].桂林:广西民族出版社,1992:522-526.

③ 英国人开始统治香港时,审判中要求中国人手按圣经作证,但效果不好,后来他们发现中国人有祖先崇拜的习惯,于是就要求中国人在自己家族亡灵的神祖牌或已故亡人的灵位牌前作证,结果效果良好。参见:张永和.信仰与权威[M].北京:法律出版社,2006:43-44.

④ 这里的担保是一种契约,而契约的起源与宗教信仰密不可分。即使是在今天,"契约必须遵守"的谚语在西方仍具有类似宗教教条的警示作用。这应该是与宗教教义中的诚信戒律有关。

⑤ [美]吉尔兹.地方性知识:阐释人类学论文集[M].王海龙,张家瑄译.北京:中央编译出版社,2000:273.

黎村旁的稻田环境

方式。使用巫术来伤害别人，甚至使人死亡，这在任何一个古代社会都是无法容忍，而必须给予处罚的行为。黎族社会的禁术就是这样的一种邪恶的巫术，为此黎族人民也要用自己的方式对"禁人"的行为给予严厉的处罚。禁术是一种超自然的力量，要战胜它也必须采用另一种超自然的力量，也即另一种同样强大但与之不同的善的巫术。而用善的巫术战胜了恶的巫术，正义也就得到了实现。

自然，并不是善的巫术就一定能轻松地战胜恶的巫术，这是需要一定的条件的，主要是善巫术的"法力"要高过恶巫术，而对"法力"的追求也体现了人们对公正的追求。

### 4. 其他公正因素

具体来看，"禁"文化中也有不少公正合理的因素。如：黎族的禁人分为有意禁人和无意禁人，从而有宗教方式的"除禁"以及世俗方式"除禁"的区别。这实际上是类似于现代法律中"法律事实"概念中的"法律行为"与"法律事件"的区分，以及"过错责任"与"无过错责任"的区别。

"查禁"时首先考虑与病人有仇的人，而不是一般人，考虑成年人而不是未成年人，复员军人等不在考虑之内，[1] 以及依据从外人到亲属的顺序"查禁"，等等。这都可以看做是黎族对"犯罪动机"的考虑。

总之，"禁"习惯法具有正当性，至少程序正当。尽管依据现代科学及法律的理念看来，这里的审判（也许算不上是审判）是不正确的，但法律的首要目标是求善，并非如自然科学那样是求真。塞尔苏斯说得好："法律是善与正义的学问。"在法律里面从来都是程序正义高于实体正义，或程序正义优先的。法律判决的评价是正当，而

---

[1] 中南民族学院本书编辑组.海南黎族社会调查（上卷）[M].南宁：广西民族出版社，1992：344.

不是正确。实际上，即使是在当代司法活动中，判决结果后来证明冤枉了好人的情况也是常有的事，这并不能简单地认为古人的判决毫无价值，或只有负面的价值。

## 四、"禁"习惯法的消极方面

"禁"习惯法是一定历史时空的产物，自然也具有历史的局限。"禁"习惯法的消极方面是其内部矛盾的反映，由其基本特征所决定的，与其积极方面不可分割，是不可克服的。现在我们很容易看出，"禁"习惯法对于黎族社会具有很大的消极作用，尤其是随着社会的发展，这一点越来越明显。实际上这已经导致了"禁"习惯法在社会中弊大于利的结果，而这也是其消亡的原因。其消极作用主要体现在以下方面：

### （一）耽误病情

"禁"习惯法的基本目的在于治病救人，但这一目标基本是无法得到实现的，尽管这并不排斥个别病人有治愈的可能。因为这种方法不科学，没有依据，往往是耽误了病情，以至于使病人病情恶化，甚至死亡。解放前黎族地区的婴儿死亡率一直比较高，也未见由于查禁捉鬼而降低，成年人患疟疾等疾病的状况也没有改善。耽误病情，这在医学落后的时代不是一个问题，因为除了巫术并无选择，而在20世纪，现代科技、医疗技术高度发达的现代，这一问题就凸显出来。

在新中国解放初期由于迷信禁鬼等而耽误病情，甚至导致病人死亡的还大有人在。为此国家下了很大的功夫来积极劝导民众相信科学，有时甚至在造成严重后果的情况下用刑法严厉处罚道公、娘母来纠正这种现象。

当时保亭县大本大队"五七"干校番亲生产队道公杨老元大搞迷信活动，最后将病人活活害死。具体情况如下：[①]

1962年什冲村贫农杨业芳的男孩生病，杨犯胡说是有"禁母鬼"，要杨业芳杀猪做"解禁鬼"。当杨业芳要把小孩送去医院治疗时，杨犯进行阻挠，胡说什么"一神二药"、"神通药也灵"，并再三下禁令，五天内不准病人出入，造成人命死亡。1970

---

① 详情请参阅本书附录七《中国人民解放军保亭县公安机关军事管制小组刑事判决书（71）》，保公军刑字第17号。

祭祀用的三蛙铜锣

年什冲村社员杨尧时儿子杨文川,因失枪伤腿,杨犯叫杨尧时抬杨文川进深山草寮进行"秘密治疗",要杨尧时杀猪杀鸡杀狗做鬼,进行大吃大喝。当杨文川伤口严重恶化时,家里人准备把文川抬去医院治疗,杨犯利用"神权"下"禁星"令,五天内不准病人出入山寮。"禁星"的第四天,杨文川在杨犯的折磨下活活地死去。

人民政府最后为了维护社会秩序,巩固无产阶级专政,根据党的政策精神和广大人民群众的强烈要求,经上级批准判处罪犯杨老元有期徒刑二十年,剥夺政治权利四年。后来,经过复查认为原判决量刑畸重,1980年改判有期徒刑十年,但此时杨老元已经病死。

## (二)冤枉好人

不仅如此,因为要捉禁公、禁母,而实际上这些所谓的禁公、禁母并没有任何与病人生病有关的邪恶行为,对于他们来说可谓是"关门家中坐,祸从天上来"。"禁"习惯法还冤枉了好人,有时甚至杀害了禁公、禁母,不仅给所谓的禁公、禁母本人,甚至给其家人带来灾难性的后果。在黎族的历史上,杀"禁公"、"禁母"的事情是屡见不鲜的。有时甚至要把他们全家杀绝,并把房屋烧毁,实在令人不寒而栗。[①]据《海南岛志》记述:每当黎族山区的"病者祭鬼,延巫降神,神言受人邪禁暗害,则召集全村老幼男女齐集一处,神乃指定一人,谓即蛊害病者之人。顿时大动公愤,将此人殴打至半死,舁而活埋之。间有病一个而巫杀三数人者,此俗,中部之黎皆有之"。[②]

---

[①] 中南民族学院本书编辑组.海南黎族社会调查(上卷)[M].南宁:广西民族出版社,1992:103.
[②] 曾骞.海南岛志[M].海口:海南出版社,2004:155.

由于"禁"习惯法导致不少家庭妻离子散的例子更是有很多。如解放前太平村的王大，丈夫被村人诬为禁公杀死，她怕村人把三个男儿也杀掉，便带着三个儿子（成轩、成仁、成明）逃到王鸿信家为奴，求得保护和生存。①

解放前通什地区（现五指山地区）恶霸地主王老贯曾诬赖多人为"禁公"、"禁母"，将其惨杀。合亩地区出嫁的妇女，遇上丈夫死亡，便回娘家居住，这些人到老年时，景况悲惨，衣衫褴褛，形容憔悴，偶或与他人发生口角，若他人家中有人生病，多怀疑是他们当"禁母"施禁所致。如有人告发到老贯处，老贯便不分青红皂白地将其杀死。② 1927年前后，海南岛保亭县第四区加茂乡毛淋村的几家地主也经手杀害了不少"禁母"，并乘机掠夺被害者家中的财产。③

根据解放后的调查："据了解将全家杀绝的有陵水县四区，白沙县细水乡，崖县槟榔乡。杀害禁母全家后，有的甚而烧毁她的房屋，企图灭迹。在白沙县红星乡番响村更为凶残，被杀害的家属还被迫付给雇请刽子手的费用，有些多至一百个光洋。"④ 这里的家属承担刽子手费用的情况，类似于"文革"中死刑犯的家属要支付射杀犯人的子弹的费用（否则不让收尸），令人唏嘘不已！

更有甚者，有人在查出自己的母亲是禁母后也笃信不疑，竟要杀害自己的母亲。这已经不仅仅是冤枉好人的问题，而是灭绝人伦的问题。如1962年12月3日，乐东县尖峰公社凤山大队凤田村人道公陈亚兴到沙模村符成中家"抬公"做鬼，并诬说："符成中母亲身上有禁鬼，成中的孩子之死是他的母亲禁的"，造成家庭互相残杀。符成中要以枪打死他的母亲，因有人看见，其母又不在家，未遂，随后他把家中的家具一律打破。最后母子分了家。⑤

传统社会，人们不认为冤枉了好人，而是禁公、禁母罪有应得。但随着社会的进步，科学昌明，没有任何科学证据而无端地猜测及伤害他人就对社会造成了危害。解放后，"禁"习惯法的这一消极作用越来越明显，它会导致家庭内部的冲突，以及家庭之间的械斗，严重影响社会的团结和稳定。

---

① 朱开宁,朱少川.五指山腹地最大的黎族土豪家族[G]//海南省政协文史资料委员会.黎族史料专辑（续）.海口：海南出版公司，1994：34.

② 参见：朱晖，朱赤.合亩制地区土豪亩头王老贯[G]//黎族历史专辑（续）.海口：海南出版公司，1994：124-125.

③ 保亭县第四区加茂乡毛淋村黎族情况[R]//海南黎族情况调查（第四分册）：305.

④ 中南民族学院本书编辑组.海南黎族社会调查（上卷）[M].南宁：广西民族出版社，1992：103.

⑤ "陈亚兴综合资料"，海南省乐东县人民法院档案室.

### （三）浪费钱财

"禁"习惯法的实施，需要频繁的祭祀活动。这些活动一般要杀鸡宰鹅，有时要杀羊杀猪，甚至要杀牛。而牛对黎族百姓来讲是五大财产之一，[①]可谓黎族人的命根子，没有或少了牛只，将直接影响其生产活动，导致黎谚所谓"有田无牛便成荒"的结果，甚至关系到生存问题。此外，在祭祀中还要给娘母或道公一定的报酬，以及自己赔上时间和精力。这些都严重影响了黎族的正常生产活动。在传统社会，人们认为这是为了治病救人而必须付出的代价，钱财并没有被浪费，尽管这确实使得群众苦不堪言。而在解放后大家明确祭祀等对治病无效的情况下，浪费问题就出现了。

解放以后，整个黎区杀牛之风仍很普遍。开始政府禁止杀牛，群众杀牛减少。但到1953年底，则变本加厉。据说1952年文昌县有一代表王郁光到大陆开会，他回来后对群众说："毛主席不禁止我们做鬼的，杀牛是可以的，这是风俗习惯。"这个消息马上口耳相传，不久就传到崖县、乐东，当时崖县便杀了280多头牛，乐东仅四区抱善乡就杀了18头牛，乐东一县杀掉几百头。[②]

即使是在当代，黎族宗教信仰已经远不如从前那样兴盛，但仍然大有市场。宗教信仰在黎族心中具有不可替代的重要位置，这从日常生活中宗教活动的花费之大也可以看出来。据《三亚市通讯》统计估算的数字，黎族聚居的育才乡有五个自然村，从1983年到1985年共做鬼、"作八"（为私人"打斋"招魂）九百二十三宗，大约有二十七万人（次），杀牛（含耕牛）十六头，宰猪一千五百二十头，共耗费近百万元（含实物折价）。[③]

此外，很大程度上正是由于"禁"习惯法这种消极作用，有些黎族百姓转而信奉了基督教，因为"求耶稣上帝会得到平安，保佑生活安宁。人病了，祈祷耶稣也会好。不再像以前那样，人病了就祭鬼，杀牛宰猪，浪费很大"。[④]

### （四）宣扬迷信

这一点可说是"禁"习惯法最根本的消极作用。"禁"习惯法以巫术为基础，而这宣扬了迷信，对普及科学知识具有消极的影响。在这种思想观念下，人们不仅生病

---

[①] 黎族传统的五大财产是田、牛、铜锣、粉枪和木板谷仓。
[②] 中南民族学院本书编辑组.海南黎族社会调查（上卷）[M].南宁：广西民族出版社，1992：104.
[③] 转引自：高泽强，潘先锷.祭祀与避邪：黎族民间信仰文化初探[M].昆明：云南民族出版社，2007：72-73.
[④] 广东省编辑组.黎族社会历史调查[M].北京：民族出版社，1986：174.

大山环抱的黎族家园

不就医，甚至会遇到难以理解的事就怀疑是巫术在作怪，造成了不从实际出发，不靠严格的证据通过逻辑思维来分析和解决问题的不良习惯。这影响了黎族融入现代社会的步伐，阻碍了黎族地区的进一步快速发展，当然也延迟了黎族地区在当代实现依法治国的目标。

此外，从现实角度来看，"禁"习惯法还容易被人利用来达到不可告人的目的，这主要体现在：第一，排斥异己，打击报复。不少黎族地区的人在现实中"你说我禁你，我说你禁我"，"你请人搞我，我也请人搞你"，最后搞得人心惶惶，人人自危，毒化及破坏了正常的人际关系。实际中有人以他人禁人，搞迷信活动为名，对自己的仇人实施报复，造成了恶性案件。第二，阶级压迫，维护统治。在黎族地区进入阶级社会以后，为了维护和加强自己的统治，某些大地主及封建士绅，往往借口农民施禁来残害百姓，同时威慑他人。如大约在上个世纪20年代，乐东县毛农乡毛或村恶霸地主王老南病重，梦中诬说一从白沙县迁来的王姓村民禁他生病。他病好后强罚这位村民6头牛另160个大洋，这位村民无牛无钱，只得把自己的田地断送给他。① 第三，压迫女性。禁鬼主要是附体女性，且禁"传女不传男"，不少女性被当成是禁母而惨遭杀害。"禁"习惯法可谓是桎梏黎族妇女的枷锁之一。第四，私力救济，对抗国家。因为"禁"习惯法的存在，有些黎族百姓往往无视国家法律，即使是在解放以后，仍自行其是，不是依靠科学和国家政权来解决问题，而是采取私力救济，随意伤害或杀害禁公、禁母。更有甚者，有人在建国初期诬陷乡长是"禁"，煽动群众把乡长赶走或暗杀(见附录六：广东省保亭县人民法院刑事判决书(59)保刑字18号)。实际上，"禁"习惯法在这里已经成了一些人以传统习惯为名对抗国家法律，甚至直接对抗国家统治的武器。

当代"禁"习惯法已经完成了其历史使命。有些研究民族习惯法的法学家把建国后的习惯法变化分为三个阶段：50年代的萎缩阶段，60-70年代的蛰伏阶段以及80年代至今的复兴阶段。② 然而本文仅仅把"禁"习惯法的变化分为两个阶段——衰落阶段和消亡阶段，原因就在于"禁"习惯法具有特殊性，从整体上来看它已经不再适应现代社会的发展，它的衰落和消亡具有历史必然性，建国后是一直走下坡路的，不具有复兴的任何可能性。

---

① 中南民族学院本书编辑组.海南黎族社会调查(上卷)[M].南宁：广西民族出版社，1992：148-149.
② 参见：曾代伟.巴楚文化圈研究：以法律文化的视角[M].北京：法律出版社，2008：428-445.

# 第八章

## 黎族传统"禁"习惯法与巫蛊文化

> 行邪术的女人，不可容她存活。
> ——《出埃及记》

> 巫蛊者，负羖羊，抱犬，沉诸渊。
> ——《北魏律》

黎族"禁"习惯法的本质在于处罚用巫术害人生病的行为，类似这样的文化现象，世界其他地区也同样存在，只是叫法不同，具体表现各异，对社会的影响也有所不同。实际上，用巫术害人这样的现象可以说是人类社会早期的一种普遍现象。

# 一、"禁"习惯法与汉族地区的巫蛊文化

汉族历史上占卜迷信等也非常发达，独角兽神判以及用龟甲兽骨来占卜就是明证。① 汉语中也有"禁术"之说，但含义与本书的禁术截然不同，这里"禁"的含义即汉语的禁止。表面上二者都是巫术，但汉族历史上的禁术指的是禁祝术、禁架术以及禁咒术，其含义为不受其他巫术影响的巫术，其实质是白巫术，且具体操作方式迥异。真正与黎族禁习惯法比较接近的文化现象是巫蛊。巫蛊，古代信仰民俗，即用以加害仇敌的巫术。起源于远古，包括诅咒、射偶人和毒蛊等。蛊，繁体字为蠱，通过该象形文字的组成结构，大致可以猜出其含义。这种巫术，传说是把几种毒虫放在一个容器中，使它们相互吞食，最后剩下一个毒性最大的，用来放在别人的食物中害人。现在巫蛊一词，一般泛指用巫术害人生病。

与黎族相似，汉族也曾经是把生病作为鬼作祟的结果，相信神鬼附体，同时迷信巫术的作用。这从现代汉语的不少语句及词汇中也可以发现这一点，尽管大家是用比喻义或引申义，而非原义上在使用这些语句及词汇。如：无情的病魔正在慢慢地吞噬他的生命、不幸他已经病魔缠身、鬼使神差、鬼迷心窍、中邪了、风邪、着魔、瘟神、病民蛊国、水蛊病（由血吸虫等寄生虫引起的臌胀病）、哑巴蛊、蛊惑人心、整蛊等等。②

---

① 即使是在现代，汉族地区民间的"叫筷子"以及"扶柱"等占卜算卦也很流行。
② "整蛊"一词民间常用，如"别整蛊我！"，指遭到别人无端的作弄、伤害。此外简单提一句：平常所用的"蛊惑仔"一词，应该称为"古惑仔"才对，与巫蛊没有什么关系。它是粤语独有的一个词，本意是指狡猾精明，后来引申为对具有某类怪异行为的青少年的称谓，现在一般泛指不良少年。

汉武帝

## （一）巫蛊之祸

巫蛊现象在我国的历史上存在了很长的时间，对我们的社会发展产生了重要的影响。巫蛊案件最著名的要数西汉汉武帝晚年的"巫蛊之祸"，牵连包括皇后和太子在内的数万人，对西汉王朝的政局影响重大。①

汉武帝（公元前140—公元前87在位）时因巫蛊屡兴大狱，史又称巫蛊之狱。汉代迷信很盛，京都长安（今陕西西安市）成了神巫聚集之地，汉初有梁巫、晋巫、秦巫、荆巫等，汉武帝时又立越巫，甚至还有胡巫。神巫教人埋偶人、行祝诅，还进入宫廷活动。随着阶级矛盾和统治阶级内部矛盾的日益加深，巫蛊问题愈来愈带有政治色彩。

早在汉武帝元光五年（公元前130年），陈皇后就因巫蛊被废，女巫、受牵连的宫女、内侍等被杀的有300多人。汉武帝晚年经常有病，心神不宁，疑心左右有人使巫蛊暗害他。正在这时，有人告发丞相公孙贺父子使人巫祭祠诅，驰道埋偶人。贺父子因此囚死狱中，受牵连的有几百人，都定了死罪。武帝继命江充为绣衣使者，进一步追查。江充和卫太子有矛盾，深恐武帝死后为太子所诛，因此，蓄意把巫蛊的事态扩大，陷害太子，带着能"视鬼"的胡巫，先到文武百官和老百姓家，"掘地求偶人，捕蛊及夜祠"，任意攀诬，用"烧铁钳灼"的酷刑逼供，造成了无数的冤案和假案，坐巫蛊而死的前后数万人。最后，施诡计"掘蛊于太子宫，得桐木人"。太子有口难分，先下手把江充等捉来杀了。这样，就激起了武装叛乱，长安城内混战了5天，死者数万人，卫太子兵败逃亡，随后自杀身死。这次巫蛊之狱和宫廷政变，实际上是西汉统治集团内部的一场权势之争。②

不仅如此，在汉族地区巫蛊还在文学作品中一再被生动地描述。白居易在《送客春游岭南二十韵》中就有这样的诗句："须防杯里蛊，莫爱囊中珍。"③《红楼梦》也有这样的情节：④ 赵姨娘，因自己不得志，便与马道婆串通，对贾宝玉和王熙凤二人使用魔法。马道婆收了赵姨娘的银两等，便剪出两个纸人，写上宝玉和凤姐的生庚年月，又铰了五个青面鬼，用针合钉在一起。随后作法，使贾宝玉和王熙凤暴病，几乎死去。最

---

① 汉书[M].（卷六十三·武五子传）.另可参见：资治通鉴[M].（卷二十二）
② 参见：百科词条·巫蛊[EB/OL].[2010-12-2].http://www.hudong.com/wiki/%E5%B7%AB%E8%9B%8A.
③ 白居易集（第二册）[M].北京：中华书局，1979：353.
④ 红楼梦[M].（第二十五回及八十一回）

后还是癞头和尚和跛足道人出现，将贾宝玉身上"宝玉"通灵，好不容易才解救了两人性命。后来马道婆在又一次使魔法后败露，被锦衣府拿住送入刑部监，要问死罪，而赵姨娘因为没有对证，只好等她自己败露。电视剧《还珠格格》中，皇后为了陷害小燕子和紫薇，就令容嬷嬷把布娃娃上刻上了皇上的生辰八字，扎满了针，然后放到小燕子的床上，于是招致老佛爷看到后犹如晴天霹雳，极度地愤怒，把小燕子和紫薇投入监狱，结果宫廷大乱！影片《大红灯笼高高挂》中也描述了这样的事：二姨太指使丫环燕儿在写有四姨太颂莲二字的布娃娃身上扎满银针，试图伤害四姨太。这样的例子还有很多。

## （二）我国历史上的巫蛊国家法

我国历史上国家法对巫蛊及用巫术害人的行为一律是判处重罪的。[1] 就典籍而言，在甲骨文的记载中就有假托鬼神、妄陈祸福、蛊惑民心、借邪术害人以逞私欲的巫祝的出现。商朝在法律上有"巫风"的罪名，犯者处以墨刑，西周则处以死刑，秦汉而至于唐五代，无不以严刑之。各朝代具体规定如下：

汉《贼律》规定，巫蛊者处死。北魏律规定："巫蛊者，负羖羊，抱犬，沉诸渊。"隋开皇十八年（598年）五月诏："畜猫鬼蛊毒厌魅野道之家，投于四裔。"[2] 唐律规定："诸有所憎恶而造魇魅，及造符书咒诅，欲以杀人者，各以谋杀论减二等；以故致死者，各依本杀法。"[3] 注：造畜蛊毒、厌魅。[疏]议曰：谓造合成蛊；虽非造合，乃传畜之，堪以害人者：皆是。即未成者，不入十恶。厌魅者，其事多端，不可具述，皆谓邪俗阴行不轨，欲令前人疾苦及死者。《唐律疏议·贼盗律》中"造畜蛊毒"条规是："请造畜毒（谓合成蛊，堪以害人者）及教令者，绞；造畜者同居家口虽不知情，其里正知而不纠者，皆流三千里。"

宋·窦仪等《宋刑统·名例》中有这样的规定：五曰不道。（谓杀一家非死罪三人，及支解人、造畜蛊毒厌魅。）《重详定刑统》卷一八说："有所憎嫌而造魇魅，厌事多方，罕能详悉，或图画形象，或刻作人身，刺心钉眼，系手缚足，如此厌胜，事非一绪。魅者，或假托鬼神，或妄行左道之类，或咒或诅。欲以杀人者，各以谋杀论减二等"；"以故致死者各依本杀法"。元律规定："诸魇魅大臣者，处死"，"诸妻魇魅其夫，子魇魅其父，会大赦者，子流远，妻从其夫嫁卖。"

明清法律对于"造畜蛊毒杀人"依谋杀论，减二等。《大明律》规定："若造魇魅、

---

[1] 历史上很多外国学者认为我国的法律与巫术、宗教几乎没有关系，或关系不大，后来瞿同祖教授在其名著《中国法律与中国社会》中反驳了这一看法。

[2] [宋] 王钦若，杨亿等.册府元龟 [M].

[3] [唐] 长孙无忌等.唐律疏议 [M].（名例·十恶）

符书、咒诅，欲以杀人者，各以谋杀论。因而致死者，各依本杀法。欲令人疾苦者，减二等。"《大清律例》还规定："凡妻殴夫者（但殴即坐），杖一百。……故杀者，凌迟处死（兼魇魅蛊毒在内）"。

### （三）异同比较

通过以上的研究和探讨，我们认为黎族传统"禁"习惯法与汉族巫蛊文化比较，其相同之处在于：二者都是利用巫术来治病，都通过白巫术与黑巫术的对抗来实现，对使用黑巫术害人的人都实施严厉的刑罚，其基本的理念都是神灵迷信思想。从这个意义上来讲，"禁"习惯法也基本上属于巫蛊文化的范畴。

其不同之处在于：(1)"禁"习惯法基本上没有与国家法结合，而汉族地区的巫蛊文化却与政治联系密切；(2)"禁"习惯法存在"无意禁人"的理念，而汉族地区没有；(3)"禁"习惯法中有病人身上搜出的禁包作为证据，而汉族地区则是以巫师周围的巫毒娃娃之类为证据；(4)"禁"习惯法处罚的都是与人有仇害人的巫师，而汉族地区则是包括两类人：巫师和请巫师来害人的人；(5)"禁"习惯法的处罚有多种形式，即使是判处死刑也可以缓期执行，而汉族地区几乎都是死刑，非常残忍；(6)"禁"习惯法中少有连带责任，而汉族地区则存在范围很广的连带责任，甚至当地的行政官员也要承担责任。

## 二、"禁"习惯法与其他少数民族地区的巫蛊文化

我国有不少少数民族有与黎族"禁"习惯法类似的习惯法，其中比较著名的是苗族[①]的"放蛊"及"酿鬼"习惯法。一般认为汉语所谓巫蛊的概念即来自苗族。

---

① 补充说明一点：海南的苗族与大陆的苗族并非同一个民族。海南的苗族是大陆瑶族的分支——广西蓝靛瑶金门语系，主要是明朝时朝廷从广西征兵来海南讨伐"黎叛"的药弩手的后裔。（琼州府志 [道光][M].）由于他们自称苗族，且习惯成自然，官方采取"民族名随民族习惯"的做法，所以仍被称为苗族。
黎族一般认为，海南苗族人精通巫术，尤其是禁术，且经常用禁术来伤害黎族，这常常引起黎族与海南苗族之间的冲突。实际上海南苗族本身也有禁的文化。如其一首关于人类起源的歌《水淹歌》中开篇就有这样的歌词："问你何年雷落地？何人捉禁在仓中？云底闰年雷下地，张公捉禁在仓中。"引自：五指山地方志编纂委员会. 通什市志 [M]. 北京：方志出版社，2008：710.

## （一）苗族"放蛊"习惯法

苗族地区的"放蛊"是指传说有一些妇女暗中饲养毒虫，吸取毒汁，趁人不备下毒害人，据说"蛊"传女不传男。《左传》有云："皿虫为蛊，疾如蛊。……以毒药药人，令人不自知者，谓之蛊毒。"苗族群众普遍认为有蛊存在，并且有蛊的人不害别人自己就难受。同时，人们认为制造蛊药，给别人下药，都是秘密进行的，所以不可能被看到。虽然传说中有中蛊毒生病的，但是否因为中蛊毒而生病也无法核实。因为认为某个人有蛊，人们一般离她远远的，避之犹恐不及，不愿与她交往，更不想和她一起吃饭、喝酒，生怕自己一不小心中了蛊。有孩子的父母，他们都不喜欢有蛊的人接近自己的小孩。人们认为蛊怕开水和怕火烧，所以为了预防蛊，在很多人一起吃饭的时候，都不吃冷的饭菜，要吃热的，要在锅里煮着吃。假如有人送鸡蛋、肉等食物，人们决不会立刻就吃，而是会把那些食物热过后再吃。小孩去野外，父母也会告诫他们不要吃路边的野果。如果哪一家有蛊，人们都不愿意娶有蛊人家的女儿，因为她们家"不清白"。不仅如此，尽管蛊传女不传男，姑娘也不愿嫁有蛊人家的儿子。

苗族巫术

由于"放蛊"的习俗由来已久，一些苗族百姓对于"放蛊"这种古老的、带有原始宗教性内容的迷信、落后习俗仍然十分相信和恐惧。贵州省榕江县八开区自1954年以来就发生了后果严重、影响恶劣的所谓"放蛊"事件六起。凡被诬为"放蛊"者都遭受残酷迫害，有的甚至被活活打死。比如，1954年格拢寨一农妇被"鬼师"诬为"放蛊"遭吊打致死；高随寨一妇女被诬"放蛊"，由于本人对这种飞来之祸拒不承认而遭吊打，并往指甲缝中打竹签进行逼供。1960年高排大队一大队干部将一所谓"放蛊"者吊打成残废。1978年摆贝大队一少女被诬"放蛊"，其兄弟在舆论压力下对她吊打逼供，并要赶出寨子。1980年高雅大队一女社员被诬"放蛊"遭拷打后婆家娘家都不敢收留。1981年摆贝大队一女社员被诬"放蛊"活活吊打致死。1982年初，八开公社高同大队连续发生几起指控一女社员"放蛊"的事件，被诬者受到一些不明真相的群众的围斗，房门被打破，头发被剪掉，衣服、被盖被剪坏。由于榕江县委及时派人去进行了正确处理，才未使事态继续扩大和造成严重后果。[1]现在，在苗族地区还有不少这样的案例。[2]

---

[1] 夏之乾.谈谈"放蛊"及其类似习俗产生的原因和危害[J].贵州民族研究，1984（4）：113.
[2] 刘峰.巫蛊与婚姻：黔东南苗族婚姻中的巫蛊禁忌[D].昆明：云南大学，2005.附录33，"丢铜钱判定谁有蛊".

## （二）苗族"酿鬼"习惯法

在苗族地区准确地讲与黎族"禁"习惯法比较接近的是"酿鬼"习惯法，而不是"放蛊"习惯法。酿鬼与蛊不同，传说中的蛊是有实物的，而酿鬼则是看不见的东西。人们认为酿鬼是人的灵魂出来害人，男女都传。"酿鬼"能够附到人身上，附身后本人并不知觉，但"鬼"可以通过他任意作祟，招灾引祸，贻害他人，而且还会传子传孙。有酿鬼的人有哪些标志并不很清楚，附鬼的以妇女为多。常有一些姿容美丽、劳动积极的姑娘因为被认为酿鬼附体而在婚姻上遭到排斥。如果双方坚持结婚，则要断绝与父母的关系。[①] 不仅如此，在不少苗族地区人们认为，家禽家畜瘟死、小孩得病都是"放酿鬼"所致。一旦有人病重，家属就会邀人闯入"放酿鬼"的人家，强迫其"收鬼"。其间往往会导致毁坏财物及殴打致人伤害的情况发生。即使在当代苗族地区，这样的事仍然偶有发生。[②]

有蛊无蛊，有酿鬼无酿鬼既不能证实也无法证伪，很神秘。有蛊或酿鬼的人家终身，甚至后代都背上一个沉重的包袱，被人鄙视甚至仇恨，受到歧视。苗族地区的这两种习俗不知冤枉了多少好人，隔断了多少美好姻缘，造成了多少人间悲剧。

令人遗憾及痛心的是，湖南苗族的所谓"草鬼婆"（类似黎族的禁母）不少在"文革"中还受到了摧残。"文革"本应是破除迷信的活动，要反对称别人为"草鬼婆"，保护无辜民众的，可在某些苗族地区却成了冠冕堂皇地利用迷信来迫害人的工具。

在贵州松桃县有这样一个妇人，在上个世纪40年代因为好心到邻居家去探望病人，然而几天后该邻居病重。邻居家属就请巫师来给她驱鬼治疗，巫师认为病人是中了蛊，而该病人晚上梦见该妇人给她送饭，吃后肚子疼，后来病人就死了，于是该妇人就被人认为是草鬼婆。死者的族人多次来找她麻烦，还扬言要烧她的房屋。因为家庭人少，势单力薄，她不得不改嫁。第二次婚姻也因丈夫获知她离婚的事由而遗弃了她。被迫再次改嫁。"文革"时期，是她人生最艰难的时期，蛊婆成了被铲除、被批斗的对象。批斗时，她头戴纸糊的高帽，低着头，弯着腰站在木马（农村木匠用于安放木板的撑架，呈X状）上，当被询问放蛊缘由和害了多少人时，她答不上来便会被推倒在布满荆棘的地上。她实在受不了审问，便违心地编出曾对某某施放过蛊，尔后即会受到更严厉的身体惩罚。批斗大会散后，别人去吃饭休息乃至睡觉的时候，她仍旧还要被罚

---

① 参见：周相卿.台江县五个苗族自然寨习惯法调查与研究[M].贵阳：贵州人民出版社，2009：114-120.
② 参见：杜宇.重拾一种被放逐的知识传统：刑法视域中"习惯法"的初步考察[M].北京：北京大学出版社，2005：105.

苗族妇女

站，或是承担为队里挑水、送柴等事务。①

苗族"蛊女"现象很早就引起了学者的关注，徐晓光教授对其进行了深入的分析，他认为这里的社会心理原因主要在于以下几点：1."出头椽子先烂"心理，主要表现在家族之间的传闻；2.类似内地"狐狸精"、"扫帚星"的嫉妒心理，表现在女性对女性的中伤；3."吃不到葡萄说葡萄酸"的心理，表现在男性对女性的诋毁；4."苗疆有蛊"的隔阂心理，表现在外界对苗族地区的恐惧和苗族的自卫意识。② 这与本书对黎族禁现象的分析的思路及观点有所不同。

## （三）傣族和瑶族的巫蛊习惯法

我国其他少数民族中，西南民族存在较严重的巫蛊的现象，为此当地的首领等"统治者"也曾制定了一些禁止蓄蛊、放蛊的规定。如云南《西双版纳傣族封建法规》第180条就规定③："不分男女，若搞巫术杀人，如将有形咒语咒符、神牛等拿到寨内、大路上或坟山上去埋，已将人害死，证据确凿，放巫术者应判处死刑。若未造成死亡，应按"新安龙"处以罚款。巫术谋害叭召勐，罚银九百九十罢；巫术谋害百姓，罚银五百五十罢。"

云南的《孟连傣族封建习惯法》在"损坏与伤害"部分也规定④："无论男女会异端邪术、放毒药者，把好人的画像埋在荒山者，会放哦塔夸（用泥木等挖成背角牛）埋在他人屋前、寨旁者要杀死。拿他人画像埋在河里、路底、曾住过人的地点、会口功，

---

① 龙胜阳.苗族巫蛊事象与文化阐释[J].黔南民族师范学院学报，2009（4）：24.
② 徐晓光.为"蛊女"鸣冤：黔东南苗族"蛊"现象的法人类学寻脉[J].甘肃政法学院学报，2009（3）.
③ 杨一凡，田涛.中国珍稀法律典籍续编（第九册）[M].哈尔滨：黑龙江人民出版社，2002：481.
④ 杨一凡，田涛.中国珍稀法律典籍续编（第九册）[M].哈尔滨：黑龙江人民出版社，2002：607-608.

瑶族山寨

以及写咒语、醮饭给大官吃的罚款七十二块;做给副官的,罚款四十二块;做给百姓的罚款三十七块。"

瑶族地区在民间人们也以乡规民约的方式来禁止巫蛊行为。如民国十八年(1929年)的兴安、龙腾、义宁等地区就曾立"严禁邪蛊示碑文"称[①]:"照得我偏僻之处,民瑶杂居,风化梗塞,有等不良无知之徒,专信好习邪术,代(在)所流行,祖传不息。穷此法术,流毒极狠,人民六畜遇此毒法,动辄毙命。……似此不良无知之徒,毫不依从善言劝导,每每惯习邪蛊残害生灵,殊痛,无计可施,只得联以□□团公同协力,磋密查严弩惩治,就地惩罚,以儆效尤,而保全生。"

## (四)异同比较

"禁"习惯法与这里的巫蛊文化比较,其相同之处在于都属于泛称的巫蛊文化,历史悠久,影响巨大。不同之处在于:(1)"禁"习惯法与世俗权力的结合,远不如其他少数民族巫蛊文化与世俗权力的结合那么紧密;(2)"禁"习惯法都是不成文的,而其他少数民族地区的巫蛊文化往往有成文的规定为依托;(3)"禁"习惯法中有禁母也有禁公,且多为中老年的落魄之人,而其他少数民族地区则都是女性为巫婆,且往往是年轻美丽的未婚女子;(4)"禁"习惯法受道教影响较大,而其他少数民族地区则受道教影响较小;(5)从起源上来看,"禁"习惯法中的施禁与客观物质上的下毒无关,而其他少数民族地区则与下毒直接相关;(6)"禁"习惯法中的禁术相对比较简单,而其他少数民族地区则巫蛊分为很多类别,比较发达。

---

① 杨一凡,田涛.中国珍稀法律典籍续编(第九册)[M].哈尔滨:黑龙江人民出版社,2002:190-191.

## 三、"禁"习惯法与外国巫蛊文化

在任何一个社会都存在巫术。中国如此,其他国家也是如此,古代如此,当代也是如此。如西方社会有这样的巫术观念:火柴不应点第三根香烟;破镜子是一个凶兆;不宜在梯子下穿行;13是一个不吉利的数字;星期五不是一个好日子,等等。类似于巫蛊的巫术现象外国不仅也有,甚至比中国还要发达,如南洋的"降头术"等等。①

### (一)外国历史上的巫蛊国家法

在外国,古代对黑巫术也是一律给以严厉的处罚。如古巴比伦王国的《汉谟拉比法典》第二条规定:"倘自由民控自由民犯巫蛊之罪而不能证实,则被控巫蛊之罪者应行至于河而投入之。倘彼为河所占有,则控告者可以与领其房屋;倘河为之洗白而彼仍无恙,则控彼巫蛊者应处死;投河者取得控告者之房屋。"罗马《十二铜表法》中也有使用巫术害人者处死的规定,其中第八表 私犯中:"八、不得以蛊术损害他人的庄稼;不得擅自把一地的庄稼移置他地……二十五、施魔法或以毒药杀人的,处死刑"。此外,希伯来法律巫是处死的,古代墨西哥人将使用巫术害人者当做献神的牺牲,澳洲人、非洲人也同样。

具体事件来讲,中世纪欧洲对巫婆大开杀戒就令人触目惊心。从15世纪起,基督教的教士们根据《圣经》中所说"行邪术的女人不可容她存活"的"语录",对"女巫"发起了持续近300年的迫害。在这黑暗的300年中,无数良家妇女被诬为"女巫",或被斩首示众,或惨遭火刑。1487年教会出版了猎巫"专业书籍"《女巫之锤》。随着谷登堡发明的近代印刷术在欧洲的推广,此书在从1487年至1669年近200年间,竟然再版了近30次,从而引发了旷日持久的"猎巫潮"。②

在美国的历史上,尽管没有如欧洲那样的猎杀女巫的狂潮,但是猎杀女巫的事件有一段时间还是很多的,最著名的就是1692年马萨诸塞州赛伦镇(Salem)的审判女巫事件(Salem's trials),③该城因此也被称为"女巫城"。该事件也是美国唯一的一次大规模杀害女巫事件。在波士顿以北25公里处的赛伦(Salem)小镇。由于村中出现原

---

① 在1981年香港桂治洪导演的电影《蛊》中,泰国的降头术给人留下了深刻的印象。
② 揭开欧洲猎杀女巫真相[EB/OL].[2009-6-12].http://news.lnd.com.cn/htm/2008-03/03/content_22580.htm.
③ 这一事件现在我们看来,是由于代表英王的新总督与当地民众之间在集权统治上的矛盾激化导致的。见:1692年赛伦女巫审判案[EB/OL].[2008-09-12] http://www.sxgov.cn.

因不明的集体病状，因而导致村民集体歇斯底里的女巫恐慌。绘声绘色的邪恶巫术传闻，开始在村中蔓延。开始只涉及三个女人，但后来却牵涉到更多的人，且不限于女人。当时小镇上1500的人口当中，最后竟有两百多名村民被控施用巫术，全数入狱，其中150人被误认为是女巫而被吊死。这项百人冤狱直到1957年，才在受难者家属的奔走下，获得平反。该事件后来被著名剧作家亚瑟·米勒在20世纪50年代写成舞台剧《严酷的考验》，四十多年后由他亲自改编此剧搬上银幕。

## （二）外国当代巫蛊文化

令人震惊和遗憾的是，在印度及肯尼亚迄今也还存在巫蛊习惯法。"据印度媒体报道，在距离奥里萨邦首府布巴内什瓦尔约150公里的一个村庄，100多名村民（2007年）8月26日深夜杀害了3女1男。警方表示，该村的1名青年于8月14日晚间睡觉时被毒蛇咬死，家属随即怀疑是上述'形迹可疑'的一家人施展巫术所致。警方引述目击者的话说，死者家属于8月26日深夜召集村里百余人对涉嫌使用巫术的4人'行刑'，以驱除魔鬼。他们闯入这户人家，由4名'刽子手'用利器砍下他们的脑袋。村民随后将4人的无头尸体和凶器抛入河中"。[①] 据网载："肯尼亚警方（2008年6月）18日说，过去一个月里，肯尼亚东部有7名老人先后被村民烧死，村民的理由是这些老人以'巫术'害人。……这些老人年龄都在60岁以上。今年5月，肯尼亚西部地区也发生过类似的'猎巫'事件，至少11名老妇被杀"。巫蛊似乎是古今中外落后地区通行的一种社会现象。[②]

现代社会可以讲，真正害人的黑巫术以及对黑巫术的处罚整体来看已经逐渐式微，但一般意义上讲的巫术还是大量存在的，尽管大多数人对此并不认真。如韩国著名运动员金妍儿在2010年温哥华冬奥会滑冰比赛中就戴着辟邪的戒指,据韩国《中央日报》说，这是为了防备其竞争对手俄罗斯运动员的教练的恶意诅咒，因为在金妍儿比赛时常见他口中念念有词。[③]

不仅如此，现代人们采用巫毒娃娃来开玩笑式的诅咒别人也屡见不鲜，即使是在发达国家也是如此。

如有的球迷在足球比赛中拿着一个小娃娃用针在扎，并念念有词，诅咒对方球队

---

① 愚昧酿悲剧：一家4口"施展巫术害人"遭砍头 [EB/OL].[2007-09-02].http://news.nen.com.cn/72344626702319616/20070902/2302060.shtml.

② 刘颖.被疑用"巫术"害人：七名老人被烧死 [EB/OL].[2008-06-19].http://www.zibosky.com/gj/420917.shtml.

③ 新浪竞技风暴 [EB/OL].[2010-03-29].http://sports.sina.com.cn.

"别进球,别进球!"[①] 类似"禁"文化的诅咒文化看来还会长期存在下去,只是它已经不再具有以前的内涵,而是变成了一种娱乐和游戏。

### (三)异同比较

"禁"习惯法与外国巫蛊文化有不少相同之处,如都是以巫术迷信为基本理念,都是对以黑巫术来害人或造成瘟疫的巫师给以处罚,等等。其不同之处在于:(1)"禁"习惯法中的黑巫师男女不限,而外国则基本都是女性;(2)"禁"习惯法中有无意禁人的理念,而外国没有;(3)"禁"习惯法与世俗权力结合不紧密,而外国则结合非常紧密;(4)"禁"习惯法与宗教的联系远不如外国巫蛊文化与宗教的联系紧密;(5)"禁"习惯法中禁术远不如外国的妖术复杂多样;(6)"禁"习惯法中对禁公、禁母的处罚远不如外国对黑巫师的处罚严厉、残酷。

综上,通过本章的阐述,我们可以看出黎族传统"禁"习惯法作为黎族传统文化的重要组成部分,具有自己独特的内涵。它不仅对黎族社会的发展和演进具有重要的作用,对丰富我国的巫蛊文化也具有重要的意义。从世界范围来看,黎族社会的这一文化也是别树一帜,在学术研究方面具有无可替代的价值。

---

[①] 球迷称"扎对手"会滋生仇恨,巴西人不喜欢巫毒娃娃[EB/OL].[2010-12-02].http://world.huanqiu.com/worldcup/2010-06/889787.html.

# 结 语

黎族船形屋

法律与巫术的关系是研究原始法律所不可忽视的现象。

——瞿同祖《中国法律与中国社会》[1]

在新的历史时期，黎族文化面临着重大的转变。在这一过程中有些民族习惯将无可挽回地消失，有些则将顽强地通过革新而生存下来。无论何种民族习惯的消失，还是生存，这对黎族社会来说都是一件大事。从学术研究的角度来看，那些消失的传统的价值一点也不比生存下来的传统的价值低，甚至也许更为重要。黎族"禁"习惯法在经历了几千年的发展、变化后最终消亡了，虽然难说令人惋惜，但确实值得人们进行反思："禁"习惯法产生、发展及消失的过程能够给我们带来什么样的启示？

---

[1] 瞿同祖. 中国法律与中国社会 [M]. 北京：中国政法大学出版社，1998：289.

## 一、原始宗教是原始习惯法中的基本因素

涂尔干认为宗教是社会生活的必需，而贝尔并不这么认为。① 尽管如此，我们认为对于原始人来说，原始宗教就是其生活所不可缺少的元素。原始宗教的基础是巫术，尽管当代的高级宗教已经与巫术分道扬镳了。有学者对巫术与法律的关系做过这样的阐述："早期人类法律文化受巫术的影响最大。……中国传统法律文化的源头在巫术礼仪中。不对巫术做深入的研究，就无法深入地了解中国传统法律文化。"② 这位学者谈的是产生之初的国家法状况，与本文所谈的国家法产生之前的原始习惯法有所不同。不过她确实说明了一点：原始宗教与原始社会的习惯法是不可分的。

宗教是探讨终极存在、终极解释和终极价值的，是人的心灵的慰藉。宗教可谓感性和信仰的体现，法律可谓是理性和现实的体现。表面上看二者泾渭分明，然而人毕竟是有血有肉的凡胎，是感性和理性的混合体、信仰和现实的化合物。在头脑中可以分开的东西，在现实中却很难分开。当代社会法律与宗教的关系如不少学者所指出的那样是很难完全分开的，而在原始社会中原始习惯法与宗教规范，由于当时人们理性认识能力的原因，即使是在形式上也没有分开，离开宗教谈习惯法或离开习惯法谈宗教都是不可能的。

本文探讨的是黎族原始习惯法与巫蛊信仰的结合——"禁"习惯法。③ "禁"习惯法的演进向我们展示了一幅这样的图画：原始宗教与习惯法从几乎没有关系，到逐渐建立联系，到密切结合，再到逐渐分离，最后彻底分离，相互独立的过程。这使我们得以仔细观察二者关系变化的细节。

黎族原始信仰所给与"禁"习惯法的主要是两点：一是最后的权威保障。在黎族传统社会处理一些棘手的复杂纠纷，仅仅靠世俗的具有功利性的权威显然是不够的，只有发自内心的信仰的保障才是最有效的。如果大家不信鬼神，那么"因为生病而惩罚所谓的禁母"这种观念本身就是滑稽可笑，乃至愚蠢透顶的事，即使查出了所谓的禁母，也根本没有可能真正实施处罚。这类似于当代社会中如果人们不信任法律，不认为法律是客观公正的，那么也就根本无法使人们真正遵守法律。伯尔曼教授有云："法律必须被信仰，否则将形同虚无。"他说得很对，我想这句话用在原始习惯法与原

---

① 参见：[美]丹尼尔·贝尔.资本主义文化矛盾[M].赵一凡等译.北京：生活·读书·新知三联书店，1989：39.
② 何瑛.巫术对中国传统法律文化的影响[J].法律科学，2000(4)：37-41.
③ 遗憾的是，我们在日本法学家穗积陈重教授的名著《法律进化论》中虽然发现了有关神明裁判的详细论述，却没有发现有关巫蛊的阐述。

始宗教方面也是合适的。

二是操作技术的保障。巫术提供了查禁捉鬼的技术，而这是当时的世俗社会所无法提供的。没有泥包卜、筊杯卜、禁术等巫术，人们就无法理解禁母何以禁人，人们又如何查出她们以及为什么要处死她们？这正如现代社会往往没有DNA技术就很难准确地查出罪犯，从而无法了结案件一样。

霍贝尔教授说过："巫术是一种隐患，法律是巫术的天然敌人，所以要用法律来战胜巫术，使之逐渐枯萎和减少，但几乎所有的原始人都没有这样的概念。而把超自然概念使用于道德目的的魔术，是法律的长期残留的侍女，在法律未到之处，还能起一定的作用。"① 他说得没错，但是"不是冤家不聚头"，正如他所看到并承认的那样，巫术与法律的结合是一个客观的自然过程。巫术与法律长期以来"打打停停"，这实际上是一种常态。不仅如此，这种斗争可以看做是法律的成长过程中所必须经历的磨练。霍氏对巫术的价值持消极的态度，而看不到其积极的一面。我们认为：如果说巫术和法律的结合是一个错误的话，那么它也是一个美丽的错误，就如同幼儿蹒跚走路时的跌跤，滑稽但可爱，因为没有这一过程，幼儿就无法长大！

## 二、人的认识的进步是习惯法演变的内在动力

以往我们总强调，法律的发展变化是由于阶级矛盾的变化，而轻视人们认识能力的变化，这显然是不全面、不科学的。实际上人们认识的不断进步才是直接导致习惯法演变的动力。朱苏力教授指出："在许多社会中，都大量使用了神判、决斗的方式来分配刑事责任。就其原因，很重要的一个因素就是缺乏对科学的因果关系的理解，而随着人类在无数次错误地认定因果关系之后，人们逐渐累积起了一些科学的因果关系判断，因此，法律制度也就随之发生了重大变革。……这些法律规定或法律制度的变化并不是由于如今的人们变得更仁慈了，而是人们对这些问题有了更多的因果认识。"② 人的认识的进步突出地体现在人的理性思维能力的提高，凡事都希望从理性的角度来思考，寻求一个说法，希望能够理解神秘、似乎不可测的事物，这是人的本能，

---

① [美]霍贝尔.原始人的法：法律的动态比较研究[M].严存生等译.北京：法律出版社，2006：254.
② 参见：朱苏力.法律与科技问题的法理学重构[J].中国社会科学，1999（5）.

更是人类进步的动力。

"禁"习惯法中的一大基本矛盾就是巫术与科学的对立和冲突。具体针对"禁"习惯法而言，人类认识的进步体现在：在巫术及迷信与医学的对抗中，医学逐渐壮大而巫术及迷信逐渐式微。"禁"习惯法可以说是围绕着"人为什么生病"这一问题而展开的。开始人们认为生病都是由于外在的各种自然原因造成的，这就导致各种鬼的概念的产生，自然崇拜、祖先崇拜的出现。当时的基本说法是"各种不同的疾病是由于各种不同的恶鬼作祟所导致的"。而他们之所以作祟于人是因为他们贪吃，"鬼以吃为天"。只要给各种鬼献上牺牲及稻米就可以了。这种观点可谓朴素唯物主义的观点。随着认识的提高，人与外物的分离，人们进一步认识到某些疾病尽管主要是由自然决定，但还与人类社会有关，于是人们就设想：有一种鬼叫禁鬼，它可以通过附体于人来使他人生病。这是人类探索社会原因导致疾病的开始。被附体的人远非导致他人生病的决定因素，属于"无意禁人"，自然也不需要承担什么"过错责任"，只需要承担"公平责任"。

后来人的认识能力进一步提高，人们认识到社会原因是导致某种疾病的主要原因，禁鬼与禁母就是一回事，他们是由于仇恨别人而施禁，属于"有意禁人"。这时，自然人们就对禁母大开杀戒以驱鬼。进一步，人们认为有的人生病是由于自己施禁于别人或干坏事，从而被别人反向施禁于他。那就是"疾病是对病人恶行的惩罚"，类似于汉族的因果报应观念。如黎族群众相信雷神为了惩罚盗窃行为而使盗窃者生病，通奸生出的孩子会有残疾，等等。[1]这时的病人似乎倒成了坏人。

再到后来，受外部世界的影响，人们认识到生病属于自然现象，需要靠医学来诊治，与禁术无关，于是"禁"习惯法就走向衰落，直至消亡。

与此同时，人们对男女不同性别的认识有了提高：女人并不高于男人，她们身上并没有特殊的魔力，从而男人也可以查禁，同时也可能为禁公。这类似于在权利能力和责任能力方面男女平等。

此外，在如何证实禁人行为上人们认识到：仅凭娘母口说不能令人信服，后来实物客观证据——禁包出现了，再到后来要确认某事还必须经嫌疑人自己承认，这就导致了对禁公、禁母进行刑讯逼供的情况。最后，大家认识到禁包完全是娘母、道公搞的鬼，嫌疑人承认施禁是因为受不了酷刑而违心承认。这时"禁"习惯法就成了无源之水无本之木。

---

[1] [日]冈田谦、尾高邦雄.黎族三峒调查[M].金山等译.北京：民族出版社，2009：233.

## 三、世俗权力的强化是习惯法演变的外部动力

任何习惯法的实施都离不开世俗权力的参与,尤其是强制力的实施更是离开世俗权力就无法保障。通过对黎族"禁"习惯法的演变的探讨,我们发现世俗权力的不断加强是"禁"习惯法产生及发展的关键因素,同时这也是其衰落及消亡的关键因素,可谓"成也萧何败也萧何"。[①] 当然,这里涉及到"禁"习惯法中的基本矛盾之一——神圣权力与世俗权力的矛盾。这里的世俗权力的强化,很大程度上是指在"禁"文化中其相对于神圣权力的逐渐强化。

在原始社会早期,世俗权力非常弱小,首领往往只是一个带头人,并不是官员,他们不脱离劳动,也没有特权,在处理氏族事务中主要是作为召集人而发挥作用,同时也没有任何特权。这种情况下,习惯法一般靠大家自觉遵守或首领的威信,它与道德及原始宗教规范没有什么区别。对黎族社会而言,生病就要祀鬼,这还算不上真正的习惯法。

后来,世俗权力扩大,参与到对禁母的处理上来,如组织人们驱赶禁母去"洗身"及"过火堆"等,这时"禁"习惯法才真正产生。再到后来,首领积极地参与对禁母及禁公的审理和判决及处罚,使其逐渐向官员转变,特权产生。再进一步,首领彻底变为官员,接受官方的任命,支持查禁捉鬼,已经可以控制查禁除禁的过程,没有他们的同意,查禁捉鬼就不具有合法性,禁公或禁母就无法公之于众,更不用说处罚了。

再到后来,世俗权力扩大到社会的各个方面,任何行为都要合乎国家法律,神圣的东西必须符合世俗的权力的支配。在这种情况下"禁"习惯法走向了消亡。

## 四、原始习惯法与国家法有重大的不同

一般认为,原始习惯法与国家法有明显的不同:如产生的方式不同,反映的意志不同,强制力不同,作用范围不同,发展前途不同,等等。有人进一步总结了二者的

---

[①] 世俗权力的扩大,进一步会导致官与民的分离,贫富分化和阶级对立,但本文是在中性的意义上来谈权力问题,与私有制及阶级的产生导致法律产生的理论不同。

区别和联系，见下表。

表9-1 原始习惯法与国家法的区别和联系①

| 法律类型 | 国家未出现前的法律 | 国家组织下的法律 |
| --- | --- | --- |
| 1 | 私法与刑法不分，而为私刑法 | 私法与刑法二分 |
| 2 | 契约与侵权行为混同 | 契约与侵权行为二分 |
| 3 | 个人与行为不分 | 个人与行为分开 |
| 4 | 客观责任 | 主体上的责任 |
| 5 | 冲突的解决通过争执者之间的协调和解，往往是由第三者来调停 | 冲突的解决通过法庭的判决，法官听取争执者意见后决定 |
| 6 | 可妥协的 | 不是甲方赢，就是乙方赢 |
| 7 | 其目的在使争执者事后还能彼此相处共存 | 其目的在法律之贯彻 |
| 8 | 因而规范很少论及冲突解决之道 | 因而法官判决的合法性是通过规范之适用 |
| 9 | 补偿的 | 惩罚的 |
| 10 | 和平解决未遂，必要时诉诸自力救济、复仇、血仇与斗争等 | 必要时判决通过国家强制执行之 |
| 11 | 结构上相对地 | 领域上一致（统一）地 |
| 12 | 调解者的机构少分化 | 判决者的机构分化 |
| 13 | 自我运作调整 | 控制的 |
| 14 | 静态而少变化；保守的 | 变迁的；前进的 |
| 15 | 群体取向的，视隶属于亲属团体的地位而定 | 个人取向的，视个人的法律主体性、个人财产、合约等而定 |
| 16 | 道德与法律不分 | 道德与法律分开 |
| 17 | 宗教与法律不分 | 宗教与法律分开 |

我们认为，原始习惯法与国家法相比还有重大的不同。首先，原始习惯法具有自治性、自足性的特点，它包含着几乎所有的重要社会规范，与道德规范和原始宗教规范混在一起。而在有国家的社会中除国家法之外还有民间法，这两种社会规范共同作用于社会，法律远不是自足的，在社会中所起的作用也远不能与原始习惯法在原始社会中所起的作用相比。从这一点上来看，原始习惯法是国家法及民间法共同的母体，而国家法与民间法则是一母同胞的兄弟。

① Homewood. Wesel. The Structure of Sociological Theory[M].U.，1985:343-349.转引自：林端.法律人类学简介[G] // [英] 马林诺夫斯基.原始社会的犯罪与习俗.原江译.北京：法律出版社，2007：97.

其次，原始习惯法都是不成文的，而国家法都是成文法。我们认为国家法的结构由头脑中的法（观念中的法）、书本上的法（条文中的法）以及现实中的法（行动中的法）三种形态及其相互关系所组成。[①]朱力宇教授将法律现象划分为三种类型：规范——制度型的法律现象、行为——关系型的法律现象和意识——观念型的法律现象，[②]其观念可谓与笔者是一致的。原始习惯法则无书本上的法这一形态，只有理念中的法和现实中的法这两个形态。这种习惯法主要就是行动中的法，在这里甚至没有理念中的法与现实中的法的明显的区别。自然，这导致了以下两种结果：一种是，两种法的环节之间内在的张力较小，矛盾和冲突较小，结果导致习惯法发展的动力也较小。实际上在一定的历史时期内可以认为，原始习惯法是基本不变的。一种是，原始习惯法运行富有弹性和灵活，在时间和空间上都有较大的"波动"，或称（严格意义上的）普适性较差，尽管绝非"一事一议"。

## 五、当代民族习惯法与国家法的冲突是正常现象

"禁"习惯法本来是民族传统原始习惯法，但随着中央政权对海南岛的控制，它逐渐变成了民间法的一部分，与国家法一并统治着黎族社会。自然这里就存在二者的对立及协调的关系。

目前，我国学者多认为，当今社会是一个法律多元的社会，民族习惯法与国家法一样属于法律的一元，具有自己的社会地位和作用，国家法应该尊重民族习惯法，而不能一味地压制和打击，否则社会就会造成混乱，根本达不到国家法所欲达到的目的。我们认为，其二者各有自己的产生途径，也各有自己的社会作用范围和价值，不能相互替代。尽管二者常常发生冲突，而协调一致的时候也很多。同时指出，即使是二者发生了冲突，也不宜"一刀切"，强求国家法去适应或迁就民族习惯法，抑或反之。这还是站在国家法或民族习惯法的单方立场来看问题。实际上，如果我们从一个中立的、旁观者的立场来看，二者的冲突是一种正常的现象，无论如何努力也不可能彻底消除冲突，只能在一定的程度上实施控制，使二者相互让步达成妥协。同时指出：这

---

① 参见：韩立收.法律的曲解、误解与理解[M].北京：法律出版社，2006.第一章"三头六臂的哪吒——法律的立体透视"。
② 参见：朱力宇.法理学原理与案例教程[M].北京：中国人民大学出版社，2007：21-22.

五指山红叶

种冲突总的来说，不仅不会对社会构成危害，还会促进二者的共同进步，二者的矛盾是社会进步的重要动力之一。具体某些方面的习惯法或国家法被对方战胜而消亡是很正常的现象，因为它的消亡优化了作为整体的习惯法或国家法。

从"禁"习惯法的演变我们可以看出，"禁"习惯法是一个从与国家法没有关系，到获得国家法支持，再到与国家法产生龃龉，二者一定程度上妥协，最后遭国家法严厉打击，逐渐消亡的过程。没有必要谈论国家法对"禁"习惯法的残酷压制，没有必要为"禁"习惯法"鸣不平"。"禁"习惯法有一个产生、发展及异化的过程，本来为人服务的工具，最终变成了压迫人的外部力量。习惯法为人而活，而不是人为习惯法而活。到了"禁"习惯法发展的后期，它成了黎族地区社会发展的对立面，阻碍了社会的进步。表面上它最后是被国家法废除，实际上是被黎族百姓废除，被历史废除。真正适合黎族民众的习惯法是不会消失的，不管存在多大的外部压力，其消失的原因在于其自身内部的缺陷，并不可惜。

我们现在经常讲的一句话就是"习惯法是一种本土资源"，这固然是不错的，但有时习惯法又是一种"本土包袱"，也许说"习惯法是一种历史遗产"更为恰当。因为无论我们如何看待习惯法，爱之或恨之，它都是一种客观存在，我们不得不"认真对待"它，而无法无视它。

## 六、需要进一步研究的问题

黎族"禁"习惯法是黎族法人类学研究中的一个很小的领域，尽管在本书的写作中笔者下了不小的功夫，但其不足仍显而易见。首先，对黎族人所处的生存环境阐述不够。黎族"禁"习惯法是黎族人与其所生存的自然环境间对话的产物，孟德斯鸠在《论法的精神》里面对法律与自然环境的关系有深入的分析，为我们树立了一个光辉的榜样。其次，没有从黎语的角度来分析黎族"禁"习惯法。现代语言哲学对语言的重视给了我们很多启发，一个民族的语言是其民族文化的窗口和集中的体现。黎族"禁"习惯法从某种意义上来讲是存在于其独具特色的语言之中的，而笔者对黎族语言知之甚少，更不会说黎语。第三，没有从黎族文化的角度来把握"禁"习惯法。黎族文化是一个整体，其中的艺术、文学、婚俗风俗、丧葬习俗及神话传说等与"禁"习惯法在现实中是不可分割地结合在一起的。第四，没有把"禁"习惯法放在黎族习惯法的大背景下来进行研究。黎族习惯法各部分组成一个有机的整体，不理解整个黎族习惯法也就很难深刻地理解"禁"习惯法。第五，下的功夫还远远不够。笔者在黎族地区调查的时间还很短，远没有像不少著名的法人类学家那样在少数民族地区一呆就是几年，甚至十几年。慢工出细活，学术活动是一个"比慢"的艺术，功利心强，搞"短、平、快"，自然难以出精品。

我国著名电影导演谢晋生前曾说过这样一句话："电影是一门遗憾的艺术。"其实，何止是电影，学术写作本身也是一门遗憾的艺术，在本书的写作过程中笔者就深深地体会到这一点，尽管这决不应该成为自己学术著作粗陋的辩解理由。

希望以后自己还能有机会来弥补本书写作中的种种遗憾！

## 附录一：

# 黎族"禁"习惯法[①]

## 第一章 总则

第一条　为了保障人们的身体健康，维护社会秩序，兹依据黎族人的传统思维习惯、道德观念和原始信仰，整理相关习惯及风俗以成本法。

第二条　坚持万物有灵论，以及自然崇拜、祖先崇拜、图腾崇拜等观念。

第三条　敬畏各种鬼，牢记"天上怕雷公，人间怕禁公，地下怕祖公"的古训。

第四条　坚信生病是由于恶鬼作祟的基本理念。

第五条　宗教人士是人与鬼之间的中介，精通巫术，可以为人治病、招魂等，应当获得人们的敬重。

第六条　禁鬼，即黎族地区特有的最可怕的鬼。禁鬼变化多端，且会附上人体，害别人生病，甚至死亡。

第七条　禁鬼一般典型的使人生病的病症是腹痛，但也不限于此。禁鬼甚至有时会禁全村发生瘟疫流行，有时也禁动物及植物等，使动物死亡，植物长虫。

第八条　禁术，即禁鬼用来害人的黑巫术，非常邪恶而神秘，且魔力巨大。

第九条　禁止随意伤害他人。

第十条　禁止通过禁术来报复别人。

第十一条　对禁鬼害人案件的查处坚持公正、公开原则。

第十二条　处理禁鬼害人案件采用"鬼判"的方法，以保证及时有效地处理纠纷并贯彻"占卜面前人人平等"的原则。

---

[①] 黎族"禁"习惯法，正如其他任何习惯法一样，不可能以书面的形式存在。但为了简单直观地阐述"禁"习惯法，我们采用法典的形式来进行说明。自然，这里的法典是依据现代立法的技术而人为"削足适履"剪裁出来的，其中刑事与民事混在一起，实体和程序也熔为一炉。

## 第二章 宗教人士及村长

第十三条　娘母，即黎族特有的巫师。一般通过降神附体并进行学习才可以成为娘母。女性、男性均可为娘母，但做鬼时必须穿女性的服装。

第十四条　鬼公，黎族特有的宗教人士，一般是通过学徒成为鬼公的。他以念祖先鬼为特长，可以从事一般的查鬼及祭祀活动，均为男性。

第十五条　道公，汉区传入的道教与黎族传统宗教二者相结合的产物，法力最高强，均为男性。一般是通过学徒成为道公的。

第十六条　上述宗教人士做鬼一律不收费，但可以接受病者家属一定的赠礼。

第十七条　生病是否禁鬼作祟，由宗教人士通过"做鬼"确定。

第十八条　村长为一村之长，在重大宗教活动中起组织及主持的作用，不收取任何报酬。

## 第三章 禁公、禁母

第十九条　禁母，即禁鬼附体的中老年妇女。娘母也可能是禁母。

第二十条　禁公，即禁鬼附体的中老年男人。鬼公和道公也可能是禁公。

第二十一条　小孩子不会成为禁公或禁母。

第二十二条　禁会传染，一般传女不传男。

传染途径是母亲教授女儿巫术，以及接触或使用禁母用过的东西等。

男人由于与禁母"放寮"或一起喝酒也可能被传染。

第二十三条　无意禁人，即禁鬼因贪吃而控制人使人施禁于他人，而被附体的人没有意识到自己禁人，也不会禁术。无意禁人的禁母不是坏人。

禁公不存在无意禁人这种类型。

第二十四条　有意禁人，即有目的有意识的去对有仇或不睦的人施禁。

第二十五条　禁包，即禁公、禁母制作的、一个由头发、破布、蜂蜡等组成的大小如荔枝的小包。

禁母、禁公会指使他们的"兵仔"用小短箭把自己制作的禁包射到人身上，这样人就会生病。

也有的禁包由鸡头、蛇头等组成，禁公、禁母通过把它埋在病人家附近的土里并念咒来害人。

第二十六条　禁公、禁母也会利用病人的生辰八字，通过念咒及画符，把画符埋起来等方法来施禁。

第二十七条　禁公禁母的认定
　　　　　（一）祖上有禁母的，她也为禁母；
　　　　　（二）与某人吵架，而回家后自己生病的，则对方或对方之妻为禁公或禁母；
　　　　　（三）与患者不睦或有仇的人；
　　　　　（四）到患者家串门，而后不久患者生病的；
　　　　　（五）梦见某人禁自己，而自己生病的；
　　　　　（六）宗教人士查出的。
　　　　　一般第一项无需宗教人士查禁即可认定，而其余二至五项则需宗教人士复查确认。禁公没有第一项及第五项这两种情况。

## 第四章　查禁

第二十八条　查禁，即宗教人士通过占卜来查找禁公禁母的过程。
　　　　　有些情况下也可以由一般会占卜的人来查禁。
　　　　　有时某个人查不出，还要换另一个人来查禁。
第二十九条　查禁占卜一般采用泥包卜及筊杯卜的方法。
第三十条　　泥包卜方法，即用泥包来占卜。具体方法是用绳子悬挂一小泥包，问是否某人施禁，如果泥包不动就不是该人，如果泥包旋转不已，则就是该人。
　　　　　询问的顺序是由村外到村内，由疏到亲。
第三十一条　筊杯卜的方法，即用筊杯来占卜。具体方法是掷筊杯，如果出现"阴、阳、敕"的卦象则占卜成功，这时宗教人士处于降神附体状态，神认定的人就是禁公或禁母。
　　　　　对无意禁人的查禁，查找的范围没有限制，任何妇女都可能；
　　　　　对有意禁人的查禁，则要从与病人有仇或不睦的人员中查找。
第三十二条　对有意禁人的禁母及禁公，宗教人士要在病人身上找出禁包。
第三十三条　为了防止禁公禁母家属的无理取闹，要在查禁前使大家都喝鸡血，发誓尊重查禁的结果。
第三十四条　查禁活动事关重大，一般应有村长来组织及主持，以保证其权威性及强制执行力。

## 第五章 禁公、禁母的处理

第三十五条 对无意禁人的禁母的处理：
（一）禁母"披席"。
（二）禁母"洗澡"、"过火堆"及"改名"。
（三）禁母请人"洒狗血等擦身"。
（四）捆绑禁母。
（五）向禁母发出警告，让其"收禁"，不再禁人。
上述方法根据情况，一般选其中之一。
对于经过上述过程的禁母，一般还要经过宗教人士及村长的宣告后才恢复正常身份，不受歧视。
如果禁母恢复正常后又被查出为禁母，可再一次进行上述处理。

第三十六条 对有意禁人的禁母及禁公的处罚：
（一）发出警告，让其"收禁"，不再禁人。
（二）刑讯逼供使其承认施禁，认错，并说出施禁的具体过程。
（三）杀死，具体方法包括活活打死、用刀杀死、溺死、毒死等。
（四）不杀禁母的，要在禁母的衣服上缝上写有"驱除禁鬼"等的画符，保持三年或一直到衣服破烂掉下为止。
（五）查禁等祭祀相关费用由禁公或禁母家庭承担。
（六）驱逐出村。
（七）疏远及歧视，亲人与他或她断绝关系，别人平时少与其全家交往。
（八）别人家的子女不与其子女，尤其是禁母的女儿结婚。
（九）破坏其家庭用具及烧毁其房屋。

第三十七条 如果有人担保及禁公或禁母本人对天发誓，保证不再禁人以及如果禁人愿意听凭处置而毫无怨言，则可以暂时不处罚禁公或禁母。但如果后来病人死亡，则仍要杀死禁公或禁母。

第三十八条 对禁公、禁母的处理具体实施应该召集全村村民大会公开进行，如公开审理及杀害。
特殊情况下也可以是病者家属亲自或雇人暗杀禁公或禁母，但一定要经过村长的同意或默认。

## 第六章 禁忌

第三十九条　不能夜间在家里吹口哨，否则会招来禁鬼作祟于人。

第四十条　　夜里不要剪头发，衣服不要晾在户外，否则可能会招禁。

第四十一条　织龙被时，不能被禁母看到，否则会扰乱进度及使龙被成为不祥之物。

第四十二条　不能当面称别人为"禁公"或"禁母"，因为会被认为是对人最大的侮辱，必将招致该人及其亲属的强烈反应，当面兴师问罪。

第四十三条　不要用白鸡来招待客人，因为白鸡是用来除禁的，客人会很不高兴。

## 第七章 附则

第四十四条　各黎族方言地区情况不同，各地可以在遵守该法基本原则的前提下灵活适用本习惯法。

第四十五条　本习惯法由当地的宗教人二在具体查禁捉鬼过程中进行解释，具法律效力。

## 附录二：

# 奉道宪严禁

琼州抚黎总局　为晓谕事：光绪三十年四月初十日，据岭门抚黎分局委员范云梯禀称：现居红毛峒总管王定明、南蛇峒总管王家充、水满峒总管王德明、什万峒总管王元丰、加钗峒总管王传禄、南唠峒总管王新龙、光螺图首家功职王有雷、□屯总管王家茂、思河图首家王源丰、乐会峒总管王照丰、首家王有义等，窃思朝廷有律法，乡党有规条，规条不立，则律法无所信守。兹查自光绪二十年曾经琼、定二县客民徐益昌、刘运连、王明诗等，已集众会议禁条。秉恩前道宪杨赏准施行、刊发告示，通饬各图屯峒人等秉遵在案。惜近来人心不古，风俗日偷，不法之徒日以买红藤为名，夜则盗窃牛马，肆行无惧。而熟悉黎峒之人往往入黎唆诈，贻害无穷，况且有黎峒凶徒偷盗牛马，如有人拿获，贼者竟然恃蛮凶殴；扭送公庭，反被怀隙禁人魂魄丧命不少，人人伤心切齿。迫得民等爱里各峒近日之事提议节禁教条，叩恳转禀道宪，赏准给示，勒石以垂永远等情。据此代查该总管等所呈各条，实为安靖黎峒起见，是否可行，理合据禀察核示遵等情。所呈乡禁教条到本总局，据此。查所禀禁条系为杜绝黎峒滋事，应准出示晓谕遵办。除批印发外，合行示谕为此示，仰峒屯图诸色人等知悉，嗣后务须恪遵禁条，安分守法，不得稍有违犯。倘敢故违，饬该总管等扭送□局员究治，决不姑宽，凛之毋违。特示。计开禁条如左：

一查造魔克符咒诅杀人并下毒药害人，按律照依谋杀论□，嗣后□务宜安分守法，如再敢学黎禁，忍下为毒以害人命，一经被人报有确切证□□告到官，立即向官□□到审问，照律□□，断不宽恕。

一查偷盗别人牛马及知贼赃而受寄，照例均应分别□□军问绞。其偷盗别人□谷稻麦菜果等□物，及纵牛马损食人物，亦应办罪，嗣后如有偷盗牛马及受□□□，准由被害之家随时送官办罪，并由官分别查封房屋示儆。其纵放牛马损食人物，其数太多，由□更保哨目族长公同议其赔罚。如恃族大，抗不遵赔罚者，仍应送官审断。

一查偷盗田野有主之物，亦应照窃贼讨赔办罪。各峒所生□□，嗣后你们毋得私拾，自取办罪。本道现已饬岭门分局每年三四月派发□□分巡各峒，如有私拾□蚕的事，立即锁拿到官重办，你们亦不得私行议罚，致恃强争打，滋生事端，有不遵者，□□□□。

一议埋墓棺□，以离田三丈六尺为官土，如在黎内，应照各□议土价钱二千四百，如三日内葬者免送土价。

一议客黎买卖货物，斗秤须要公平，彼此交易，有赔有送，不得强牵牛马及将儿女抵债，违者送官究治。

一议客民出入黎峒要有宅主，如有强人生妻幼女，欺诈□黎，皆该向宅主究论，违者一并送官究治。光绪三十二年十月二十日，阖峒屯图同立禁碑以垂永不朽。

## 附录三：

# 发动群众　自觉革命
# 破除迷信

——福利大队报龙生产队破除迷信的做法

### 一、封建迷信活动严重

在历史上，红旗公社报龙生产队的封建迷信是非常严重的。在人们的思想领域内几乎是个神鬼世界，一有疾病，不论大小，甚至走路不慎碰破脚趾，都要杀鸡、猪、牛祭鬼。特别严重的是往往由此引起杀害人命（即杀害所谓"禁母"）或械斗。这种情况，解放后已经得到很大的改变，杀"禁母"行为已被严禁，一般的迷信活动也基本制止下来。但是，1961年以后，地、富、反、坏分子和封建迷信分子——道公、娘母，又乘我们整风整社之机，借着恢复民族习惯为名，煽动群众恢复封建迷信活动。说什么"鬼神灵显"、"人病是鬼做的，必须祭鬼，病才能好"。更说"有病求神、杀牲祭鬼是祖先传下来的法术"，"1959年是因不求神祭鬼造成困难和生病的"。这给具有根深蒂固的封建迷信思想的群众影响很大，他们信以为真。因此，曾一度停止的封建迷信活动又复兴起来。得病的人又杀鸡、猪祭鬼，编织起"稻草人"挂在门口，说这是"门神公"，守住家门，什么鬼都不敢进来，保卫主人四季平安。尤其严重的是又信起"禁"来，病，说这是"禁母"禁的。这一点，不只是群众信，就连干部也信。生产队长黄老弯的老婆今年四月间脚痛，他诬黄荷洪、黄桂良、黄荷凤、黄桂礼、黄月良等为"禁母"，并扬言要捕"禁"（即捕"禁母"），闹得人心惶惶，寝食不安，迫得桂良、荷凤逃往娘家避难。这大大地影响了团结和生产。影响今年早稻有11亩水稻没有及时管理减收约30%；影响20亩春种亩次任务没有完成。

## 二、发动群众 自觉革命

针对以上情况，我们采取发动群众、自觉革命的方法进行宣传教育，使群众自觉地破除迷信。其具体做法：

### 宣传科学 树立矛盾

在扎根串联、组织阶级队伍，提高觉悟、开展对敌斗争取得胜利的基础上，我们进行科学宣传。召开群众大会，讲解今年9月22日南方日报农民版的"查家门是骗人的把戏"等文章和有关的连环画，说明鬼是假的；同时由大队卫生员黄大文同志以自己亲身的经验，讲了很多有病求医治好的事实。宣传后，反映很强烈，形成了两派——无神论派和半信半疑派。无神论派是青年和吃过迷信苦头的人。他们说：科学是真的，鬼是假的，鬼是剥削阶级伪造出来愚弄人民，维持自己的统治地位工具之一。半信半疑派大都是封建思想比较严重的年老人。他们说：对于鬼只好半信半疑，有了病，求神也好，求医也好。两派意见纠纷，各执己见，争论不休。迷信职业者则假装呆象，暗中破坏，说："做什么的人讲什么话，当医生的人相信鬼神就会失业，当干部的人不宣传科学就没有话好讲。"

### 鬼是真假 辩论分明

为了分明封建迷信的真假，我们组织以贫下中农为核心的群众辩论会。辩论一开始，贫下中农黄国大就说："鬼是假的，从来没有人见过鬼。"黄老飞（娘母）说："鬼是真的，说鬼是假的人，是不相信祖公，要招来禁母的祸。我的女儿小时得病，就是杀牛祭了'禁'才好的。"这时贫农黄老条立即站起来说："鬼是假的，我有四个孩子，一个在1957年得病，我听了娘母的鬼话，杀鸡、猪祭鬼求救，可是第二天孩子就死了。以后三个孩子也经常生病，但是我不再听娘母的鬼话了，孩子一生病，我就送去医院，结果病都好了。"接着，贫农黄老开揭露黄老飞说："老飞的女儿极小时是染上疾病的，病后他先杀鸡做鬼，不好，后来服了草药，病才好的。"在这事实面前，黄老飞只好认错，说："刚刚我讲的不对了，鬼是没有的，我以后不再当娘母欺骗农民了。"

### 培养典型 现身表演

在通过宣传、辩论初步提高认识的基础上，我们培养典型，进行现身表演。听说娘母要现身表演，男女老少都纷纷赶来观看，连一年级的小学生也都热烈参加。娘母黄金后、黄明礼在群众大会上表演了"查禁"、"捕禁"、"招魂"、"挖蟹"等四种做鬼的方法：

"查禁"。这里的人过去病了要请娘母"查禁",查看是不是"禁母"禁病的。"禁"是怎样查出来的呢?娘母黄金后的表演是这样的:主人用一块小布包着几十粒白米交给娘母,对娘母详告其病情,娘母有意识地探问病人在病前遇上何人,于是,便打起"土吊"(土吊是用小麻线连着小土块,接着小木棍而成的)来"查禁"。娘母拿起"土吊",在小土块上撒上几粒米,随后喃喃地念起"术语",念完"术语",就自问自答,问是不是"禁母"禁某某人病的?这时他的手稍微一动,土块就摆动起来,他便告诉主人说:"这是'禁母'禁病的。"接着他又对土块问:"是谁禁的?"为了欺骗主人,他便逐户问,当问道病者病前遇上的那个人时,他的手又稍微一动,土块又摆动起来,他便对主人说:"这是某某人禁的。"

"捕禁"。"禁母"被查出来后,娘母吩咐主人必须杀鸡、猪、牛祭莫,捕到"禁包"(说是"禁母"的化身),病才好。"禁包"又是怎样捕到的呢?娘母事前把所谓"禁包"埋在被诉为"禁母"的那个人的房屋里或房屋周围的地下,当道公念完道经祭了"禁",娘母便念起几句"术语",做了几个观察动作,说他看见了"禁包"藏在地下。这时他立刻带着主人到那里去挖出刚埋的"禁包"。这就是所谓的"捕禁"。

"招魂"。"招魂"又是怎么一回事呢?先盛满一碗水放在屋的中央,娘母左手握着一把小尖刀和一条小树枝,手指间夹着一个铜钱,右手拿着一条木棍,念着鬼"术语",手在空中打个圈,身体旋转几回,用右手的木棍打着左手的尖刀和树枝,迅速地将铜钱投入碗中,立即大叫一声"魂抬回来了"。紧跟着娘母在后面旋转的主人,立即从碗中拾起铜钱用红线穿着挂在病者的颈上,说这就平安无事了。

"挖蟹"。人的肚子痛,去请娘母查鬼神,娘母说这是肚里有"蟹咬",须"挖蟹"解救。在"挖蟹"前,娘母到田里捕几个小蟹,包着藏在衣袋里,带到病者家去。娘母到病者家后,先问清病情,然后拿一个碗盛了水放在病者床前,念完几句鬼话,做了一些动作,左手按着腹部痛处,右手拿着尖刀,用尖刀尾端慢慢赶近肚皮,动了几下,大叫一声,就偷偷地把蟹投进碗里,未死的蟹就爬动起来,他便说"蟹"挖出来了。

现身表演完后,黄金后说:"鬼是假的,但为什么我又做呢?不外是为了骗吃,骗钱。"

群众看了上述的封建迷信现身表演和黄金后讲他搞封建迷信的目的后,分明真假,对封建迷信非常愤恨,老人王老友说:"这下才知道鬼是假的。封建迷信,害人不浅。"

### 户户诉苦　家家算账　人人报上当

通过宣传教育、辩论和现场表演后,群众的认识有了一定提高。为了再进一步提高群众的认识,破除迷信,我们召开群众诉苦大会,诉封建迷信的苦。贫农黄老国诉说:"我的父亲于1956年得病,因听了娘母的鬼话,杀牛祭禁,没有及时治疗,结果病死了。"中农黄国太说:"去年大孩子生病,我上了娘母的当,杀鸡祭鬼,害死了孩子。今年二孩子又得病,但我不再信娘母的鬼话了,送孩子到医院去医疗,病很快就好了。"由于典型带动,立即出现了家家诉封建迷信苦楚、谈求医幸福的热潮。据统计,全队18户,近三年来,户户都做过鬼,因做鬼没有及时医病而死的6人。因病求医医好的有12人,其中7人是在病情非常严重的情况下救好的。

### 三、觉悟提高　破除迷信

经过发动群众、自觉革命、破除迷信的宣传教育后，群众的觉悟大大提高，自觉破除迷信。原先迷信严重的生产队长黄老弯，这回在大会上主动向群众作检讨，并亲自登门向被他诬为"禁母"的黄桂良等人道歉，得到群众原谅和欢迎。黄桂良对他说："队长呀，你知错就好啦！今后我也放心生产了。"贫农黄老开原来也是村里迷信较为严重的一个，经过宣传教育后，他连夜拆掉挂在门口的"门神公"（稻草人）。第二天这个消息传开后，全村都拆掉了"门神公"，破除了迷信。

红旗公社福利大队工作组  
1963 年 12 月 10 日

（该资料为内部文件，是 1963 年 12 月 28 日中共海南黎族苗族自治州委员会社会主义教育运动办公室所编《通什镇红旗公社试点大队社会主义教育运动的一些主要做法与体会》中所含七件文件中的一件。资料来源：海南省档案馆；档案全宗号：168；目录号：5；卷宗号：13；搜集时间：2010 年 3 月）

附录四：

# 乐东县人民法院刑事判决书

(63) 乐刑字第 45 号

公诉机关：乐东县人民检察院

被告：洪亚业，男，现年五十七岁，家庭成分贫农，个人出身农民，文盲，黎族，乐东县抱由公社坡拉大队乙邱村人，本人解放前务农。

上列被告洪亚业，进行迷信破坏一案，业经审理完结，现查明犯罪如下：

被告洪亚业自从六一年起开始恢复封建迷信活动，特在六二年末更为严重，同年三月间被告引带迷信之徒洪亚发、洪亚日等人，先后在附近的乙邱、坡拉、永飞等村庄公开搞迷信活动，曾和洪亚木、洪亚出等十七户做鬼，骗取群众杀幼牛十一头，幼猪三十余头，鸡四只，每次做鬼，诱集群众参加喝酒三十五人不听规劝，破坏生产，浪费粮食，损失民财，影响很坏已构成犯罪。

据上述事实，本院认为被告洪亚业确是进行迷信破坏构成犯罪行为，在群众中影响很坏，为了维护社会治安，破除封建迷信，保护生产，巩固公社集体经济的发展，巩固人民民主专政，特依法判决被告洪亚业有期徒刑四年，刑期从一九六三年六月二十三日至一九六七年六月十九日为止。

如不服本判决可于接到判决书的第二天起至五天内向本院提出上诉状及副本上诉海南黎族苗族自治州中级人民法院。（略）

（2010年3月23日收集于海南省乐东县人民法院档案室）

附录五：

# 乐东县人民法院刑事判决书

(59) 乐刑字第196号

被告林亚悟，男性，现年54岁，家庭富农，乐东县志仲公社乙通村人，黎族，本案经县人民检察院起诉为其他刑事一案，我院审理查明。

从小在家务农，1937年由于黄亚鉴和堂侄黄亚军争战祖遗田地，为此在亚军以1.5斗种田的雇使下亲手杀死亚鉴一命。1932年由黄亚税和亲堂兄弟黄亚胆争占祖遗铜锣，为此在亚胆以1.5斗种田的雇使下亲手杀亚税一命。同年因三占村张亚户的妻病死，而诬张亚物（女，亚梅）有禁鬼所禁，即以5升种田雇使被告杀死亚物一命。

1945年因国民党挑拨老仲老强两峒产生械斗，而支持老仲围攻老强峒，被告即积极参加而亲手杀死老强农民二名（姓名不详）及烧毁民房50余间，其中被告亲手烧毁5间，劫去耕牛5头。

1957年社配被告牧牛时，即对同村亚松破坏说："合作化不好，做工苦，做到中午不得休息，食不饱不比单干好"。1958年成立公社公共食堂时，被告即破坏说"公共食饭不够食，食不饱"等等，即自己在家中开膳，并且不服从干部领导，不出工，干部批评不接受，反而取木棒要打干部，不遂。同年8月因政府枪决反革命犯林亚言（被告之胞兄）后，被告即将尸体抬返家进行大肆杀猪二只做鬼，并打枪二十五响，表示对政府十分怀恨，同时社配被告去做水利坚决抵抗不服从，后干部采取严厉措施才勉强参加。

同时被告一贯以做土医生来伪装，迷信做鬼从中剥削农民财物，而引起病死亡者6名，并且借医治和迷信为名，诱惑病员妇女和其通奸，严重地影响病员健康，尤其是为吹嘘自己土医生之名，而借政府名誉留难病员，取乡社证明信件才能准予医治，使严重地破坏政府威信。

查被告是社会中的危害分子，解放前曾杀死无辜农民，解放后借做土医生掩盖做鬼的真面目，造成人民的死亡。合作化后进行造谣破坏，说明是不甘愿其阶级已死亡。我院为保护人民生命财产的安全和合作化事业的顺利进行，特依法判处林亚悟有期徒刑十年。

执行徒刑时间由1959年1月6日起至1969年1月5日止。

如不服本判决可于接到判决书第二天起五天内向我院提出上诉状及副本上诉海南地区中级人民法院。

（公章）
审判员　王时农
人民陪审员　陈爱莲　陈关荣
判决与原本无异　　　　一九五九年三月二十四日
书记员　林书仁
（2010年3月23日收集于海南省乐东县人民法院档案室）

附录六：

# 广东省保亭县人民法院
# 刑事判决书

(59) 保刑字第 18 号

移送机关：保亭县公安局

被告人：胡家昌，男，现年 45 岁，家庭富农，本人富农之子，文化程度初小，黎族，保亭县加茂公社六弓大队，大狗生产队人。

上列被告人因反革命一案，业经本院审理完结，现查明：

被告人1943年至45年当日敌甲长，1948年至50年当国反保长。被告任伪保长期间，1948年9月，被告诬赖祖素村石王忠为"禁"（禁是迷信）。亲手杀死石王忠。解放后一向对党和政府不满，进行破坏：1957年9月对胡亚和进行破坏说"入社没有好处，入社生活困难，没有衣服穿，不比单干自由"，并说"过去国民党时期好，现在共产党社会不好，不自由，出外不自由，买卖不自由"。58年参加胡德明为首的反革命纠合集团，准备暗杀我乡长陈文明，后被公安机关破获暗杀未遂（胡德明被捕）。1958年8月被告参加公社后，更加对党和政府不满，公开地说"现在共产党社会不比原来国民党好。过去生活自由，吃自由，行自由，去处无人管，穿无人管，行无人管。现在买什么都有人管，如劳改一样"等破坏罪行。

鉴于以上事实来看，被告是个富农分子。解放前任伪保长期间协杀群众一名。解放后一向敌视我党和人民政府，进行破坏活动，参加反革命纠合集团，企图暗杀我乡长不遂。其行为已构成犯罪。本院为巩固人民民主专政，确保社会主义建设事业顺利进行，特依法判处被告管制叁年（管制期限从1959年12月13日起至1962年12月13日止）。

如不服本判决，可于接到判决书的次日起十天内向本院提出上诉状及副本上诉于海南地区中级人民法院。

（公章）

代审判员　蒙美兴

一九五九年十二月十三日

（2010年3月24日收集于保亭县人民法院档案室）

**附录七：**

毛主席语录

为了维护社会秩序和广大人民群众的利益，对那些盗窃犯、诈骗犯、杀人放火犯、流氓集团和各种破坏社会秩序的坏分子，也必须实行专政。

# 中国人民解放军保亭县公安机关军事管制小组刑事判决书

(71) 保公军刑字第 17 号

罪犯杨老元，又名杨亚元，杨打文华，男性，现年53岁，文盲，黎族，广东省金江公社大本大队人，现住保亭县大本"五七"干校番亲生产队。

杨犯的父亲杨打元是个道公，母亲黄妚出是个娘母。杨犯从小就跟随父母学做鬼求神，欺骗和剥削劳动人民，成为远近闻名的道公。解放前，杨犯利用"神权"维护反动统治，使番道村伪中队长黄东和横行霸道，欺压劳动人民。当保亭将要解放时，杨犯随跟黄东和逃往藤桥，继续顽抗，直至保亭解放才回来。

解放后，杨犯极端仇恨我党和社会主义制度，恶毒地攻击领袖，公开叫嚣要换中国共产党的朝，大搞封建迷信活动，毒害群众，妄图颠覆无产阶级专政，复辟资本主义。

杨犯在本地区，长期打着"为人民治病"的幌子，大搞封建迷信活动，公开宣扬有神鬼论，胡说他会做天犬鬼、矇芸鬼、山鬼、水浮鬼、洗身鬼、枪鬼、祖公鬼、入棺鬼、门头鬼、路口鬼、口嘴鬼、查米道法、鱼道法、斧头禁钉等十多种神鬼道法。利用"神权"进行欺骗、剥削劳动人民。一九五三年什冲村贫农杨业春的爱人生病，杨犯令其杀狗、猪、鸡做鬼求神后，病仍不好，后来送去医院医治才好，但杨犯硬说是他做鬼求神才把病治好的，以收"做鬼费"为名，强迫杨业春全家三口人，给他做九亩晚造水田，从种到收，全部谷子交给杨老元家。杨犯还要杨业春的弟弟到他家养牛，直至病亡，杨犯不但不给予送葬，反而以不同祖公为借口，要杨业春抬尸回家埋葬。一九六零年什冲村贫农杨业仔借杨犯粉枪打中一头山猪，因杨犯吃不到山猪肉，以要做"枪法鬼"为名，勒索杨业仔鸡一只。1964年杨也仔的大女儿被疯狗咬伤，杨犯趁机造谣说是"禁母鬼"变成狗咬人的，已影响到中央，要杨业仔杀鸡做"口嘴鬼"。同年五月杨业仔小孩有病，杨犯要其杀猪做鬼时，令杨业仔做两副小棺材，放进两只蟑螂，然后让杨业仔兄弟抬着假棺材放声啼哭，在山下埋葬。杨犯欺骗说这样"送生"可以代替小孩病亡，病就会好等。一九六五年四月，什冲村杨业基的小孩溺水死，杨犯便欺骗说，要做"洗身鬼"以后才不死人。迫使杨业基借别家两头猪做"洗身鬼"，杨犯在做鬼时，还威胁说："以后发现埋人坟墓上有老鼠挖土，那么你家还要死人"，造成杨业基全家人心惶惶。

更为严重的是杨犯借封建迷信这把"软刀子"，进行阶级报复，杀害贫下中农。一九六二年什冲村贫农杨业芳的男孩生病，杨犯胡说是有"禁母鬼"，要杨业芳杀猪做"解禁鬼"。当杨业芳要把小孩送去医院治疗时，杨犯进行阻挠，胡说什么"一神二药"、"神通药也灵"，并再三下禁令，禁止五天内，不准病人出入，造成人命死亡。一九七零年什冲村社员杨尧时儿子杨文川，因失枪伤腿，杨犯叫杨尧时抬杨文川进深山草寮进行"秘密治疗"，要杨尧时杀猪杀鸡杀狗做鬼，进行大吃大喝。当杨文川伤口严重恶化时，家里人准备把文川抬去医院治疗，杨犯利用"神权"下"禁星"令，禁止五天内，不准病人出入山寮。"禁星"的第四天，杨文川在杨犯的折磨下活活地死去。

杨犯还借"查鬼"为名，无中生有，污蔑农村妇女杨业勤母亲、杨业兴母亲、杨业芳母亲、黄味红脚、黄玉妹等人为"禁母"，并四处煽动，破坏贫下中农的团结。杨犯在做鬼求神喝酒醉后，说是"上公"，公开追赶妇女，为非作歹。有人伤风感冒，就得做"解禁鬼"、"口嘴鬼"；有人病重，就得做"天犬鬼"、"藤芸鬼"；有人病死，就得做"祖公鬼"、"入棺鬼"。杨犯每次做鬼求神，都要杀鸡杀猪宰狗，除在场大吃大喝外，还要收钱和粮，在大本地区是不计其数的。在杨犯的毒害下，出现了"一人生病，全家误工；一家做鬼，全村喝酒"的坏风邪气。杨犯还公开说："学习是长期的事，水利长期做嘛，人病重，做鬼要紧"等，并把道法传教其儿子，严重破坏抓革命，促生产，毒害下一代，影响极坏。

综上所述，证据确凿，情节严重，手段恶劣，民愤极大，已构成刑事犯罪。为了维护社会秩序，巩固无产阶级专政，根据党的政策精神和广大人民群众的强烈要求，经上级批准特作如下判决：

判处罪犯杨老元有期徒刑贰拾年，剥夺政治权利四年。刑期从一九七一年八月八日至一九九一年八月七日止。

（中国人民解放军广东省保亭县公安机关军事管制小组印章）
一九七一年十一月二十一日

注：1980年6月10日保亭县人民法院刑事裁定书（80）保法刑复裁字第36号，改判杨老元有期徒刑十年，但此时杨老元已病死。
（2010年3月24日收集于海南省保亭县人民法院档案室）

## 附录八：

# 乐东县人民法院刑事判决书

（57）乐改字第 6 号

公诉机关：乐东县人民检察院
一被告罗亚夹，男，64 岁，乐东县抱由镇多建乡番豆村人，黎族，现在押。
二被告罗才辉，男，35 岁，乐东县抱由镇多建乡番豆村人，黎族，现在押。
三被告吉亚横，男，28 岁，乐东县抱由镇多建乡番豆村人，黎族，现在押。
四被告罗亚裕，男，46 岁，乐东县抱由镇多建乡番豆村人，黎族，现在押。
五被告罗亚肋，男，49 岁，乐东县抱由镇多建乡番豆村人，黎族，现在押。
六被告罗亚又，男，30 岁，乐东县抱由镇多建乡番豆村人，黎族，现在押。
七被告罗亚硬，男，37 岁，乐东县抱由镇多建乡番豆村人，黎族。

上列被告因迷信杀人一案，前经我院以 55 年乐刑字第 152 号判决后呈上级法院审核，而广东省高级人民法院以（56）刑复三字第 61 号裁定，认为被告等的行踪，与当晚行凶杀害死者罗亚崖的经过，和血衣及凶器的处理尚未查对明确，因此应撤销原判，并将此案发回，查明事实进行更审。据此我院乃再次派员查对清楚，特作如下判决。

犯罪事实及判决理由

一、被告罗亚夹，于 1945 年至 1946 年间，曾任国反甲长七个月，1949 年时因我政府发动群众拆床铺板，该犯公开对民众说，现在国民党打死很多共产党于榆林一带，用这些话来降低群众的热情。当时正适罗亚崖（即死者）任我乡农会主任，便到前胜乡将情报告我人民政府，随将该犯逮捕拘押四个月。1954 年该犯的长男罗亚柱将自己的一条裤子出卖给罗亚崖（死者），过几天后亚柱便患病。该犯疑为亚崖做鬼禁他儿子病，先后曾经过罗亚崖（死者）做鬼除禁，但病情依然不好。其后叫次子罗才辉取米去山荣乡给道士龙亚顽看，而龙却说，此病系罗亚崖（死者）做鬼所禁。最后又叫才辉取米其抱由东方村给道士吉亚越看，而吉却说，这病是同村人做鬼禁的，同时又说此人是替你家做过鬼的（按：罗亚崖曾替该犯之家做过鬼）。此时罗犯便请吉亚越到家做鬼除禁。当晚在饮酒时，也叫亚崖同席。在饮酒席上亚越便说："村中有个人其不好，会做鬼禁人"。接着罗犯也说："我今天请人做鬼除禁，以后我子的病应好，不然那做鬼禁我子病的那人，我是与他了不得的。"但过后病势依然不好，因此罗犯对亚崖恨之更多入骨，时刻想将亚崖杀死，以便使自己儿子的病快好，因此曾亲自二、三次催促其子才辉快将罗亚崖杀死，所以才辉先后拉拢了吉犯亚横、罗犯亚裕在该犯仓头（即谷仓头）开第一次谋杀会议。继而又拉拢过吉犯亚横、罗犯亚裕、罗亚政、罗亚攒同在该犯仓头开第二次谋杀会议。此外，还拉拢过罗日成、罗亚裕、吉亚横开第一次临时杀会议，最后还个别拉拢罗亚又、罗亚肋，所以在 1955 年 7 月 5 日探知我生产组长罗亚崖从扫水村回家时，便由该犯次男罗才辉率领三凶手吉亚横、罗亚又、罗亚肋共四人（包括才辉在内）各持凶具（即尖刀和弓箭）去到插盛山埋伏，将罗亚崖杀死。据此情况，该犯系主谋杀死亚崖之首凶，其动机全由迷信所致。但解放后经过我政府的许多教育，仍然明目张胆杀人，为了保障人权，安定社会秩序，特依法判处被告罗亚夹徒刑十年（由1955年9月6日至1965年9月5日止）。

二、被告罗才辉，系罗犯亚夹之次男，于1946年3月至1947年4月任国反后备队兵。1953年有同村转业军人罗日专的衣服被偷，而该犯则毫无根据地诬说罗亚崖偷取，移祸亚崖（其实没有此事），企图陷害我乡村干部。1954年该犯的六哥罗亚柱，将自己的一条裤子出卖给罗亚崖（死者）。过几天亚柱便患病。该犯思想上已疑为亚崖所禁。其后他二次曾取米去给道士龙亚顽和吉亚看，他二人皆说是亚崖所禁的，因此对亚崖更为仇恨，所以趁其父（即罗亚夹）主持和催促之下，便秘密行动起来，尽量拉拢坏分子，并亲自主持和召开大小谋会议。致于1955年7月5日，探知我生产组长罗亚崖去扫水村附近犁坡，便率领凶手吉亚横、罗亚肋、罗亚又共四人（包括该犯才辉在内），各持凶具（即尖刀和弓箭）去到插盛山埋伏。适亚崖归来路经此山，便将亚崖杀死。亚崖死后，经我院派员实地勘验，尸体上共刺砍有25刀，还将咽喉割断（此咽喉是罗才辉亲手割的）。其手段极其阴险和毒辣。经现场对证和审讯过程，被告也承认不讳。然而解放以来，经过各种社会改革、政治教育，而罗犯竟明目张胆拉拢坏分子杀人。为了保障人权，安定社会秩序，特判处被告罗才辉徒刑八年（由1955年9月4日至1963年9月3日止）。

三、被告罗亚裕于1948年充任保长一个月，其后照常在家务农。1955年初该犯二侄子染病，他便取米去山荣乡给道士龙亚顽看，而龙却说，此病乃同村罗亚崖所禁，结果该二侄子医治不效而死，自此该犯便疑罗亚崖做鬼禁他侄子死。同年农历五月间，才辉之兄亚柱久病未愈，同时也取米给道士看之后，道士又说是亚崖所禁。他在才辉来拉拢之下，就同情才辉谋杀亚崖，因此该犯便积极行动起来。先后曾与才辉、亚横、亚攒、亚政日成等人，同开过三次谋杀会议（包括一次临时行凶会议在内），并主动地负责探查罗亚崖出入行踪报告才辉。致于1955年7月5日，乘我生产组长罗亚崖从扫水村附近犁坡回家时，就被罗才辉、吉亚横、罗亚肋、罗亚又四人，将亚崖杀死于插盛山。杀死之后，我政府派员落乡侦查，该犯还布置凶手湮灭罪证凶具。据此情况，该犯系我乡人民代表 经过许久教育，还犹积极谋杀亚崖的帮凶，特依法判处被告罗亚裕徒刑二年（由1955年9月6日至1957年9月5日止）。

四、被告吉亚横，1948年充任伪国反后备队兵一个月，1952年因该犯去同乡永班村与革命军人罗亚阔的爱人陈亚药放寮，被亚崖将该犯捆缚，并召集村民会议将该犯检讨，还罚打锣巡村示众，以外又打该犯二巴掌。从此该犯便恨之于心。又于1955年某月，亚崖与该犯购买车板久不还款（该车按价是二元，因1954年乐东年荒，故无能力付还），经该犯多次追还不得致对亚崖更为仇恨。值同年旧历五月间，在才辉的拉拢下，便决意同谋杀害亚崖，所以该犯从头到尾曾参与过三次谋杀会议（包括一次临时谋杀会议在内），致而在1955年7月5日，该犯与罗亚肋、罗才辉、罗亚又共四人，埋伏于插盛山将我生产组长罗亚崖杀死。死后经我院派员实地检验，其尸体共刺砍有廿五刀之多，还将喉咙割断。此系手段之阴险毒辣是为法律所不容。为了保障人身财产之安全，安定社会秩序，特以法判处被告吉亚横有期徒刑三年（由1955年9月6日至1958年9月5日止）。

五、被告罗亚肋，系罗才辉同房兄弟，前任我村生产组长，于1955年7月5日，因去才辉之家探病（即去看才辉的哥哥亚柱的病情），适是日才辉等布置谋杀亚崖，而该犯就被才辉父子以兄弟之情拉拢引诱，就同意帮凶杀死亚崖。经现场对证及审讯过程，被告也承认不讳。据此罗犯亚肋乃凶手之一员。特按其犯罪情节，判处被告罗亚肋有期徒刑一年（由1955年9月6日至1956年5月5日止）。

六、被告罗亚又，1948年充任伪国反后备队兵六个月。1955年旧历五月间，因被才辉引诱说："亚崖这个人很会做鬼禁人，你看我的大哥病重也是他禁的，现在我们想要谋杀亚崖，你是否同意？如果你不同意的话，将来也会禁到你身上来"。因此该犯听了才辉之言，便同意谋杀亚崖，乃于1955年7月5日便与才辉、亚横、亚肋共四人，同去插盛山埋伏把我生产组长罗亚崖杀死。此事经现场对证及审讯过程，被告直认不讳。为了保障人身安全，安定农村治安，特依法判处被告罗亚又有期徒刑一年（由1955年9月6日至1956年9月5日止）。

七、被告罗亚硬，系一贫苦农民，现任我村代表。1955年7月5日间因凶手罗才辉、吉亚横、罗亚肋、罗亚又等将我生产组长罗亚崖杀死后，就有凶手罗亚又将行凶时所用的尖刀一把，交该犯替为藏匿，已湮灭罪证。及到我政府查知后，该犯还狡辩抵赖，不肯承认，最后乃于群众的检举监督下，就从屋中取出凶具。唯查该犯一向为人专务农业，又无参加过任何反动职务，因一时思想认识不够，就造成非法行为。据此，情节略为轻微，特给以罗亚硬警告。

乐东县人民法院刑事审判庭
审判长　黎大才
审判员　刘打旦
代审判员　林庆保
公元一九五七年三月十二日
证明本件与原件不异。

如不服本判决，可于接到判决书十天之内，向本院提出上诉状及副本各一份，上诉于海南黎族苗族自治州中级人民法院。

（2010年3月23日收集于海南省乐东县人民法院档案室）

# 主要参考书目

1. 高泽强、潘先锷:《祭祀与避邪——黎族民间信仰文化初探》,云南民族出版社 2007 年版。
2. 广东省编辑组:《黎族社会历史调查》,民族出版社 1986 年版。
3. 中南民族学院编辑组:《海南黎族社会调查》(上、下卷),广西民族出版社 1992 年版。
4. 《海南岛黎族苗族自治州保亭县毛道乡黎族合亩制调查》,全国人民代表大会民族事务委员会办公室印行 1957 年。
5. 瞿同祖:《中国法律与中国社会》,中国政法大学出版社 1998 年版。
6. 李露露:《热带雨林的开拓者:海南黎族调查纪实》,云南人民出版社 2003 年版。
7. 张跃、周大鸣主编:《黎族——海南五指山福关村调查》,云南大学出版社 2004 年版。
8. 曾昭璇、张永钊、曾宪珊:《海南黎族人类学考察》,华南师范大学地理系 2004 年。
9. 王学萍主编:《中国黎族》,民族出版社 2004 年版。
10. 吴永章:《黎族史》,广东人民出版社 1997 年版。
11. 《黎族简史》编写组:《黎族简史》,广东人民出版社 1982 年版。
12. 王养民、马姿燕:《黎族文化初探》,广西民族出版社 1993 年版。
13. 邢植朝:《黎族文化溯源》,中山大学出版社 1993 年版。
14. 王学萍主编:《黎族传统文化》,新华出版社 2002 年版。
15. 符桂花主编:《清代黎族风俗图》,海南出版社 2007 年版。
16. 中山大学主编:《中国黎族大辞典》,中山大学出版社 1994 年版。
17. 高泽强 文珍:《海南黎族研究》,海南出版社、南方出版社 2008 年版。
18. 詹慈编:《黎族合亩制论文选》,广东省民族研究所印行 1983 年。
19. 陈立浩、陈兰、陈小蓓:《从原始时代走向现代文明——黎族"合亩制"地区的变迁历程》,南方出版社、海南出版社 2008 年版。
20. 海南省民族研究所编:《越过山顶的铜锣声》,云南民族出版社 2006 年版。
21. 王建成主编:《首届黎族文化论坛文集》,民族出版社 2008 年版。
22. 高其才:《中国少数民族习惯法研究》,清华大学出版社 2003 年版。
23. 高其才:《瑶族习惯法》,清华大学出版社 2008 年版。
24. 陈金全、巴且日伙主编:《凉山彝族习惯法田野调查报告》,人民出版社 2008 年版。
25. 杨经德:《回族伊斯兰习惯法研究》,宁夏人民出版社 2006 年版。
26. 曾代伟主编:《巴楚文化圈研究——以法律文化的视角》,法律出版社 2008 年版。
27. 周相卿:《台江县五个苗族自然寨习惯法调查与研究》,贵州人民出版社 2009 年版。
28. 孙绍先、欧阳洁:《黎族女性文化专题研究》,南方出版社、海南出版社 2008 年版。
29. 邢关英:《黎族》,民族出版社 1990 年版。
30. 中元秀:《黎族人民领袖王国兴》,民族出版社 1983 年版。
31. 苏力:《法治及其本土资源》,中国政法大学出版社 1996 年版。
32. 费孝通:《乡土中国 生育制度》,北京大学出版社 1998 年版。
33. 张寿祺、黄新美:《海南岛乐东县番阳区黎族群体变化的研究》,海南大学出版 1986 年。
34. 方鹏:《海南岛历史民族与文化》,南方出版社 2003 年版。
35. 王学萍主编:《五指山五十年》,海南出版社 1999 年版。

36. 符兴恩：《黎族美孚方言》，香港银河出版社 2007 年版。
37. 《黎族田野调查》，海南省民族学会编印 2006 年 7 月。
38. 杨一凡、田涛：《中国珍稀法律典籍续编》，（第九册，第十册）黑龙江人民出版社 2002 年。
39. 张永和：《信仰与权威》，法律出版社 2006 年版。
40. 广东省民族研究会、广东省民族研究所编：《广东民族研究丛刊》第 1 辑，广东人民出版社 1986 年版。
41. 南宋·范成大：《桂海虞衡志》。
42. 清乾隆·萧应植：《琼州府志》。
43. 清·张庆长：《黎岐纪闻》。
44. [民国]陈铭枢总纂，曾蹇主编：《海南岛志》，海南出版社 2004 年版。
45. [德]史图博：《海南岛民族志》，中国科学院广东民族研究所编印 1964 年。
46. [德]恩格斯：《家庭、国家及私有制的起源》，《马克思恩格斯选集》第四卷，人民出版社 1974 年版。
47. [德]黑格尔：《法哲学原理》，范杨、张企泰译，商务印书馆 1996 年版。
48. [日]小叶田淳：《海南岛史》，张迅斋译，（台）学海出版社 1979 年版。
49. [日]冈田谦、尾高邦雄：《黎族三峒调查》，金山等译，民族出版社 2009 年 9 月版。
50. [日]穗积陈重：《法律进化论》，黄尊三等译，中国政法大学出版社 1997 年版。
51. [美]摩尔根：《古代社会》（上、下册），杨东莼等译，商务印书馆 1997 年版。
52. [美]伯尔曼：《法律与革命——西方法律传统的形成》，贺卫方译，中国大百科全书出版社 1993 年版。
53. [美]伯尔曼：《法律与宗教》，贺卫方译，中国政法大学出版社 2003 年版。
54. [美]吉尔兹：《地方性知识——阐释人类学论文集》，王海龙、张家瑄译，中央编译出版社 2000 年版。
55. [美]霍贝尔：《原始人的法——法律的动态比较研究》，严存生等译，法律出版社 2006 年版。
56. [美]丹尼尔·贝尔：《资本主义文化矛盾》，赵一凡等译，生活·读书·新知三联书店 1989 年版。
57. [美]布莱克：《法律的运作行为》，唐越、苏力译，中国政法大学出版社 1994 年版。
58. [美]约翰·麦·赞恩：《法律的故事》，刘昕等译，江苏人民出版社 1998 年版。
59. [英]梅因：《古代法》，沈景一译，商务印书馆 1996 年版。
60. [英]埃文斯：《原始宗教理论》，孙尚扬译，商务印书馆 2001 年版。
61. [英]泰勒：《原始文化——神话、哲学、宗教、语言、艺术和习俗发展之研究》，连树生译，广西师范大学出版社 2005 年版。
62. [英]马林诺夫斯基：《巫术科学宗教与神话》，李安宅译，中国民间文艺出版社 1986 年版。
63. [英]马林诺夫斯基：《原始社会的犯罪和习俗》，原江译，法律出版社 2007 年版。
64. [英]马林诺夫斯基：《文化论》，费孝通等译，中国民间文艺出版社 1987 年版。
65. [法]列维-布留尔：《原始思维》，丁由译，商务印书馆 1981 年版。
66. [法]卢梭：《论人类不平等的起源和基础》，高煜译，广西师范大学出版社 2002 年版。
67. [法]孟德斯鸠：《论法的精神》（上、下册），张雁深译，商务印书馆 1997 年版。
68. [法]涂尔干：《宗教生活的基本形式》，渠东、汲喆译，上海人民出版社 2006 年版。

# 跋

　　研究黎族习惯法的想法始于我博士毕业来到海南大学工作的2003年8月，但当时不过是对此很感兴趣，并没有付诸实施。真正开始研究黎族习惯法则是在2008年的夏天。如今正式接触黎族文化已经有三年多的时间了，算是对黎族文化有了一点粗浅的了解。

　　搞学术研究是比较辛苦的，少数民族田野调查尤其如此，但同时苦中作乐，这也是一个充满激动和乐趣的过程，从中可以学到很多在书本上学不到的东西。在黎族田野调查中有两件事我记忆尤深：

　　第一件是我到黎区做田野调查见到第一位黎族农民时的情景。至今，我仍然清楚地记得，当时是2009年1月16日的中午在乐东利国镇的一个小饭店里，这位黎胞大约三十四五岁，从外形上来看与汉族很难区分。席间一阵寒暄后，我就迫不及待地向他提出了一个自己思考了很久的问题："你觉得黎族与汉族最大的区别是什么？"当时，他抬起头，很沉稳地扫了我一眼，不慌不忙说出了一句话，其内容却大大出乎我的预料："我们黎族不也是人吗，和你们一样，伤了感到痛，饿了要吃饭！"这句话很朴实，似乎不过是说出了一句众所周知的大白话而已，但"说者无心，听者有意"，在我却有了一番新的感受，后悔自己实在是问得太冒失了。

　　这句话使我明白：兴趣及好奇也许是开始研究工作的动力之一，但学术研究不能抱着猎奇的、旅游者的心态，"游戏学术"、浅尝辄止是搞不好学术的。黎族文化研究是一项需要人们献身的事业，我们对此应该采取'同情式理解'的态度，深入到黎族群众之中，与黎族群众进行情感的交流、心灵的沟通。同时，我们还要以他们的视角来看世界，使汉族文化与黎族文化进行平等的对话和交流。

　　第二件是与黎族同胞一起唱歌的情景。那是2010年2月4日晚上在五指山市，城管局黄照军局长等设宴款待到黎区调查的我和学生一行。在酒桌上聊到高兴处，黎族同胞都不由地站起身，对着我和学生，几乎齐声地唱出一首动情的歌曲，其优美动听的旋律至今还在我的耳旁回荡。后来我才知道这是黎族苗族的迎宾歌，歌名叫《我们都是五指山人》。当时我是第一次听到这首歌，受到现场感染，也和学生站起来跟着大家一起唱：

　　…………
　　神秘的五指山　最令人思念

幽静的山寨　住着漂亮的姑娘
勇敢的小伙子　像矫健的雄鹰
爱情的鲜花　在三月三开放
（哎格罗　哎格罗）
远方的客人哟　请到五指山来
不管哎　你是谁　不管你来自何方
喝一杯甜蜜的山兰酒
你就是五指山人　你就是五指山人
（哎格罗）
…………

在那优美的旋律的环绕中，令人感到自己已经被融化了，成了黎族同胞中的一员。黎族同胞唱得非常动感情，后来边拍手边唱，最后竟不由自主地手舞足蹈，不论男女老幼，一个个跳起来。这首歌唱出了黎族人的自信和自豪，也唱出了黎族人对客人的欢迎之情！黎族朋友的开朗豪爽、热情好客使我深受感动，在以后的研究中一直激励我努力工作，并更加坚定了我在研究黎族文化之初就树立的信念——"黎族是我师，我是黎族友"。

黎谚有云："牛角不尖不过岭。"现在读者看到的这本书，是我对黎族文化研究的结晶。也许我至少可以自豪地说：本书是世界上第一本专门论述黎族"禁"习惯法的书！如果读者喜欢这本"禁"书，那将是笔者最大的欣慰。

在本书的写作过程中得到了各方面人士的大力支持和帮助，特此表示衷心的感谢：首先要感谢两位"高"人：一位是黎族文化研究方面的黎学专家——琼州学院的高泽强研究员，一位是主攻民族习惯法研究领域的博士生导师——清华大学的高其才教授。与他们二人的多次交往构成我学术研究中最美好的回忆。

感谢北京工商大学谢晖教授的鼓励、支持和帮助，感谢海南大学黎族研究专家周伟民、唐玲玲、金山等教授在学术上的热心帮助，感谢乐东县利国镇抱告排三村黎族帕柔林哲良老人的大力帮助，感谢保亭县人民法院、乐东县人民法院、五指山市人民法院、五指山市南圣镇政府及林忠强副书记等在调查中的大力支持，感谢与我一同去黎区调查的各位学生，感谢海南大学"椰岛民族风情社"的大力支持和帮助！

感谢海南大学孙绍先教授提携我参加他申请的课题研究，给我提供了一个宝贵的研究机会，并在学术上给以无私的帮助！

感谢海南大学法学院王崇敏院长的大力帮助！

感谢上海大学出版社焦贵平副总编及其他所有为该书出版付出辛勤努力的朋友！

最后，但决不是最不重要的是，我要感谢我的妻子和女儿，没有她们的理解和支持，本书的写就也是不可能的！

韩立收

2011 年 1 月于海南大学东坡湖畔

图书在版编目（CIP）数据

"查禁"与"除禁"：黎族"禁"习惯法研究／韩立收著．—上海：上海大学出版社，2012.1
（黎族研究大系／孙绍先主编）
ISBN 978-7-81118-921-6
Ⅰ.①查… Ⅱ.①韩… Ⅲ.①黎族—习惯法—研究—中国 Ⅳ.① D922.154
中国版本图书馆 CIP 数据核字（2011）第 169987 号

黎族研究大系丛书
## "查禁"与"除禁"：黎族"禁"习惯法研究

作　　者：韩立收
策　　划：姚铁军　焦贵平

责任编辑：焦贵平
特约编辑：王瑞祥
整体设计：袁银昌
印前制作：上海袁银昌平面设计有限公司　胡　斌
技术编辑：金　鑫　章　斐

上海大学出版社出版发行
地　　址：上海市上大路 99 号
邮政编码：200444
网　　址：www.shangdapress.com
发行热线：66135112
出 版 人：郭纯生
上海界龙艺术印刷有限公司印刷　各地新华书店经销
开　　本：889×1194　1/16
印　　张：17.5
字　　数：350 千
2012 年 1 月第 1 版　2012 年 1 月第 1 次印刷
ISBN 978-7-81118-921-6／D·117
定　　价：390.00 元